"数学专业创新实践教学体系及评价标准建设"项目经费资助
内蒙古师范大学教学研究课题专项建设项目资助

# 中学数学课堂教学理论与实践

毕力格图　主编

陕西师范大学出版总社　西安

图书代号　JC21N1661

**图书在版编目（CIP）数据**

中学数学课堂教学理论与实践／毕力格图主编. —西安：
陕西师范大学出版总社有限公司，2021.7（2025.1 重印）
　ISBN 978-7-5695-2336-2

　Ⅰ.①中…　Ⅱ.①毕…　Ⅲ.①中学数学课—课堂教学—
教学研究　Ⅳ.①G633.602

中国版本图书馆 CIP 数据核字（2021）第 145274 号

中学数学课堂教学理论与实践
ZHONGXUE SHUXUE KETANG JIAOXUE LILUN YU SHIJIAN
毕力格图　主编

| | | |
|---|---|---|
| **责任编辑** | 古　洁 | |
| **责任校对** | 刘金茹 | |
| **封面设计** | 张　田 | |
| **出版发行** | 陕西师范大学出版总社 | |
| | （西安市长安南路 199 号　邮编 710062） | |
| **网　　址** | http://www.snupg.com | |
| **经　　销** | 新华书店 | |
| **印　　刷** | 西安报业传媒集团（西安日报社） | |
| **开　　本** | 787 mm × 1092 mm　1/16 | |
| **印　　张** | 18.5 | |
| **字　　数** | 316 千 | |
| **版　　次** | 2021 年 7 月第 1 版 | |
| **印　　次** | 2025 年 1 月第 3 次印刷 | |
| **书　　号** | ISBN 978-7-5695-2336-2 | |
| **定　　价** | 49.00 元 | |

读者购书、书店添货或发现印装质量问题，请与本社高等教育出版中心联系。
电话：(029)85303622（传真）　85307864

# 前 言

社会进步和科技发展使文化教育也得到了快速发展。和以往课程改革相比较,中学数学课程内容最大的变化就是涉及的知识面特别广,这对学生全面掌握和深刻理解新课程内容提出了全新的要求。可以说,数学新课程完全改变了传统的思维模式和教学方式,给中学数学教学带来了前所未有的危机与挑战。在这样的背景下,如何改进个体数学学习观、减轻学生数学学习负担以及提高数学教育水平对个体素养的贡献就成为广大数学教育研究者和实践者思考的重大课题。

新中国成立以来,基础教育先后进行了九次课程改革,虽然对每次改革所带来的变化,各界人士观点不一,但每次改革都为促进我国教育、经济、科技与文化等诸多方面的发展奠定了基础。

第一次课程改革时间为 1949—1952 年。新中国成立后,教育部制定了统一的课程政策并颁发了两套全国通用的教学大纲和教材,实施了全国统一的教学计划。1950 年 8 月颁发了《小学各科课程暂行标准(草案)》和《中学暂行教学计划(草案)》;1951 年 10 月,中央政务院颁布了《关于改革学制的决定》,对各级各类教育的学制做出了新的规定;1952 年 2 月教育部颁发了《四二旧制小学暂行教学计划》;1952 年 3 月,教育部颁布《中学暂行规程》和《小学暂行规程》以及中学政治等七门学科的课程标准草案。

第二次课程改革时间为 1953—1958 年。1953 年 3 月,教育部颁布了《中小学教学大纲(草案)》,重点学习苏联经验,小学算术、中学数学、物理、化学、生物等主要学科的教学大纲,这次教学大纲基本上是参照苏联大纲的模式,放弃了自 1951 年开始的学制和课程体系,小学采用四二学制。

第三次课程改革时间为 1958—1965 年。1958 年 9 月,课程改革是以党中央、国务院颁布的《关于教育工作的指示》为标记,以缩短学制、大炼钢铁、强调教育与生产劳动相结合为主要特征展开的中小学课程改革。

1963 年 7 月,教育部颁布《全日制中小学教学计划(草案)》,对文化课、品德课、生产知识课、教学、生产劳动和假期工作都做了统一安排,该计划一直沿用到"文化大革命"开始。

第四次课程改革时间为 1966—1976 年,即"文化大革命"时期的"教育革命"。这十年,新中国成立以来的课程改革被当作修正主义加以批判和废除,要求建立"革命化"课程,课程实施"政治化""实践化",采取"开门教学",实行"开门考试",教育受到严重影响。

第五次课程改革时间为 1977—1984 年。1978 年 1 月,教育部颁布了《全日制中小学教学计划(试行草案)》和《全日制十年制学校中小学各科教学大纲(试行草案)》,制定了教材编写的指导思想(贯彻执行党的路线、方针、政策),为实现我国"四个现代化"培养又红又专的人才打好基础。教材编写中要正确处理好政治与业务、理论与实际的关系,精选基础知识,加强"双基",注重智力培养的原则。1978 年秋季,小学、初中、高中的起始年级用上了新教材,1980 年第五套教材全部编写完毕。

第六次课程改革时间为 1985—1992 年。1985 年 5 月 27 日,中共中央颁布了《关于教育体制改革的决定》,通过简政放权去探索分级管理的改革;1988 年5 月,国家教委颁发《义务教育全日制小学、初级中学教学计划(试行草案)》(包括六三制和五四制两种)和 24 个学科的教学大纲,同时对小学的培养目标、学生的基本能力、良好习惯等方面提出了明确的要求。新教学计划改革了课程结构,调整了各学科比例,增加了课程的灵活性和多样性,成为当时编写义务教育教学大纲的依据。

第七次课程改革时间为 1992—2000 年。1992 年 8 月,国家教委依据《中华人民共和国义务教育法》颁布了《九年义务教育全日制小学、初级中学课程方案

（试行）》及 24 个学科教学大纲，并规定于 1993 年秋起在全国逐步试行；1996 年，国家教委颁发了与九年义务教育课程计划相衔接的《全日制普通高级中学课程计划（试验）》，明确提出普通高中课程结构由学科类课程和活动类课程组成，普通高中学科类课程分为必修、限定选修和任意选修三种方式；1998 年颁发的《面向 21 世纪教育振兴行动计划》全面改革了课程体系和评价制度，规定于 2000 年初步形成现代化基础教育课程框架和课程标准，改革教育内容和教学方法，推行新的评价制度，开展教师培训，启动新课程的实验，争取经过 10 年左右的实验，在全国推行 21 世纪基础教育课程教材体系；2000 年，教育部颁发了《全日制普通高级中学课程计划（试验修订稿）》，在 1996 年课程计划的基础上强化了课程结构的多样性，并在必修课中增加了"综合实践活动"，在选修课中加大了地方和学校的作用。

第八次课程改革时间为 2001—2016 年。2001 年 6 月，为贯彻《中共中央国务院关于深化教育改革全面推进素质教育的决定》（中发〔1999〕9 号）和《国务院关于基础教育改革与发展的决定》（国发〔2001〕21 号），教育部颁布了《基础教育课程改革纲要》，大力推进基础教育课程改革，调整和改革基础教育的课程体系、结构、内容，构建符合素质教育要求的新的基础教育课程体系。由此，我国基础教育课程改革正式启动。

第九次课程改革时间为 2016 年至今。2016 年 9 月 13 日，《中国学生发展核心素养》研究成果在北京师范大学发布，以培养"全面发展的人"为核心，分文化基础、自主发展、社会参与三个方面，综合表现为人文底蕴、科学精神、学会学习、健康生活、责任担当、实践创新六大素养，具体细化为国家认同等 18 个基本要点。学生发展核心素养指学生应具备的，能够适应终身发展和社会发展需要的必备品格和关键能力，是关于学生知识、技能、情感、态度、价值观等多方面要求的综合表现。明确核心素养，一方面可通过引领和促进教师的专业发展，改变当前存在的"学科本位"和"知识本位"现象，一方面可帮助学生明确未来的发展方向，激励学生朝着这一目标不断努力。其中，对于数学素养，《普通高中数学课程标准（2017 版）》是这样规定的："数学核心素养包括：数学抽象、逻辑推理、数学建模、直观想象、数学运算和数据分析。这些数学核心素养既相对独立，又相互交融，是一个有机的整体。”

可见，在科学技术迅猛发展的背景下，教育发展对中小学和高校师范教育改革提出了越来越高的要求，数学课程改革也需要不断应对时代发展的挑战。当然，我们要承认，传统文化直接或间接地存生现实思维模式或行为表现之中而继续发挥作用。无论社会与科学领域发生何种变革，传统思想的影响总是融于当今心灵世界与行为方式的选择之中，不会也不可能被彻底改变。课程改革改什么、怎么改、由谁来改、如何实施、可行与否、评价标准是什么？数学教育各阶段之间的衔接性问题如何科学地处理？基础教育的基础性如何具体体现？各类亟待解决的问题逐渐凸显。虽然现代数学的内容（例如，向量、算法、编码、微积分、统计与数据分析、群等）、思想与方法固然重要，但如何引入中学数学课程内容体系、如何渗透或指导数学课程实施过程才是专业教师发展必不可少的前提条件。

著名哲学家叶秀山先生曾言：“历史包含了过去、现在、未来。不仅‘过去’规定着‘现在’，‘未来’同样也影响着‘现在’，‘过去’和‘未来’都在‘现在’之中，‘现在’不是一个几何‘点’，而是一个‘面’，人们每天都在‘过去’的规范下，在‘未来’的吸引下生活着、工作着。‘往者’未逝，‘来者’可追，‘价值’‘意义’不是碎片，而是延伸。”

回顾我国九次课程改革，数学教育教学工作者越来越意识到“步入规范化、科学化、基础化的轨道，减轻学习者和使用者的负担”的重要意义。

在数学教育教学过程中，要想达到“核心素养”发展目标、适应第九次课程改革发展的目标要求，教师需要正确、清晰、全面并深入理解“数学六个核心素养”的内涵与形成过程。学习是动物生存本能与发展的需要，由于需要的范围与程度随着经验的积累而发生变化，则需要出现新的学习内容。日常生活中蕴含着丰富多彩的数学元素，养成善于发现的习惯是培养创新意识的前提。学生在学习过程中，通过观察或模仿操作，不断地体验或经历着“再创造”。例如，妈妈简单快捷有效的家务处理“方法”，父亲无所不能的“双手”，伙伴们总使你惊访的"游戏",老人栽培花木的"设计",这些平凡的小窍门都散发着创造的味道。环境是导师,又是魔法师,学知识,习才能。

就学校教育而言,不仅承担着培养好每一位学生的义务和责任,更要承担培养师资队伍的使命。要想成为一名合格的教师,首先要明确"如何当一名合格的学生";要想成为一名优秀的教师,同样要明确"如何当一名优秀的学生"。数学教育教学过程中存在的诸多问题,某种意义上说,与教师个体专业水平和团队合作效果有着紧密联系。因而,要想成为一名优秀的数学教师,必须不断发展自身的学科专业素养,提升团队合作能力,这是每一位有责任感和事业心的数学教师的神圣使命,又是数学教育教学活动良性循环的基础和保障。

数学教师教学智慧的形成与发展不同于学习数学理论,是把学科知识、教学知识和专业实践知识有机地结合起来,有意识、有计划、有目标地通过系统训练来逐渐形成的实践能力。教学智慧是教师数学教学素养的集中表现,是在教学实践活动中善于抓住时机,解决教与学的矛盾,转化冲突的思维能力和操作能力。在《现代汉语词典》中,"智慧"被解释为"辨析判断、发明创造的能力",而《辞海》则将"智慧"解释成"对事物能认识、辨析、判断、处理和发明创造的能力"。

数学教学设计则是教师数学核心素养与教学智慧的具体表现形式之一。数学教学设计要突出教师的"数学历史文化素养发展、知识结构生成、思想与方法掌握、思维品质养成、关键能力形成"方面的主导作用和组织学生"动眼观察、动耳倾听、动口表述、动手操作、动身参与 + 动脑思考"方面的主体作用,以宏观眼光和微观操作技能为实践目标灵活开展双边活动。科学合理的教学设计对数学教师而言必定是教育教学过程中理论思考的结晶和长期实践的光芒,它可以体现在基于朴素心态的敏锐精准的观察、失败与挫折的感受、升华的语言、积极的治学态度、深刻的教育思想、乐观的人生观、广泛的知趣;对学生而言应是反复思阅、静心品味、虚心学习、逆境锤炼及心智活动。

但是,作为教师或教育管理者,要避免走入教育"误区"。从初等教育的整体角度看,小学数学教育教学目标就是初中数学学习的基础性目标,以初中继续学习数学的实际需要来制定学习内容;初中数学教育教学目标就是高中数学学习的基础性目标,以高中继续学习数学的实际需要来制定数学学习内容;而高中数学教育教学目标就是大学(或职业教育)数学学习的基础性目标,以大学(或职业教育)数学学习的实际需要来制定学习数学内容。基础教育是培养创新型人才的"土壤",一定要体现其基础性和长远性,所以一名优秀的教师一定要为学生打牢基础,树立长远目标,熟悉各阶段的教学内容,做好课程的自然衔接。

教师要注重数学学习与其他学科的平衡发展,要引导学生相信学科存在的合理性,消除偏见。教育教学过程之中,不要固守传统的"分工要细,操作要专业"观念,要消除由于分工给人带来的局限,更要将培养全面发展的人作为教育的终极目标。每个人都有吃苦的天性,只不过相互之间有着极大的差异。不少教师常挂在嘴上的一句话是:"好好学习,否则将来只能靠苦力谋生。"正确的学习观、劳动观会给社会与个体发展带来"正能量"。劳动永远是基础,劳动永远是最美的,应当正确调节学生处理好学习数学与掌握各类技能之间的关系。

# 目　录

# 第1章 绪论

数学教学设计作为一个专门的学问,主要是建立在数学课程论、教学论与学习论的基础之上的,是纯数学和教育与心理学科交叉研究有机结合的数学教学形态知识体系,同时又是按照合乎思维发展的逻辑顺序或数学学科发展的历史顺序设计的师生教与学双边活动的实施方案。教学设计与教案不同,教学设计是结合学科教学内容和目标要求,从整体的视角设计课前、课堂、课后教与学双边活动的实施方案及其相关要求;而教案则是从局部视角针对课堂教学而设计的活动方案,是教学设计的组成部分。

纵观教学设计理论的发展,可追溯到古希腊的教育思想家[代表人物有苏格拉底(Socrates,公元前 470—公元 399)、柏拉图(Plato,公元前 427—公元前 347)、亚里士多德(Aristotlel,公元前 384—前 322)等],从诞生至今,经历了三次变革。

第一次变革,时间为 20 世纪中叶,即教学设计发展初期,行为主义心理学发展迅速。美国新行为主义学习理论创始人伯尔赫斯·弗雷德里克·斯金纳(Burrhus Fredertc Skinner,1904—1990)提出了行为主义理论,即操作性条件反射理论(简称 R-S 理论),从而使得以个体实践经验为基础的教学设计模式被以行为主义学习理论为基础的教学设计理论所取代。

第二次变革,时间为 20 世纪 60 年代末期至 20 世纪 80 年代末期,在心理学领域,行为主义的主导地位逐渐被认知心理学所取代,以认知心理学为基础的教学设计理论开始兴盛起来。

第三次变革,则是从 20 世纪 90 年代开始。受建构主义思想的影响,人们关注认知建构过程与环境因素,强调情境、实践、条件等对知识建构的重要作用,强调生态理论对学习理论的启发作用。

# 1.1 数学教学问题与意识

随着社会与经济发展,知识更新与技术升级日新月异,公民的国家意识、社会意识、育人意识、责任意识、创新意识、生活意识、健康意识、安全意识等不同领域的问题意识受到广泛关注,尤其是"应用意识与创新意识的形成过程"成为教育教学研究领域的热点。从行为学视角看,意识在前,措施在后。张奠宙先生提出:"学数学需要'才学识'兼备,光有知识不够,还要有运用知识的能力,但是意识是灵魂,能力如何发挥,解决什么问题还得靠意识引导。"①

教育部在调查研究普通高中课程改革实施状况的基础上,为了贯彻落实十八大提出的教育任务,2014 年颁布了《关于全面深化课程改革 落实立德树人根本任务的意见》的文件,提出学科核心素养以及研发相关专业标准的具体要求。在此背景下,2016 年 9 月教育部研究小组公布了核心素养的官方界定。为此,数学课程标准研制专家们把数学核心素养界定为:"学生应具备的、能够适应终身发展和社会发展需要的、与数学有关的思维品质和关键能力。"具体来说数学核心素养主要包括:数学抽象、逻辑推理、数学建模、直观想象、数学运算、数据分析六个方面。

数学发展就是从直观到抽象、从粗糙到精致、从不严密到严密的过程。其中,数学直观的发展依赖于个体问题意识、知识结构和专业实践经验。在数学教育教学过程中,要有意识地创建良好的氛围与情境,结合数学思想、文化与评价理念,以学科知识为载体,有计划有目标地培养学生直观思维能力,促进个体数学素养的发展。由此说明,学术界越来越关注问题意识对数学教师学科观的形成和核心素养发展的影响。

以我们所熟悉的健康意识为例,个体经过多次躯体感觉,意识(怀疑、焦虑或判断)到健康有问题后会去寻医,经检查发现病因,医生会提出解决方案和建议并分析治疗过程与条件,进而解决疾病(或亚健康)问题,帮助患者恢复健康,同时还会反思从患者生病到治愈的整个过程并做出总结。类似地,数学问题的学习与教学也要从问题意识出发,经过发现、提出、分析问题环节去解决问题,然后通过对解决问题全过程的反思与评价提升问题意识(更高层次),这样才能

---

① 张奠宙.数学教育经纬:张奠宙自选集[M].南京:江苏教育出版社,2003:531.

够真正培养学生的数学核心素养。

简言之,人的素质分为先天(或本能)和后天,后天养成的素质被称为素养。直观有先天(或本能)的,也有后天在成长环境中随着个体素养提升自然形成的,是依赖个体经验的一种判断。问题意识则是数学直观的重要组成部分,是发现问题、提出问题、分析问题、解决问题以及反思问题的前提条件,是渗透于数学教育教学每一环节的行为导向,也是贯通"创新意识"培养过程和问题教学过程的桥梁。培养个体数学直观想象能力,既要符合培养学生综合素质的科学发展观,又要符合培养学生数学素养的学科观。因此,对问题意识本源与形成过程的研究必将成为数学教育教学研究领域的热点问题之一。

### 1.1.1　数学问题意识的内涵与外延

史宁中教授指出:"建立直观是非常必要的,就教育而言,直观是一种判断能力,是凭借专业直觉对事物作出直接判断的能力,包括由条件预测结果的能力,也包括由结果探究成因的能力。"①这里所说的数学直观,是指对客观事物进行数学抽象之后所形成的对象概念与关系概念的直观理解之上的,以具体背景为载体,未经演绎推理而对问题做出迅速的直接的识别、猜想、类比、联想、转化、估计或判断的思维能力。然而,数学教育领域之中的"问题意识"究竟是什么,对此,学术界尚无定论。

**1. 意识之内涵与外延**

丹尼特(Daniel Dennett,1942—　)提出:"人类的意识大概是最后的未解之奥秘了。"②

"意识"是哲学、心理学、生理学和宗教等关注的核心概念之一。20 世纪末以来,自然科学领域的意识研究取得了令人瞩目的学术成就,为教育与心理学研究提供了理论基础。尤其是随着生理学和心理学发展,极大地丰富了教育领域中"意识"的内涵,也带动教育教学理念的变革。就数学教学而言,问题意识是发现问题的前提条件,科学合理的问题意识养成过程会逐渐转化为数学思想与学科观。正确、深入理解"意识"的内涵,有助于摆脱模糊或错误的认知过

---

① 史宁中.数学思想概论:第 1 辑　数量与数量关系的抽象[M].长春:东北师范大学出版社,2008:48.

② 丹尼特.意识的解释[M].苏德超,李涤非,陈虎平,译.北京:北京理工大学出版社,2008:40.

程,有助于能动地把握问题之间的内在关系,也将对数学学科教育和实施课程计划以及创建合理的课程评价指标体系产生关键性的作用。

意识,从字面上分析,"意"是指自我、意志、信心、毅力、克制或顽强;"识"是指识见、认识、认知、评价、发现、了解、感觉、觉察、感受、感知、动机、注意或先入之见等精神状态。培根提出:"意识既是认识。"①意识,从词义上分析,既可当动词用(认识活动,心理学范畴),又可当名词用(与物质相对立的哲学范畴)。

意识是实践过程之中的个体(生物)主观(感知、情绪、意欲)心理状态的总和。例如有些动物天生具有超强的感官功能,对生存环境或条件改变有着敏感的感知能力。姚本先指出,所谓意识是指一种思维的问题性心理品质,表现为怀疑、困惑、焦虑和探究等的心理状态②。

哲学观点:意识是生物由其感官感知的特征总和以及用大脑处理感知信息的精神活动。也就是说,意识是生物以与生俱来的感知能力为基础,从"自然行为"到"自觉行为"的有序的一切大脑活动及实践结果,有学者形象地将此比喻为:意识就是海水,思想是其中的漂浮物。

脑科学观点:意识是人脑对大脑内(想象或回忆)、外(感官)表象的感知,因脑内神经活动而产生。意识脑区在前额叶周边,没有自己的记忆,拥有其他脑区都没有的"辨识真伪"的个体功能;意识脑区也没有思维能力,思维都发生在潜意识的诸脑区中,只不过潜意识将其思维呈现于意识脑区的结果而已。

依据发展阶段,意识可分为初级意识(即发现、了解、感觉、觉察、感受、感知等)和高级意识(即语言理解、意义复原、知识生成、思维融合、价值观形成等)。

**2. 数学问题意识的内涵与外延**

个体意识有先天(或本能)的,也有后天养成的(从自然行为发展到自觉行为的过程中养成的心理状态)。问题意识是未经逻辑推理和理性思考而对问题反应的一种迅速的直接的意识。

数学教育教学既要培养思维主体发现问题的眼光,又要关注问题的来源与本质。人们在研习和运用数学的过程中总遇到一些难以解决的、疑惑的实际问题或理论问题,并产生一种怀疑、困惑、焦虑、探究的心理状态,唤起潜在的思

---

① 汪云九,杨玉芳,等.意识与大脑:多学科研究及其意义[M].北京:人民出版社,2003:4.
② 姚本先.问题意识与创新精神[N].中国教育报,2001-02-21(003).

考,并不断提出问题或寻求解决方法,这就是数学问题意识。由于思维主体了解数学发展史与文化的程度,理解实践与理论前沿问题的程度以及个人养成的专业习惯、体验、经验的不同,问题意识的层次都存在着很大差异,从而产生直观思维能力的差距。问题意识是发明创造的源泉,可是有些结论没被人们接受之前感觉很荒谬,究其原因是人们习惯了演绎思维。例如,虚数的引入是一种假设,长达两个半世纪的时间一直给人虚无缥缈的感觉,被赋予实际意义后才得以立足,为人类科技发展做出了伟大贡献。

依据数学问题意识的不同发展阶段可分为"源"问题意识、"流"问题意识、"果"问题意识。"源"是指探究起源(历史文化)与本质的意识;"流"是指探究过程与变化的意识;"果"是指探究结果与关系(等价关系、从属关系、对应关系或二元关系、大小关系、因果关系、位置关系、数与形关系)的意识。无论是从问题意识的内涵抑或是外延,我们不难发现,问题意识是发现问题的前提,更是问题解决整个过程中不可或缺的个体内部因素。因此,数学问题意识应当贯穿于问题教学的始终,这是解决问题过程中各环节有序循环的重要精神状态。

## 1.1.2　问题意识的基本特征

对于问题意识而言,只有正确把握其基本特征,才能够结合具体的数学教学内容有效地提升问题意识。人类问题意识具有以下几种基本特征。

### 1. 主观性

意识是个体对大脑内外表象的感知,或来自感官,或来自想象、回忆,是思维主体对信息进行处理后所产生的一种精神状态,是已有认知的基础上的自我意识。在问题意识产生过程中,由于思维主体所处的年代、传统与文化背景、间距(时空、思想、语言之间距)、认知结构、思维品质、价值取向和实践经验等基本条件存在着差异,主体对问题的辨识结果具有一定的局限性。因此,问题意识必须有思维主体的存在,具有专有的、独特的、鲜明的主观特性。

### 2. 能动性

人的意识自觉能动地发现问题并指引思维主体的认知行为与人格倾向,即具有主观能动性,这正是人与其他生物的区别。人们在问题意识指导下,既能反映事物的表象,又能反映事物的本质与规律,也能够探知过去、预测未来、创设理想材料。客观规律制约着人的问题意识,而问题意识反作用于认知规律,对思维主体行为具有调节和控制作用。

### 3. 流动性

从意识的发展视角分析,意识提升是在宏观与微观、整体与局部、一般与特殊、现实与文本关系的感知过程中不断发生。由于主体的前意识(传统、先知、先见、成见、偏见)的差异,随着信息来源与量的不断变化和思维主体的自我反思、自我完善以及认知结构的不断变化,意识的内容也会不断变化,从来都不会静止不动。依据脑科学和心理学相关理论可知,输入(或刺激)信息与记忆融合会产生意念,意念历经相应的逻辑化思索发展为观念,而观念与活动经验相结合转化为能够付诸行动的理念,然后通过思考提升为思想(即本质的认识),并为更高层次的意识奠定基础,这种循环是永无止境的动态过程,称之为意识的流动性。

### 4. 自由性

从哲学视角分析,意识是思维主体大脑对客观世界独特的自由的主观反映,是高级有序组织的精神活动。精神活动之中的记忆、意念、观念、理念、思想、情绪等形式都有其独特性和自由性,自我意识一旦形成,其自信心强弱、自我管控力高低、自我坚持时间长短都显露出鲜明的自主与自由特性。

### 5. 简约性

数学问题意识由于是未经逻辑推理和理性思考而对问题产生反应的一种迅速的直接的感知、辨别、猜想、类比、联想、转化、估计或判断的心理状态,因而是心理综合因素同数学问题的本质直接联系的结果,体现了自我确认感的简约性和直接性以及思维方式的自由性。

### 6. 整体性

数学问题意识是从历史与文化、整体与局部、全局与阶段、体系与模块、内部与外部的关系视角感知出的一种未经逻辑推理和理性思考的意识。例如,在整体性意识的指引下,人们把零散的知识按照逻辑关系整理成公理体系、探究变量之间对应关系、在某个确定的范围内探究问题等,表现出问题意识的整体性。

问题意识的发展层次差异会导致关注度差异,久而久之信息处理水平差距变大,从而影响数学直观的发展。亚里士多德曾说:"思维是从惊奇与疑虑开始的。"数学问题意识存在于问题教学模式的每一个环节(即发现问题、提出问题、分析问题、解决问题),其形成与发展受学科观、认知结构、思维品质、环境、信息(教育、宣传)、价值取向、实践经验和文化氛围等因素的制约。要想提高个体的问题意识,必须正确把握意识特征和表现形式,而这正是培养数学直观与创新意识的基础。

　　总而言之,数学问题意识是指思维主体发现实践或理论问题的一种专业眼光,具有怀疑、焦虑、探究、识别、猜想、联想、估计和判断等表现形式,具有主观性、能动性、流动性、自由性、简约性、整体性等特征。数学问题解决则是从感觉到感知、从局部到整体的过程,其形成与发展依赖于个体活动经验的积累。通过长期研究与思索发现,问题型学习与教学应由问题意识、发现问题、提出问题、分析问题、解决问题与反思问题等要素构成。尤其是问题意识,是问题型学习与教学活动各要素有序运行过程之中不可忽略的前提要素,是创新意识与思维的基础。问题意识相关概念与形成过程的研究对于完善数学教与学理论研究和实践具有重要的意义。

### 1.1.3　数学问题意识的培养方式与路径

　　培养问题意识从体验、经历、参与、感受、了解、操作开始磨炼,养成主动预测、猜想或判断的习惯,通过积累感觉与经验提升感知力。

　　**1. 正确选择培养问题意识之载体,突出学科特点**

　　思维主体以已有的素质(先天和后天)为基础自然形成的意识是所处环境之诸多因素的综合作用下生成的心理状态,是因材施教的因素之一,但不属于数学教育教学主攻意识目标。

　　据教学实践活动的各类调查研究结果表明,数学教与学双边活动倾向于运算与推理,未能很好地突出数学的语言与工具、思想与方法、艺术与文化、模型与关系、符号与形式、变化与公理化等特征,进而影响个体感知力有效发展。

　　要想有计划有目的地培养个体的问题意识,就要以学科知识的认知过程为主要载体,抓其本质,追根溯源,强化影响,突出学科特征。所谓学科知识,是指具体数学概念的来源与背景、内涵与外延、表述与符号、法则与规则、公理与原理、定理与公式及其相互之间的联系,除此之外,还包括学科的事实与公理体系、思想与方法、信息与数据、符号与语言以及实践知识等。对每一个知识点的正确、清晰、完整、深入的理解是基础,以某个问题或线索为主线把零散的知识点转化为"教育形态"的知识体系是形成问题意识的重要途径之一。

　　**2. 全面探索培养问题意识的结构,突出意识特点**

　　从宏观视角分析,数学就是研究抽象概念与概念之间关系的学科。正确完整地理解"数学意识"这一概念并把握其结构要素与概念间的相互关联是培养问题意识的前提条件。

从数学教学整体要求和评价理念探索可知,数学意识应包括育人意识、目标意识、主体意识、技能意识、价值意识、情感意识、效率意识、应用意识和创新意识。在具体的教学过程中,结合意识特点以及教学思想与方法、内容与过程,要充分体现各类意识目标才能够培养数学问题意识。例如,就教学内容与过程设计来说,要以数学思想为主线,以开发学生潜能为本,尊重差异,因材施教,深入分析教材,合理地对教学内容进行重构,教学进度合理,重难点处理得当,案例选择具有代表性,以简驭繁,梳理知识、方法、思维、能力之间的关系,体现目标意识,等等。

**3. 合理创设培养问题意识的过程,突出活动特点**

从意识的形成与发展视角分析,数学教学所养成的意识与认知过程中的诸多环节有关,要注重落实"四基"(即基础知识、基本技能、基本思想、基本活动经验)过程之中的感觉、感受、感知等各种心理状态。例如,在积累数学基本活动经验过程中,学习者亲身参与数学活动所获得的直接的心理状态、经历和体验,即问题意识雏形。教师要把握本质,积累综合运用基本知识与技能、思想与方法的活动经验,提高学科直观想象能力。

**4. 适当处置培养问题意识的状态,突出生理特点**

基于有效提升个体的解决问题能力的基本理念,数学教学既要强化系统知识学习过程之中的感知力,又要科学设计学习主体"5 + 1"动(即动眼观察表现、形式、特征、规律;动口表达来源、本质、依据、结构、关系;动耳倾听理念、讲述、讲解、思维;动手操作、模仿、应用;动身参与、体验、经历、感受;动脑思考宏观与微观关系)技能训练过程之中的心理体验。依据心理学和生理学理论,认真研究意识形成必要条件与过程,并在教学实践中主动培养思维主体的问题意识。

**5. 科学设计培养问题意识的程序,突出教学特点**

思维主体直观想象的形成与发展依赖于问题意识、经验积累和专业知识,是以知识为载体,以概念理解和问题解决的思想为主线,全面体验、感受或经历不同层次的教学过程目标来实现的。

所谓教学层次,是指知识层面(中小学数学教材分析和知识点本源解读)、方法层面(探究课前、课堂、课后教学活动的方式、途径、手段)、思维层面(数学思维品质的形成与教学内容、操作过程的关系)、能力层面(数学学科能力与教师教学操作技能)和理论层面(教学理论、学习方法与认知理论、课程理论、教育学与心理学)等教与学双边活动环节。

但是,在具体教学过程中,普遍存在"问题"的发现、归纳直至提出都由教师来完成的现象,对于"是什么或怎么做? 为什么或理由是什么? 怎么想到的? 本源是什么? 隶属哪一类? 如何形成的? 有何特征与规律"等问题的关注度不够,与"被牵着鼻子走"的"提问"混为一谈。问题意识发展与主动思维所产生的疑惑、怀疑、困惑、焦虑、探究等心理状态有着密切关联,这种问题性心理品质又驱使个体产生积极思维。

**6. 灵活操控培养问题意识的环节,突出流程特点**

国内外数学教育教学研究越来越关注问题意识发展的途径与实践环节。思维主体的问题意识的来源是感知过程,又是学习、探究和实践高度融合、相互促进的感悟过程。由于个体诸多素质有一定的差异,对同一种感知过程的心理状态和活动经验积累程度也存在着一定的差异。就数学教学过程而言,要依据认知理论和生理特点,通过文本分析、专业训练、经验交流、数学建模、专题探究、创设情境、调查试验、统计推断、反思与评价、实践操作等诸多教与学环节去催生新的疑惑、怀疑、困惑、焦虑、探究等心理状态。要勤分析、多反思,突出螺旋式发展过程的程序特征,积累能够在无数学推理的一般意义上感知事物关系的意识,即形成问题意识。

总而言之,问题意识是数学发明、发现或发展的导航,是数学发展的内在动力,是提升学生数学素养的宝贵资源,是知识化为能力的桥梁,蕴涵着丰富而鲜活的文化基因,是促成创新思维的关键。正如阿尔伯特·爱因斯坦(Albert Einstein,1879—1955)所说,问题的发展则依赖问题的发现,数学教学是以"理解知识、掌握方法、学会思考"为循环载体的螺旋式发展过程中不断提升数学问题的感知力的一种心智活动。因此,在数学教育教学过程中,要注重数学概念理解与概念关系的把握,要关注宏观与微观方法的正确选择,要加强思维形成过程的认知规律的探究,促进学习者数学问题意识的形成,有意识地把数学教学转变为数学核心素养的训练过程。有计划有目的地发展思维主体的问题意识,有利于养成学生的学习兴趣与习惯,有利于提高掌握知识技能深度与广度,有利于锻炼思维品质与创新意识,有利于树立正确的人生观、价值观、世界观,有利于提升文化素养和综合素质,又有利于身心健康发展和数学智慧的积累。

# 1.2　数学教学组织与管理

学校各类教学活动是依据教与学相关理论和课程目标,结合具体的教学内容进行管理、组织的。教学组织是由学科教学人员组成的,明确宏观目标与微观目标、制定教学原则与策略、促进教师专业发展、开展教学研究、设计教学系列活动的最基本的教学单位,其组织形式与管理方式会直接影响学校的教学效率的高低和教育规模的大小。科学、灵活的教学组织与管理是实施教与学方案的前提条件,不仅能保证教学活动的正常进行,又能够促进各学科教学活动协调进行。广义的教学组织包括院系、教学部、教学团队、教学基地、教研室、教研组、课程组和实验教学中心等;狭义的通常指传统意义上的教研室或课程组。[①]《远距离开放教育词典》中指出:"教学组织结构也叫教学过程组织结构,主要包括课的类型、课的结构以及课堂各教学环节的构成,时间分配和教学过程中的组织工作等。它由所完成的一定的教学任务和内容所决定,并为完成教学内容和任务服务。"教学组织结构要素中包含受教者(学生)、施教者(教师)、教学目标(目的的载体,通过实现具体的目标才能达到目的)、教学内容、教学思想与方法、教学设备与环境以及各因素之间的关系。教育目的影响着教学内容的选择和编排,学生在教学活动组织中既是起点又是目的。教学内容、教学对象和教学目标决定着教与学方法的选择和使用。因此,认真研究教学活动组织的结构与形式以及相互关系对提升教育教学质量来说至关重要。

## 1.2.1　数学教学组织

教学组织形式是指教学过程中教师和学生为实现教学目标所采用的行为方式、手段与途径的总和。教学组织形式受课程性质、学科特点、教学目的等因素制约,其发展变化某种程度上反映着学校内涵发展的总体水平。宏观上,可分为学校、学科、班集体等三种教学组织形式;微观上,可分为课堂、小组和个别等三种教学组织形式。

---

① 陆国栋,孙健,孟琛,等.高校最基本的教师教学共同体:基层教学组织[J].高等工程教育研究,2014(1):58.

**1. 学校层面的教学组织**

学校层面的教学组织主要包括：制度建设与实施，教学硬件建设，资源整合与共享，师资队伍建设与技能培训，学科建设与专业发展，评价指标体系建构与实施，行政管理与后勤保障，校风与文化建设，合作交流与教学平台建设，等。

就以制度建设与实施为例，要研究制定《教师职业道德考核方案》（包括：师生关系、行为规范、师德师风）、《教师常规教学考评制度与实施细则》（包括：备课、说课、课外辅导、专题课、反思与评价、进度计划、工作总结）、《教师课堂教学评价指标体系与实施办法》《教师教学岗位工作量考核评价表（教学岗位）》《教师教学软条件建设实施办法》《教师绩效评价指标体系与实施办法》《教师奖惩制度与实施办法》等各项制度。

**2. 学科层面的教学组织**

学科层面的教学组织主要包括：同行合作交流与教学资料库建设，教学研究与教材分析，集体备课与说课，教学设计与课件制作，教学案例库建设，等。

就以数学学科来说，数学教师在教育教学过程中扮演着多种复杂的角色：数学知识的传递者，数学思想的启迪者，数学学习方法与探究活动的引导者，情感、态度、价值观和个性品质的创造者，解决未知世界问题的开拓者，塑造心灵的工程师，组织、监督、督促、规范行为的管理者，激励、选拔、甄别、诊断效果的评价者，父母般地关心、爱护的长者，沟通、交流的朋友，负责身心健康发展的医生，学生与家长仿效的榜样，等等。在教师专业化程度不断发展的过程中，不仅需要教师恰当地担当诸多角色，同时也需要掌握灵活转换教师角色的相关技能。那么，承载这些"神圣称号"的载体是什么？如何科学有效地建设数学学科师资队伍？这些都是学科层面的教学组织与管理要探究的重要课题。

**3. 班集体层面的教学组织**

班集体层面的教学组织主要包括：课前组织学习活动，课堂教学组织与模式选择，课后练习与实践，课外活动组织与设计，小组活动设计与合作学习，教学反思与评价，个别教育与个性化培养，等。

就以数学课外活动组织形式为例，数学游戏、数学故事会、数学日记、数学手抄报、数学讲座、数学元素探索、数学艺术展、数学竞赛、折纸变换、数学动画展示、数学欣赏、数学建模、数学文化展等教学方式都属于课外活动的组织形式。数学思维的发展不能单纯依靠课堂教学，它需要经过多种渠道逐步进行培养。有目的、有计划、有组织地开展数学课外活动是能够促进学生数学思维发展的有效途径,又是激发学生对数学的热爱和兴趣,还能够受到数学文化的熏陶。

### 1.2.2 数学教学管理

由学校行政部门和学科教学组织共同承担教学管理。所谓教学管理,是指依据课程论、教学论、学习论的原理与方法,采取合理的教学组织形式与途径,充分发挥教学组织的策划、导向、协作、调控、评价等管理职能,对教学过程各要素加以统筹,使之有序运行,提高效能的实践过程。教学管理涉及培养方案设计、教学活动规划、常规教学管理、教学质量评估、教学问题研究、教学资源维护与配备等基本环节。下面以数学学科常规教学管理为例,探讨教学管理问题。

常规教学管理过程能够体现学科教学规律,因而,充分探究常规教学构成要素间的相互关系,优化教学过程,合理设计常规教学各环节的"螺旋式循环"过程与操作方法极其重要(如图1-1所示)。

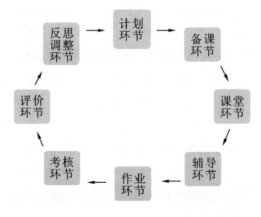

图 1-1 常规教学螺旋式循环模式

### 1. 常规教学计划管理

常规教学计划管理是指按照学校课程设置与实施计划文件,统筹协调,依据学科课程标准和教材,从宏观角度对教学内容与方法进行全面、细致的研究,同时研究制定《数学常规教学管理与实施方案》。常规教学计划主要包括学校教学工作计划、教研室工作计划、课题组工作计划、个人教学计划等。

教研室和课题组教学工作计划应依据学校教学工作整体布局,结合本学科特点,在学科组内充分研讨的基础上对本学期各项教研工作做出具体安排,相关负责人监督执行。

个人教学计划由各任课教师研究制定,在开学前一周内完成。教师计划要依据学校和教研室相关文件精神,熟悉课程标准,明确本学科教学任务,正确清晰、完整深入地理解基本知识与数学思维形成过程,了解学情,充分估计教学问题的根源与困难,拟定教学进度,提出教学中应注意的问题和改进措施。

**2. 备课与说课管理**

在常规教学管理过程之中,要全面了解说课、备课、课堂教学实施状况与教学基本问题,组织教师研究学科知识的本质与来源以及教学方式方法,整体上提升教师对教学内容的理解水平。

备课是上好课、提高课堂教学质量的前提和基础,要提倡集体备课和个人备课相结合,其目的在于发挥教师群体优势和骨干教师的作用,交流教学经验,统一认识,解决教学中的重要问题,平衡教师的教学进度,不断改进教法,提高教师教学水平和教学质量。备课可分为一节课、一个单元和一个学科的备课。通过备课状况的了解和剖析,可以了解课堂教学的知识来源和保障基础。备课有以下内容:备学生、备自己、备资料、备学法、备学习环境、备教法、备教材、备标准、备教具、备教案、备板书、备语言等。因此,常规教学组织与管理要从教材分析、学情分析、教学目标设计、教学重点与难点、教法与学法、教学过程与板书设计、课堂练习、课后作业、时间安排、教学反思与评价等维度进行全面调查了解,并研究制定相关管理制度和评价指标体系。

所谓说课,即从理论视阈对备课与教学设计每一个环节进行解读或说明。同样,说课也可分为一节课、一个单元和一个学科的说课,通过说课状况可了解教师学科理论知识水平和理解知识的深度与广度。

**3. 课堂教学管理**

从管理学视角看,要在数学课堂教学活动各个环节的设计与实施现状进行细致了解的基础上,全面研究数学课堂教学结构的构成要素并提高常规教学管理水平和效果。就以课堂教学而言,宏观上可分为教师"教"和学生"学"的两个要素;微观上可分为教学目标、教学思想、教学基本功、教学内容、教学过程、教学方法、教学态度、教学组织形式、教学媒介、教学评价十个要素。根据对数学课堂教学各个环节的调查研究,数学课堂教学的各个环节如何设计与实施都存在着或多或少的问题。主要体现在各个环节的结构由哪些要素组成和如何有效设计上。苏联教育家 M. N. 马赫穆托夫指出:课堂结构是以指示和标准理论而被他人理解和运用的一种有益的组织知识。① 然而,因人们过于注重"教无定法"而忽略了教学应当有"法"的一面,忽略了"标准理论"和"组织知识"等方面的研究,导致课堂教学随意性大、结构散乱以及教学指标无法落到实处,从而缺失了"管理"的因素。可见,常规教学管理过程之中对课堂教学进行适度管理与调控是必要的。

# 1.3　研究数学教学设计的目的与意义

科学合理的数学教学设计(简称优化设计)是为了规范与优化师生教与学双边活动的全过程,缩小因教师经验不足而产生的教授效果差距和因学生的学情差异而导致的学习效果差距。所谓数学教学优化设计,是指依据具体的教学目标与要求,结合教学条件和学生数学认知状况,按照数学教学内容体系的相互关系和数学教学的规律研究制定的并在限定的时间内教师能够熟练、顺利、灵活实施的活动方案。

## 1.3.1　数学教学中存在的问题

数学教学活动由个别教学、组群教学(分组与分班)和环境教学构成的,但是我们的实际教学过程,只注重组群教学,而忽略了个别教学和环境教学。教学设计基本上倾向于组群教学设计,局限于用何种方式和措施来实现问题,一定程度上忽视了思维主体的健康持续发展。

随着经济与科学技术的迅速发展,在国家和地方大力支持下,我国各类学校的硬件建设有了可喜的发展,花园式校园遍布祖国大江南北,只要广大教育工作者有效利用并精心维护即可。同时,为了提升教育教学质量和促进师生健康发展,开展了很多种层次不同的师资队伍专业发展培训活动,极大提高了教师的整体素养。但是,截至目前还有很多中学软件建设未能够达到实际教育教学的需要,教师队伍、数学教育教学专业水平和实践能力还需要不断提升。根据调查发现,数学教学建设主要存在着以下几个方面的问题。

---

① 冯克诚,于明,毕诚.课堂教学结构设计模型全书 [M].北京:国际文化出版公司,1996:1.

**1. 缺乏必要的教育教学实用资料**

教师教学设计过程与效果停留在个体经验水平,存在着"挤牙膏"式的备课状态。依据数学教学实际需要和学生实际情况,研究建设数学题库是有效备课的前提条件,是提高各科教育教学质量的保障与资源,也是教师专业发展的有效途径。研究、筛选适量的参考资料,并分配给每位教师,各科教师以教研室为单位,对所需教学内容问题进行科学、合理的分类,作为数学教师教学工作量化考核和质量考核指标。

1)编题与变题

通过正确、全面、深入地研究本阶段教材,针对每一个单元内容教学实际需要,分类编制各类题例(例题、练习题、作业题、测试题、变式题),也可以合理筛选出参考资料题例入库。

2)编制试卷

参考适当数量的参考资料,按照预定的教学目标要求和学校相关目标要求,让各位任课教师编制出若干套单元或模块考试卷。

3)案例设计

按照一定的要求设计典型的数学知识应用案例,或足够吸引学生好奇心的案例,或具有立德树人目标的学科教育案例。依据数学学科教学特点和需要,以教研室为单位对本学科所需的图书与电子图书、音像与视频教程、模型与图片、数学史与文化专题片、专业软件与课件制作、课程计划与实施方案、教案设计与学案设计、考试热点专题、微课设计与制作、数学实验与操作流程、课外活动设计与组织实施等资料进行收集整理,不断丰富数学教学资料库内容。

**2. 缺乏研究教材与教学方法的学术氛围和经验**

教师教学准备工作停留在主观认识水平上,存在着把"解题方法"作为数学思想与方法主要内容的现象。例如:一元一次函数的图像是什么?(多数答案:一条直线;部分答案:一条直线,或线段,或射线;正确答案:一条直线或一条直线的一部分。)一元二次函数的图像是什么?加减法的本质是什么?加减法学习过程中学生感到困难时用何方法处理?2012 年以来,在多次数学骨干教师培训、数学学科教育研究生和数学师范类专业本科生教学过程中进行问答式调查,结果正确回答率不到20%。

**3. 缺乏开发利用数学教学专业软件和技术设备的实际操作能力**

教师技术水平停留在静态演示水平上,存在着"机械地使用"技术手段的现象。例如:用 PPT 来代替板书,很难制作与板书相结合的直观演示或动态与静态关系的效果观察文稿,教师教育教学技术培训效果不佳等问题较普遍。

### 4. 缺乏教师基本技能训练时间和条件

组织管理不科学,教师职业技能常规训练停留在个体自觉行为上,存在着放任状态。例如:教学进度计划、课件制作、编写教案、题例选择与编写(例题、练习题、作业题、测试题)、听课记录与分析、两笔字(钢笔字与粉笔字,画函数图像与几何图形,数学符号与式子)、反思与评价、备课与说课、编写考试卷、课外活动设计与组织、即兴演讲、教育教学问题调查与分析等各类工作或活动过程之中都能够发现教师基本功对日常教育教学质量的影响,淡化了教师以身作则的示范作用。

### 5. 缺乏团队精神和统一的组织管理

教师合作能力和效果停留在人际关系优劣上,存在着"独自奋进"的孤立状态。教育工作实际效果与影响力,从宏观视角来说,是社会、学校与家庭教育的综合作用;从微观视角来说,是所有教师的合作、和谐教育教学的共同作用。团队非团伙,师资队伍的专业发展是依赖于大家的协同工作,以老带新,以新充电,交流经验,吸收新的理念和技术,取长补短,专业能力的提升永远在路上。为了提高教师教学技能训练实际效果,我们不仅要做好理论研究工作,又要做好中小学教师教学基本功相关调查工作,并走访国内名校和名师、课程专家,对教师基本专业素养的构成要素一一探究,建构各项指标的评价方案与实施办法。

### 6. 缺乏实践教学客观条件

教师走出去进修深造机会少,忙碌于完成教学任务,教师专业知识停留在职前教育的水平上,存在着"吃老本"的保守、呆滞状态和"把一年的经验重复二十年"的现象,缺乏足够吸引学生好奇心的案例或教学实践活动。目前,中小学缺少课外活动场所和课外活动时间,教学活动被限制在教室里,很多设施闲置不用,实施自由支配时间很短,更不用说校外实践活动了。从 20 世纪末至今,社会与家长对校内外教学和学习干预度的增加,再出于安全因素的考虑,实践教学的组织和设计实施面临着诸多困境。

### 7. 缺乏正确的理念指导

目前教学存在着很多误区。例如:主体与客体的理解存在误区,目前在教学中,学生是学习的"主体",主体不是"主人"的意思。主体与客体是一对哲学范畴,是相对而言的概念。在学习某一段内容(或某一个知识点)的过程中,若学生们通过阅读方式去理解,则这段内容是客体,阅读的学生是理解的主体(多个主体存在);若通过教师的讲述去理解,则讲述内容是客体,听讲的学生是理解的主体(多个主体存在)。由于把"主体"理解为"主人",引发了很多教学设计上的极端行为,诸如把课堂还给学生、教师讲授时间不得超过 20 分钟或 10 分钟,等等。

以上问题都属于数学教学软件建设的范围,教学软件就是师资队伍整体素质的建构与文化教育环境与氛围建设。学校教育任务不仅是要培养学生的基础素养,还要提升师资队伍的专业素养,师生只有同步发展才可能保障教学活动效果趋向最佳。

## 1.3.2　数学教学设计的目的与意义

随着世界经济的快速发展和现代科学技术的不断进步,多元文化急剧交融,无论是实体教育教学条件还是虚拟教育教学资源,都给数学教育教学带来了前所未有的发展空间和问题。从国内外教育教学理论研究和实践经验来审视,数学教育教学相关的诸多问题都与教师的学科素养有着密切的关系,教师职业技能成为制约提升教育教学质量、实现人才培养目标的最关键因素之一。教师专业发展包括专业精神、专业知识和专业能力三个方面,其中,教师教学设计水平与能力是专业能力的重要构成要素之一。

数学教师学科知识的核心有两类:一类是关于知识本源的认知,另一类则是为了清晰地表达所需的知识。对数学教师来说,不能仅仅满足于已有学科知识的积累,而是要不断提升自己从事学科教学的实践知识与能力。一言以蔽之,教学设计就是指如何将"科学形态"的学科知识转变为"教学形态"的学科知识,这就是教师学科教学综合素质发展的最核心思想。教学设计遵循从理论到实践、从抽象到具体的整体观,一般是由具体的教学思想、教学目标、教学内容、教学过程、教学方法、教学组织形式、教学媒介、教学评价等方面的设计与实施办法构成的。

数学教学设计,旨在把数学课程理论、教学理论与学习理论综合应用于数学教学活动全过程之中,建立起促进学习的载体和环境,它不是为了达到教师的目的,而是要达到为学生奠定生存与发展所需的数学基础的目的。其目的主要包括以下几点。

一是"深入学科内部",这是数学教学设计与实践的基础,即以数学学科知识为载体设计具体的教学活动实施方案。为此,我们要对学科知识、学科素养的内涵与外延进行深入研究,依据学科知识认知结构形成过程与规律,进行一些诸如教师如何对已经学过的学科知识进行"再学习"、抓住其本质、探求其产生的原因与影响以及知识之间的关系等方面的理论探讨和操作建议。

二是通过数学教学设计理论探究,重新认识数学教学设计相关概念的含义。例如:(1)数学认知维度"理解"的含义与内容。对此,从哲学与学科视角解释"理解"的含义,并结合具体的学科知识探讨"理解"的内容,得出"没有内容的'理解'称不上'理解'的结论"。(2)教学的理解存在误区,是教与学的双边活动。"教"指的是教师的教材,"学"指的是学生的学习材料;"教"指的是教师的教学内容,"学"指的是学生的学习内容;"教"指的是教师的教学方法,"学"指的是学生的学习方法;"教"指的是教师的教学手段,"学"指的是学生的学习手段;等等。(3)学习的理解存在误区,是学与习的有机结合。"学"指的是理解概念,掌握方法,发展思维,发现规律、关系或特征的螺旋式认知过程;而"习"指的是通过各类练习(观察、表述、操作、倾听、参与、推理)加深理解、巩固记忆、梳理关系,培养数学能力,养成良好的数学化习惯。

三是通过数学教学设计实践探究,帮助中小学数学教师将零散的学科知识串接成知识脉络。"科学形态"的学科知识是以科学形式阐述的,教师头脑之中的知识是以零散形式存在的,教师很难整体上把握这些知识。对数学本身理解不深的人来说,学科知识呈"原子式"零散存在状态,而这是不利于对知识本质的系统掌握与建构。教师只有精心梳理学科知识,深入理解核心概念的本质与演变过程,清晰地认识纵横关系,消除概念理解上的误区,不断地把新知识纳入已有的认知结构中,形成以核心概念为主线的知识结构网,才能够整体把握学科知识,提高数学学科素养。为此,我们系统地研究了中小学数学核心概念、判定准则,形成了"核心概念及其知识脉络图,帮助教师完成知识的系统化"。

四是通过数学教学设计技术手段和途径探究,发展数学教师职业技能,使教学实施过程简便、灵活、生动。

五是通过数学教学设计系统化学习和研究,提升教师将"科学形态"的学科知识转变为"教学形态"学科知识的三个发展水平——直观水平、概念水平和理论水平(包括事实、关系、方法、知识、思维、能力、理论七个层面的具体标准,深入探究概念的来源、分类、抽象、表征、理解、同化、联结、应用等问题,从不断加强问题意识、完善知识结构、熟悉数学方法、培养数学能力、提高思维水平、架构理论体系等维度,廓清教师学科知识发展水平的含义)对教学效果的影响。

六是数学教学设计结构要素和实施办法研究,有利于规范教师教育教学行为,有利于建构科学合理的数学教学活动评价指标体系与方法。通过对数学教学内容体系和教学设计理论的系统化,使抽象的数学知识和教学理论文献资料为我们的教学实践提供新的思路与方向。

总而言之,科学合理的教学设计应该是数学教学的宗旨、课程理论、教学理论、学习理论、评价理论、教学手段、教学资源和学科知识的总和,有利于教学目标的控制,主要调节教学内容,控制教学速度、教学节奏、教学密度、教学难度等。既可以对数学教育的整体(总目标)进行调控,也可以对数学教育的某个局部或者某个被评价的个体进行调控。通过对数学教学设计的总结、分析和鉴定,一方面它可对教学活动的优点和缺点、成绩和不足、问题和解决方法做出科学的分析,另一方面,它还能对教学活动的发展趋势进行科学的预测,有利于补救与改善,及时了解存在的问题,以便有针对性地改变学习策略和方法,促进学生的发展。

# 1.4　数学教学研究思路与途径

随着科学技术应用范围的拓展和经济多元化发展,学校教育教学和教师职业技能培训越来越走向规范化、专业化。为了全面、深入地探究数学教学活动全过程,把数学教师的教学研究作为专业能力提升的重要途径和主要教学工作,并积极探索、构建教学研究的基本思路和途径,亟须从硬件建设和政策制度保障上加强对常规教学过程与效果的研究。

## 1.4.1　数学教学研究的基本思路

数学教学研究是以数学学科知识为载体,依据教育学、心理学、思维科学等学科的思想与方法、原理与知识来解决数学教育教学以及实践问题的综合性心智活动。数学教学研究的主要对象应是数学教学理念与原则、组织形式与管理、教学设计与实施、教学模式与途径、教学方法与思想、教学资源与技术、认知结构与规律、师资队伍素质与建设、教材与学材编写、教学反思与评价等有关教师的"教"与学生的"学"双边活动的一切教学问题。

一般地讲,数学教师的教学研究活动以课程论、教学论和学习论的基本理论为基础,在教育思想与数学学科思想的指引下,从数学教学的总体目标或具体目标出发,分析、整理数学教学内容与过程,揭示数学学科知识的认知过程与规律。在这一过程中,合理设计数学教学过程中的诸环节及其相互间的操作程序,帮助教师正确、清晰、完整、深入理解数学教学基本知识和教学内容,不断提升职业技能和数学学科核心素养,并对数学教学的效果开展科学的评价。基于以上观点,我们主要围绕"点""线""面"问题进行研究。

### 1."点"问题

点是指数学学科知识点和常规教学知识点,深入探究概念的来源、分类、抽象、表征、理解、同化、联结、应用等问题。即:一类是关于数学知识本质与来源的知识;另一类是为了清晰地表达所需的常规教学知识。对于每一个知识点来说要有一些具体要求,即正确、清晰、完整、深入理解每一个知识点的内涵与外延、符号与表达方法、规则与法则、原理与性质、公式与定理、应用范围与案例以及其他概念之间的关系。

### 2."线"问题

线是指链接知识点间问题主线与关系。一言以蔽之,就是指如何将"科学形态"的学科知识转变为"教学形态"的学科知识,这就是教师学科知识发展的最核心思想。"科学形态"的学科知识是以科学形式阐述的,思维主体头脑之中的知识是以零散形式存在的,个体很难从整体上去把握这些知识。对数学本身理解不深的人来说,学科知识是一种"原子式"零散存在状态,而这是不利于对知识本质的系统掌握与建构的,只有通过对"线"问题的研究才能克服这种弊病。教师只有精心梳理学科知识,深入理解核心概念的本质与演变过程,清晰地认识纵横关系,消除概念理解上的误区,不断地把链接知识点的问题主线与关系纳入已有的认知结构中,形成以核心概念为主线的知识结构网,才能够从整体上把握学科知识,提高数学学科素养。常见的"线"问题研究,譬如以函数思想为主线、以运算思想为主线、以几何直观为主线、以算法思想为主线、以统计思想为主线、以数形结合法为主线、以内容特征为主线的专题研究,等等。

### 3."面"问题

面指数学学科知识与常规教学知识的认知结构与广度是由多条"线"织成的认知网。即按照学科知识发展的历史顺序和逻辑顺序,从知识本身、思维方法或理念上的归拢,进而形成教学形态的知识发展脉络,这也是建构良好学科知识结构的基本思路。所谓准确把握学科知识发展脉络,是指比较清楚地把握学科科学体系中知识的核心思想,知道知识的来龙去脉,同时了解这些学科知识的教育价值,特别是对于所教的学科知识体系、知识前后的关联、知识的轻重缓急、统领学科知识发展的核心内容等都了如指掌。要想切实把握学科知识发展脉络,需要思维主体精心梳理学科知识的问题主线:一是借助核心概念,以知识发展的历史顺序为主线梳理;二是围绕核心概念,以知识发展的逻辑关系为主线梳理;三是沿着概念关系,以学科思想方法为主线梳理。如同王尚志指出的那样:在中小学数学课程中,函数思想、运算思想、几何思想(把握图形的能力)、算法思想、统计和随机思想等等,这些都是贯穿在中小学数学课程始终的东西,构成中小学数学的基本脉络,是整体上把握中小学数学知识的主线。

总之,教师学科素养的形成是教师终身学习和不断解决现实问题的一个过程,是教师的专业精神与态度、专业知识、专业能力不断成熟、不断提升、不断创新的过程。教师实践经验积累也要有一定的教学基础理论、一定的写作基础知识、一定的教学教研经验以及一定的分析研究能力,对数学教学活动全程进行真切的"再现",用教学理论与认知理论进行科学地审视、深入地分析,并客观地评价教学操作与实施过程中的是非曲直,使教学的反思过程、探究过程、总结过程、提高过程由模糊变得清晰,这样才有可能概括出有价值的独到见解。

## 1.4.2  数学教学研究途径

数学教育教学质量的主要因素就是教师个体素养和团队协作能力,因而国内外教育教学研究越来越关注教师专业知识的发展途径。为此,我们依据数学学科教学特点,给出提升数学教师专业素养的"学研环"与"实践环"双环模式,并从文本研修、学术交流、教学反思与评价、教学实验、进修培训、调查实验等多个维度对数学教师学科知识来源问题进行探讨,以期对教师教育研究和数学教师培训具有一定参考价值。

教师专业知识发展的动力是需要,需要层次的高低可以被认为是发展水平的标志,而激发需要的关键是对专业知识本质的认识和整体把握。数学教学工作内容具有循环性,那么,我们可以利用哪些途径去研究数学教师专业发展和数学教育教学质量问题呢?

(1)教师对教学所涉及的数学知识本身需要"再学习"。

(2)教师在讲授过程中,逐渐地把握住学生思考的方式方法,了解学生学习数学的状态。

（3）教师要正确把握数学教学知识之中的重点和难点。

（4）教师要想很好地转变知识形态，需要自学并在自学过程中进行反思。

（5）教师要广泛地进行合作交流、校本研究，积极参加国家或地区各类培训，利用网络平台获取更多的教与学的资源。

若我们把教师学科教学知识发展比喻为"前进中的一台车"，则"车轮"就是"双环"（即学研环与实践环，如图1-2所示），以数学学科知识核心概念为主线的知识脉络（即纵横关系）就是"路径"。即教师学科教学知识发展是一种螺旋式上升的过程，是学习、研究和专业实践高度融合、相互促进的过程。

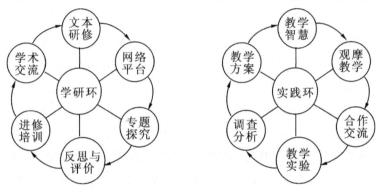

图1-2　教师专业发展的双环模式示意图

**1. 数学教师专业发展的"学研环"**

教师学科教学知识发展的"学研环"是指：在专业理论引领和实践指导下，教师依据自身专业知识水平做出分阶段的学习和研究计划，结合计划收集有关数学教育教学最新培训资料与文献、学科教学资料，并围绕学科知识和专业实践中存在的问题进行专题学习或研究，进而提升专业知识的过程。也就是说，教师通过理论学习和研究，提高专业理论水平，从理论高度重新审视自己的教学经历和教学行为，积极寻求教学科研与专业实践的结合点，丰富学法指导，加强经验交流，反思学习品质形成过程，培养正确的教育教学行为，丰富自己的文化素养与教学素养。这一过程包含以下几个方面。

1）文本研修

随着社会的进步和教育事业的蓬勃发展，关于教师专业发展、学科教学知识的理论研究和实践研究的文献资料、科研成果及专著如雨后春笋，为教师的学习和研究工作提供了丰富的文本资料。教师能够结合教学活动观察与文本分析，主动探索出数学教与学中存在的诸多问题，并依据自身的理论基础和实践经验以及数学学科特点设计学习、研究计划，以学科知识为载体，围绕专题有目标、有策略地进行探究性学习，进而提高专业素质和创新思维能力。例如，要想提高数学教学水平，就要对演绎法、抽象法、模型法、关系映射反演法、公理化方法、变换法、无穷小方法、结构方法、实验方法、分析法、综合法、反证法、归纳法、穷举法、建模法、消元法、降次法、代入法、图像法、向量法、数形结合法、函数与方程法、分类讨论法、转化法、比较法、放缩法、数学归纳法、配方法、待定系数法、加减法、公式法、换元法、拆项补项法、翻折法等诸多数学方法有着深入理解。教师需要通过文本研修，从整体上把握这些方法，并能对其熟练运用。

2）网络平台

数学教师应该能够将学科内容和专业软件相结合，运用网络多媒体技术，参与到数学学科教学知识交流与资源共享的网络平台中来，拓展学习和研究的时空范围，充分利用网络资源获取国内外信息，加强经验交流，与专家、同行及时沟通，创建自己的学科教育教学资源库，促使自身专业化发展。

3）进修培训

教师进修与培训是依据学以致用、突出重点等原则，结合学校教学、科研及管理等工作的需要，有计划、有目的地参加数学专业理论、课程与教学和专业实践操作理论的岗前培训、多媒体与信息技术培训、骨干教师进修、课程进修、教育教学能力培训、专业短期培训、国内访学以及攻读学位等形式的各类脱产培训，这是提高数学教师的整体素质，优化队伍结构，建立高层次、高素质、高水平的数学教师团队的有效方法。我们要重视进修、培训的效果，更要提倡教师带着科研项目或者专业问题进行培训和学习。

4）学术交流

假设十个人每人有与他人不同的一个理念（或方法），若不交流，则每人就一个理念（或方法）；若相互交流，则每人就有十个理念（或方法）。[①] 数学是锻炼思维的体操，只有不同的思想观念与思维相互碰撞才能激发智慧的火花。数学专业人员进行学术交流的真正目的在于交流学科教学信息、思想、观点，开拓

① 中国科协"学会学术交流活动状况及期望调查专题组".学术交流是学会凝聚科技工作者的基础：学会学术交流活动状况及期望调查报告[C].学会,2005(7):16-25.

视野,掌握前沿知识与学术动态,启迪思维,创造出新思想、新观点和新方法,并且能够更深入地理解客体、主体、中介三要素之间的关系,进而更好地提高教师学术素养,建设专业学术团队。

5)专题探究

这里所说的数学教师专题探究不是指申报课题、发表论文或专著等科学研究,而是指基于关注学生,重视思考过程、设计内容、选择方法、疏通关系的探究,以鲜活的数学教学场景中显现的问题和潜在的问题为主线的探究性学习过程,是教师专业素养提升的需要,是一种探究式的工作态度。例如,对某一数学单元教学来说,课堂教学的设计与评价、案例与题库的创建、活动方案、课件制作等问题都需要教师以充足的信息资料为基础进行精心研究。

6)反思与评价

数学教学反思是指对自身的专业实践进行多维度、多层次批判性的回顾、诊断、思考,进一步提炼和升华,改进不足,以获取新理念、新知识和新方法的认知过程。通常我们认为,教学反思是一种促进专业发展的最有效的途径,而教学评价则是对教与学的整个过程及结果进行价值判断。先进的评价理念对知识的教学反思起导航作用,因此,教师要学习、掌握发展性评价和绩效评价的理念、方法与技术,并以此来指导教学反思过程。

著名教育家理查德·艾伦·波斯纳(Richard AllenPosner,1939——   )指出:经验加反思等于成长,没有反思的经验是狭隘的经验,至多只能成为肤浅的知识。教学反思的真谛就在于教师要敢于怀疑自己,敢于和善于突破、超越自己,不断地向更高层次迈进。① 数学教学反思的起点是教学问题,教师要围绕所要反思的问题,广泛地搜集查阅文献资料,与同行合作交流研讨,总结、归纳经验与教训,不断更新和丰富认识,形成实践性知识。只有养成反思的习惯,才能够不断提高教学质量和专业素养。

## 2.数学教师专业发展的"实践环"

教师是一种专门化的职业,它有自己的理想和追求,有自己的理论指导,有自觉的职业规范和成熟的技能技巧,具有不可代替的独特性。② 而教师的专业知识能否转化为教学智慧、教学行为能否得到规范、数学学科教学技术与软件

---

① 张大均.教育心理学[M].北京:人民教育出版社,2005:348.
② 鲍传友.做研究型教师[M].北京:教育科学出版社,2009:1.

应用能力是否成熟、组织教学活动与沟通能力是否能够提高、能否从事科学的调查实验等一系列问题的解决都离不开专业实践。这里所说的"实践环"是指教师通过教育教学实践,不断提高自身的专业素养的学习过程。具体而言,"实践环"包括以下几个方面。

1)教学智慧

数学教学智慧的形成与发展不同于数学理论学习,它是一种把学科知识、教学知识和专业实践反思有机地结合起来,有目标、有计划地通过系统训练逐渐形成的实践能力。教学智慧是教师数学教学素养的集中表现,指的是教师在教学实践活动中善于抓住时机、善于转化教与学的矛盾和冲突的灵活的操作能力。数学教师要想提高此方面的能力,就需要积极、主动学习他人经验,广泛地进行合作交流,不断地实践、探究典型案例,这样才能够建立个性化的教学风格,形成教育教学智慧。

2)教学方案

教学方案是指以教学内容为载体的教学活动的预设和策划。构建主义者认为,学习是一个积极主动的过程,它既是刺激反应、信息加工,又是领悟发现、构建生成、主动体验、对话协商、协同分享的过程。教师首先要理解掌握教学方案设计的相关知识与方法,依据情感和态度、行为和习惯、过程和方法、知识和技能等教学目标,结合内容和教学资源,对教学顺序、教学内容呈现方式、教学导入、教学情景、教学提问、教学案例与练习、教学讨论的问题总结反思、进行设计,并在教学实践中不断完善,促使学生处于一种主动、活跃的能动学习状态。例如,教师要了解约翰·弗里德里希·赫尔巴特(Joham Friedrich Herbart,1776—1841)的四段教学模式(明了—联想—系统—方法)、伊老·凯洛夫(N. A. kaiipob,1893—1978)的五环节教学模式(组织上课—检查、复习—讲授—巩固—布置作业)、约翰·杜威(John Dewey,1859—1952)的问题解决教学模式(创设情景—发现问题—计划—实施计划—总结)、罗伯特·米尔斯·加涅(Robert Mills Gagne,1916—2002)的九环节教学模式(引起注意—告诉目标—激活相关知识—呈现刺激材料—提供学习指导—引发学习行为—提供反馈—评估学习行为—促进记忆与迁移)、杰罗姆·布鲁纳(Jerome Seymouw Bruner,1915—2016)的发现法教学模式(创设情景—假设—检验—结论)等多种教学设计方案,对照自身的方案不断改进设计理念和思路。

3）观摩教学

进行观摩教学之前，要对问题和活动目标、内容、环节以及学生特点等进行调查了解，设计出观摩计划，明确观摩的目的、维度和方式方法，避免观摩的盲目性。观摩教学的效果与教师的评价理念既与评价水平以及专业素质有着紧密的关系，又与团队合作交流、反思研讨的制度和习惯有很大关系。大量事实表明，教师的专业"眼光"是在实践中锻炼出来的。

4）合作交流

合作交流作为新课改所倡导的重要学习方式，正随着教育教学改革的不断深入和师资队伍整体素质的不断提高，越来越受到人们的重视，并已成为教师专业发展的一种需要。只有在更广泛的领域中进行合作交流，才能够避免重复劳动，从而达到充分利用教学资源、提高学习效率与工作效率的目的。

5）调查分析

随着教育改革的不断深入发展及信息化时代的到来，教师常常需要围绕教育教学中存在的问题进行问卷调查、访谈、实验或评估，收集大量的数据，根据所获得的数据提取有价值的信息并做出合理的价值判断。这些信息数据为改进教学方法、解决教学问题提供了重要依据。也就是说，教师要从纷繁复杂的教学情境中提高收集、整理、处理和描述数据的能力，养成利用数据说话的科学方法和良好习惯。

6）教学实验

教学实验也被称为实验教学，是指把教师或学科团队所研究、制定的教学方法、改革方案拿到具体教学实践中进行检验的过程。实验教学一定要避免搞"形象工程"，避免把学生当作"实验品"，要及时改进不足，要有对比研究，要有严格的审查和监督指导制度，要对实验数据进行科学分析，进而培养出优秀的师资队伍和骨干教师。实验教学是"授之以渔"的有效途径，要求学校要采取同伴互助、专家引领、校本研究等多种方式进行实验研究。

总之，教师的学科教学知识发展是深入研究和循序渐进的过程，我们要使"学研环"和"实践环"有机地结合起来，健全相关制度和评价体系，保障资金投入和条件，更新教学理念，熟悉学习理论，勤分析，善反思，注重教师发现问题、提出问题、分析问题、解决问题的能力的培养，并促使其可持续发展。

# 第2章 数学课堂教学设计的相关概念

随着社会、经济、科学、文化不断发展,人们越来越清晰地认识到数学科学对人类进步所起的不可替代的作用。数学成为一切科学的基础,同时也是学习和研究现代科学技术必不可少的基本工具。因此,搜集权威的数学科普文献和经典的数学应用成果资料,对整个中小学数学领域中的基本概念、基本思想与方法、认知规律与思维品质进行精深理解并能够清晰而生动地阐述,对中小学数学教学,或是数学专业人士、数学思考者来说都具有极好的参考价值,意义深远。

## 2.1 数学是什么与什么是数学

数学起源于人类早期的生存需要和生产活动。古巴比伦人从远古时期开始就已经积累了一些经验型数学知识,并能应用于实际问题。据文献记载,早在古埃及、美索不达米亚及古印度的古代数学文献里就有一些数学基本概念及其应用。数学(希腊语为 μαθηματικ, 即 máthēma;英语为 mathematics 或 maths,缩写为 "math"),是研究数量、结构、变化、空间以及信息等概念的学科,从某种角度看属于形式科学的一种。数学英文名称来源于希腊语,有学习、学问、科学之意。古希腊学者视其为哲学之起点,"学问的基础"。另外,还有个较狭隘且技术性的意义——"数学研究"。即使在其语源内,其形容词意义——凡与学习有关的——亦被用来指数学。在中国古代,数学叫作算术,又称算学,最后才改为数学。中国古代的算术是六艺之一(六艺中称为"数")。据动物学和脑科学研究成果,很多动物有量(大小、多少、快慢、轻重等)的感觉,也会简单的数数(尤其是鸟类)。可能由于这个原因,以"数数"为起点的代数学被认为是最早的"数学",而关于形状(早期工具与用品)和事物所处位置关系的几何学未被认为是"数学"。故早期代数学和几何学长期处于独立的状态。直到 16 世纪,笛卡尔创立了解析几何,将当时完全分开的代数和几何学联系到了一起。

法国的布尔巴基学派认为,数学,至少纯数学,是研究抽象结构的理论。结构,就是以初始概念和公理出发的演绎系统。他们认为,数学有三种基本的母结构:代数结构(群、环、域、格……)、序结构(偏序、全序……)、拓扑结构(邻域、极限、连通性、维数……)。

### 2.1.1 数学是什么

世界古代史上伟大的哲学家、科学家、教育家、希腊哲学的集大成者亚里士多德把数学定义为"数量科学",这个定义一直延续到 18 世纪。从 19 世纪开始,随着数学研究对象的扩展和涉及范围的扩大,学术界提出了诸多不同的界定,但未能达成共识。围绕着数学基础之争,形成了现代数学史上著名的三大数学流派:逻辑主义学说、直觉主义学说和形式主义学说。

英国哲学家、数学家、逻辑学家、历史学家、文学家、分析哲学的主要创始人伯特兰·阿瑟·威廉·罗素(Bertrand Arthur William Russell,1872—1970 年)认为:所有数学是符号逻辑;数学是这样一门学科,在其中我们永远不会知道我们所讲的是什么, 也不知道我们所讲的是不是真的。在此之前,美国哲学家、逻辑学家、实用主义创始人查尔斯·桑德斯·皮尔士(Charles Sanders Santiago Peirce,1839—1914)提出:数学是得出必要结论的科学。他试图证明所有的数学概念、陈述和原则都可以用符号逻辑来定义和证明。

荷兰数学家鲁伊兹·布劳威尔(Luitzen Brouwer,1881—1966)确定数学的直觉主义定义:数学是一个接着一个进行构造的心理活动,任何数学对象是思维构造的产物,所以一个对象的存在性等价于它的构造的可能性。

数学的形式主义定义是 19 世纪末 20 世纪初"数学界的无冕之王"、形式主义的奠基人、德国著名数学家戴维·希尔伯特(David Hilbert,1862—1943)提出的。他提出两条最基本的原则:形式主义原则,所有符号(如 $x,e,\pi,\cdots\cdots$)完全看作没有意义的内容,即不管符号、公式或证明的任何有意的意义或可能的解释,而只是把它们看作纯粹的形式对象,研究它们的结构性质;有限主义原则,即总能在有限机械步骤之内验证形式理论之内一串公式是否为一个证明。

古希腊数学家、哲学家毕达哥拉斯(Pythagoras,约公元前 580—前 500)认为:万物皆数。

古希腊数学家、几何之父欧几里得(Euclid,约公元前 330—公元前 275)认为:几何无王者之道。《几何原本》是古希腊数学发展的顶峰。欧几里得将公元前 7 世纪以来希腊几何积累起来的丰富成果整理在严密的逻辑系统运算之中,使几何学成为一门独立的、演绎的科学。

意大利数学家、物理学家、天文学家、近代实验科学的奠基人伽利略·伽利雷(Galileo Galilei,1564—1642)认为:数学是上帝用来书写宇宙的文字;自然界的书是用数学语言写成的。

法国世界著名的哲学家、数学家、物理学家勒内·笛卡尔(René Descartes,1596—1650)说:数学是知识的工具,亦是其他知识工具的源泉;所有研究顺序和度量的科学均和数学有关。

18 世纪数学界最杰出的史上最多产的瑞士数学家、自然科学家莱昂哈德·欧拉(Leonhard Euler,1707—1783)说:虽然不允许我们看透自然界本质的秘密,从而认识现象的真实原因,但仍可能发生这样的情形:一定的虚构假设足以解释许多现象。数学这门科学,需要观察和试验。

德国著名数学家、物理学家、天文学家、几何学家、大地测量学家“数学王子”约翰·卡尔·弗里德里希·高斯(Hohann Carl Friedrich Gauβ,1777—1855)说:数学是科学之王。

法国著名的天文学家和数学家皮挨尔·西蒙·拉普拉斯(Pierre·Simon Laplace,1749—1827)拉普拉斯说:数学是一种优美的结构语言,其简便独特的表述法常常是深奥理论的源泉。

德国数学家格奥尔格·康托尔(Cantor,1845—1918)说:数学的本质在于它的自由。

德国数学家菲利克斯·克莱因(Felix Christian Klein,1849—1925)说:音乐能激发或抚慰情怀,绘画使人赏心悦目,诗歌能动人心弦,哲学使人获得智慧,科学可改善物质生活,但数学能给予以上的一切。

20 世纪最伟大的几何学家之一、美籍华裔数学大师陈省身(1911—2004)说:许多科学的基本观念,往往需要数学观念来表示。所以数学家有饭吃了,但不能得诺贝尔奖,是自然的。数学中没有诺贝尔奖,这也许是件好事。诺贝尔奖太引人注目,会使数学家无法专注于自己的研究。

中国数学家华罗庚(1910—1985)说:新的数学方法和概念,常常比解决数学问题本身更重要;宇宙之大,粒子之微,火箭之速,化工之巧,地球之变,生物之谜,日用之繁,无处不用数学。

中国数学家、科学家、语言学家周海中(1955—  )认为:数学表达上准确简洁、逻辑上抽象普适、形式上灵活多变,是宇宙交际的理想工具。

国际知名数学家、美籍华人丘成桐(1949—  )认为:现代高能物理到了量子物理以后,有很多根本无法做实验,在家用纸笔来算,这跟数学家想象的差不了多远,所以说数学在物理上有着不可思议的力量。

19世纪法国著名哲学家奥古斯特·孔德(Isidore Marie Auguste Francois Xavier Comte,1798—1857)说:数学是间接计量的科学。

全世界无产阶级和劳动人民的伟大导师,德国思想家、哲学家、革命家、教育家、军事理论家弗里德里希·恩格斯(Friedrich Engels,1820—1895)说:数学是数量的科学,它从数量这个概念出发;数学是研究现实世界的空间形式和数量关系的科学。

德国哲学家格里尔格·威廉·弗里德里希·黑格尔(Georg Wilhelm Friedrich Hegel,1770—1831)则指出:数学是上帝描述自然的符号。

古希腊伟大的哲学家、思想家柏拉图(Plato,公元前427前—公元前347年)说:数学是一切知识中的最高形式。

德国哲学家、数学家戈特弗里德·威廉·莱布尼茨(Gottfried Wilhelm Leibniz,1646—1716)站在哲学的高度指出:用一,从无,可生万物。

1988年出版的《中国大百科全书·数学》卷首列出"数学"条目:"数学是研究现实世界中数量关系和空间形式的,简单地说,是研究数和形的科学。"[①]

中国数学家、教育家徐利治(1920—2019)认为:数学是研究模式的科学。

中国数学家丁石孙(1927—2019)认为:数学的研究对象是客观世界的和逻辑可能的数量关系和结构关系。

### 2.1.2 数学教学观

学科观是一个人所拥有的关于学科的基本看法和认识,是个体对学科内涵的理解,是哲学观、价值观等在学科上的具体体现,是统领学科活动的宗旨

---

① 吴文俊.数学[M]//中国大百科全书总编辑委员会《数学》编辑委员会,中国大百科全书出版社编辑部.中国大百科全书:数学.北京:中国大百科全书出版社,1988:1.

性内容,具有方向性、策略性的功能。正所谓"观念决定行为,行为决定效果",教师的学科观在很大程度上决定着教师从事学科教学的具体行为及其效果。

就数学学科而言,所谓数学观,是回答"数学是什么"的,是指一个人对数学及其本质的一种看法。保罗·欧内斯特(Pual Ernest)把教师的数学观分成三类:问题解决的观点、柏拉图主义的观点和工具主义的观点。问题解决的观点认为,数学是一个动态的、由问题推动发展的学科;柏拉图主义的观点则认为数学是一个静态的、永恒不变的学科;而工具主义的观点则认为数学是由事实、法则、技巧等构成的一套工具。此外,王继端又提出了文化主义的数学观,即数学是一种特定形态的人类文化或可称为人类文化的子文化,它是一种反映理性主义的思维方法、美学思想与文化教育功能意识的特定的知识体系。[1]

毫无疑问,数学起源于生活,起源于外部世界。数学是对现实世界的数量关系、空间形式和变化规律进行抽象,通过概念和符号进行逻辑推理的科学,不仅仅是一门学科,而且应当是一类科学。[2] 数学发展历程和成果及其应用,为人类文明做出了卓越的贡献,是人类文化的重要组成部分,是人类共同的语言。而数学教育教学应当是数学发展过程与数学文化的再现。因此,对学科知识的整体把握与熟练掌握有利于教师的专业成长,有利于扩展教师的视野,有利于提高教师对数学的科学价值、应用价值、文化价值的认识,有助于提高教学工作质量。目前,越来越多的人认识到,高科技本质上就是数学技术的运用,数学以抽象与逻辑体系为核心,它是科学的语言、思维的工具、理性的艺术,更是思想方法与文化的载体。

我们认为,素质教育 70% 的工作是在学科内,30% 的工作是在学科外,而不是像以往所理解的"素质教育主要表现在音乐、美术等课外活动之中"[3]。为了达到教育教学目标,数学教师在教育教学过程中扮演多种复杂的角色。

例如,数学教师是数学知识的传递者,数学思想的启迪者,数学学习方法与探究活动的引导者,情感、态度、价值观和个性品质的塑造者;解决未知世界问

---

① 王继端.数学教师应具备的数学观念[J].数学教育学报,2001,10(1):23-24.

② 史宁中.教育与数学教育[M].长春:东北师范大学出版社,2006:127-132.

③ 史宁中,孔凡哲."数学教师的素养"对话录[J].人民教育,2008(21):43.

题的开拓者,塑造心灵的工程师,组织、监督、督促、规范行为的管理者,激励、选拔、甄别、诊断效果的评价者,父母般地关心、爱护的长者,沟通、交流的朋友,负责身心健康发展的医生,学生与家长仿效的榜样等等,数学教师不仅承担着多重角色,还必须掌握灵活转换角色的技能。然而,承载这些"神圣称号"的载体是什么? 应当是教师头脑中具有的以数学核心概念为主线,能够灵活伸缩并拓展的网状形式存在的学科知识。因而,在良好的学科观基础上,正确、清晰、完整、深入地理解数学知识由科学形态向教学形态转变的表现特征对于教师的成长而言是极其重要的。

### 2.1.3 数学教学知识表现特征

数学本身是个历史的概念,直到古希腊的数学兴起,伟大的哲学家亚里士多德提出"数学是理论科学",数学才被称作为科学,现已成为各类科学领域发展的基础。据调查分析,中小学数学教学内容主要关注数学运算和推理,这一传统延续至今。但是,要想很好地培养数学学科核心素养与关键能力,还需要深入研究教学形态的数学知识的表现特征,并在教学活动设计过程中灵活地渗透到各项实践环节之中。

**1. 数学是研究量的科学——量说、量的科学**

数学理论源于客观世界,是对现实世界的数量关系和空间形式的反映,随着数学理论的发展,它对事物量的刻画越来越全面、准确。

客观事物具有质与量的规定性,是质与量的对立统一。数学与自然科学的区别在于其研究对象的特殊性:数学不直接研究事物的质的规定性,而是研究事物的量的规定性;自然科学则是以物质世界为直接研究对象,具体地研究客观物质的质的规定性。[①] 因此,从这个意义上说,数学是研究量的科学。但是,数学研究的量并不是具体的量,而是抽象的量。数学对象是抽象地存在于具体事物之中的,它不能为感官所感知,只能为思维所把握。

笛卡尔认为:"凡是以研究顺序和度量为目的的科学都与数学有关。"[②]从数学的发展史来看,在古希腊、古巴比伦时期,人类为了满足生产生活需要,逐渐有了数学。当时的数学主要是为了记数和简单的计算,仅仅涉及简单的1、2、

---

① 林夏水.数学哲学[M].北京:商务印书馆,2003:253.

② 李文林.数学史概论[M].3版.北京:高等教育出版社,2011:6.

3 等量。现在的数学虽然发展日臻完善,分类也很多,但说到底都是在研究量以及量的变化和运算。

根据恩格斯的论述,数学可以被定义为:数学是研究现实世界的空间形式和数量关系的科学。① 从恩格斯的定义中我们可以看到,数学是研究数量关系的科学,如果脱离了量,那么就不能成为数学。但是这里的量并不仅仅指数量的意思。在微积分、解析几何创立之前,量一般指数量、简单几何图形尺寸的变换以及它们之间简单的计算。当微积分和解析几何创立后,数学所包括的范围更加广阔,函数成了具体的研究对象,这时的量也被赋予更多含义,数量、变量、运算及数与形的运算,都可以称之为量。

尽管数学的研究对象不断变化和抽象化,但只要能够用“量”来刻画新对象,都可纳入数学科学的研究范畴。就像林夏水先生(1938—　)指出的那样,“数学的对象是量”,但“量是有层次性的”,而且随着数学的进一步发展,反映这种发展阶段的数学对象(量)将呈现一个无穷的层次序列。② 换言之,当代的数学研究的对象“量”的内涵更广更抽象了。

**2. 数学是研究抽象的科学——抽象说**

抽象说具体表现在它抽象的内容、程度和方法上。

“抽象”一词最早来自拉丁语中的“abstracio”,表示排除、抽取的意思。平时人们语言交流之中的“抽象”多指“看不见,摸不着”的东西,含有“空洞、孤立、片面”的意思。《现代汉语词典》中将“抽象”定义为:从许多事物中,舍弃个别的、非本质的属性,抽出共同的、本质的属性。

抽象与具体是一对哲学范畴。黑格尔认为,抽象是指在认识上把事物的规定、属性、关系从原来有机联系的整体中孤立地抽取出来;具体是指尚未经过这种抽象的感性对象。明确地把孤立、割裂、片面这类思想方法称为抽象思维,把不同规定性的统一、对立面的统一、普遍和特殊的统一作为具体的规定③。

卡尔·海因里希·马克思(Kral Heinrich Marx,1818—1883)认为:抽象是指

---

① 李文林.数学史概论[M].3 版.北京:高等教育出版社,2011:7.

② 李友君.从数学的对象谈恩格斯关于数学的论断[J].数学教育学报,2009,18(6):67.

③ 王德胜.从哲学高度再探重演律:兼论重演律与辩证逻辑方法的内在关联[J].齐鲁学刊,2004(3):10.

对具体整体的最为本质的内在矛盾的简单理解,是实现由感性具体向思维具体转化的中介①。

以数学而言,抽象包括"概念抽象和关系抽象",即数学的抽象不仅要抽象出数学所要研究的对象,还要抽象出这些研究对象之间的关系。② 人们把现实生活中的数量抽象为数,形成自然数,并且用十个符号和位置原则进行表示,得到了自然数集。在现实生活中,数量关系的核心是多与少,人们又把这种关系抽象到数学内部,这就是数的大小。后来,人们又把大小关系推演为更一般的序关系。由大小关系的度量产生了自然数的加法,由加法的逆运算产生了减法,由加法的简便运算产生了乘法,由乘法的逆运算产生了除法。因此,数的运算本质是四则运算,这些运算都是基于加法的。通过运算的实践以及对运算性质的研究,抽象出运算法则。为了保证运算结果的封闭性,就实现了数集的扩张。在本质上,数集的扩张是源于逆运算:为了减法运算的封闭,自然数集扩张为整数集;为了除法运算的封闭,整数集扩张为有理数集。③

数学的第五种运算为极限运算,它涉及数及数的运算的第二次抽象。为了更好地描述极限运算,需要解决实数的运算和连续。1872 年,基于小数形式的有理数,康托尔用基本序列的方法,通过有理数列的极限定义了实数,解决了实数的运算问题;尤利乌斯·威廉·理查德·戴德金(Julius Wilhelm Richard Dedekind,1831—1916)用分割的方法,通过对有理数的分割定义了实数,解决了实数的连续性问题。1889 年,朱塞佩·皮亚诺(Giuseppe Peano,1858—1932)构建算术公理体系,重新定义了自然数。1908 年,恩斯特·弗里德里希·弗狄南·策梅洛(Ernst Fridrich Ferdinand Zermelo,1871—1953)给出了集合论公理体系,这便是人们通常所说的 ZF 集合论公理体系。借助这一系列的工作,人们终于合理地解释了数和数的运算,合理地解释了微积分,构建了现代数学中关于数及其运算的理论基础。④

由此可见,虽然人们在很早以前就抽象出了数以及四则运算,抽象出了数

① 杨文娟.论马克思对黑格尔"从抽象上升到具体"方法的超越[J].太原理工大学学报(社会科学版),2015,33(5):67-70.
② 史宁中.数学基本思想与教学[M].北京:商务印书馆,2018:3.
③ 史宁中.数学基本思想与教学[M].北京:商务印书馆,2018:4.
④ 史宁中.数学基本思想与教学[M].北京:商务印书馆,2018:5.

与数之间的关系,甚至建立了基于极限运算的微积分,但直到 20 世纪初,人们才合理地解释了什么是数,以及各种关于数的运算及其法则。

图形与图形关系的抽象和数量与数量关系的经历类似。现实世界中的图形都是三维的,几何学研究的对象,诸如点、线、面等都是抽象的产物,这些研究对象被集中地表述在欧几里得《原本》这本书中。随着数学研究的深入,特别是非欧几何以及实数理论的出现,人们需要更加严格地审视传统的几何学。1898 年希尔伯特在《几何基础》这本书中重新给出了点、线、面的定义:用大写字母 A 表示点,用小写字母 a 表示直线,用希腊字母 α 表示平面,这完全是符号化的定义,没有任何涉及内涵的话语。那么,完全没有内涵的定义也能成为数学的研究对象吗? 事实上,希尔伯特更为重要的工作在于他给出的五组公理,这五组公理限定了点、线、面之间的关系,给出了几何研究的出发点,构建了几何公理体系。希尔伯特几何公理体系的建立,完成了几何学的第二次抽象。①

**3. 数学是研究关系的科学——关系说**

关系说是指数学研究概念之间的等价、从属、大小、对应、因果、位置、数形关系。

在远古时期,人类在狩猎、采集等社会活动中就注意到,一只羊与一群羊、一个果子与一堆果子有一定的区别,通过比较,逐渐意识到一只羊、一个山果、一棵树之间有着一定的“关系”,这就是单位性,它构成了数量的基本单位。同样,人们在生活实践中也可以发现,一双手、一对小鸟、两条鱼等可以一一对应,也有着一定的“关系”,即存在数量上的共同属性。以此类推,人类逐渐对自然界中事物间的数量“关系”进行抽象概括,进而产生了数的概念以及更多的衍生概念。

与算术的产生相仿,最初的几何知识是从人们对自然界中事物间的形象“关系”进行抽象概括,进而产生最初的几何知识。通过长期实践活动经验的积累,人类逐渐对自然界中事物的形象“关系”进行抽象概括,并且在器皿制作、建筑设计及绘画装饰中加以再现,进而产生了几何学的萌芽。人类对自然界中事物的“关系”进行抽象概括,进而产生了数学的两个传统分支:算术与几何。由此可得:数学来源于自然界中事物间的“关系”。

---

① 史宁中.数学基本思想与教学[M].北京:商务印书馆,2018:6.

数学概念有两种:对象概念和关系概念,对象概念是指数、点、线、面等,关系概念是指因果、对比、递进、选择、转折等。不断地将不同关系概念应用于对象概念中,就使得数学得到发展。中小学数学教学内容之中涉及的关系概念有:等价关系、从属关系、对应关系或二元关系、大小关系、因果关系、位置关系、数与形关系等等。例如,运算就是一种"二对一"的对应关系。

**4. 数学是研究公理系统的科学——公理说**

公理说是指数学是从尽可能少的原始概念和不加证明的原始命题(即公理、公设)出发,按照逻辑规则推导出其他命题,建立起一个演绎系统。

真理在数学中称为公理,也就是"经过人类长期反复实践的检验,不需要再加以证明的命题"①。《简明不列颠百科全书》中关于"公理"的定义是:"按照亚里士多德的意见,公理是不可论证的第一原理,一切论证性科学都必须从这一原理开始。"②

数学科学是一种系统的知识,是按公理体系来建立自己的表述系统的;科学理论则是按逻辑原则构建的知识系统。人们通过实践活动获得的每一项知识,都希望有充足的理由来支撑或证明它。可是,在一个数学学科理论系统中,对一切数学知识都加以证明是不可能的,否则会导致两种后果:一是无限逆推,二是循环论证,而无限逆推与循环论证在逻辑上是行不通的。然而,人们尽可能少地选取原始概念和不加证明的一组公理,以此作为知识推理的出发点,利用纯逻辑推理的法则,把该系统建立成一个演绎系统的方法,就是公理化方法。公理化方法以其显著的系统性特征而成为科学理论系统化的一种重要手段。运用公理化方法构造起来的演绎体系,称为公理系统。最早的公理系统可以追溯到古希腊的欧几里得几何学体系。

**5. 数学是研究工具的科学——工具说**

工具说是指数学是征服科学的工具。所谓工具,在《现代汉语词典》中对其的释义是:

(1)进行生产劳动时所使用的器具,如锯、刨、犁、锄。

---

① 中国社会科学院语言研究所词典编辑室.现代汉语词典[M].7版.北京:商务印书馆,2016:451.

② 中国大百科全书出版社《简明不列颠百科全书》编辑部.简明不列颠百科全书[M].北京:中国大百科全书出版社,1985:426.

（2）比喻用以达到目的的事物。

工具是一个相对概念，因为其概念不是一个具体的物质，所以只要能使物质发生改变的物质，相对于那个能被它改变的物质而言就是工具。①

众所周知，数学既不属于自然科学，也不属于社会科学。但是，不仅自然科学领域的各项研究离不开数学科学的理论支撑，而且社会科学领域的各项研究也要依靠数学科学的知识、方法、思想、思维和理论支撑。在《义务教育数学课程标准（2011 年版）》中明确提出数学课程的目标是：体会数学知识之间、数学与其他学科之间、数学与生活之间的联系，运用数学的思维方式进行思考，增强发现和提出问题的能力，分析解决问题的能力。② 这里所说的能力就是指数学中所涉及的各种方法和思想；而这些能力最终都成为人们在日常生活中解决问题的工具。

**6. 数学是研究方法的科学——方法说**

方法说是解决各种实际问题和理论问题的科学工具。

何谓"方法"？方法是人们在认识世界和改造世界的活动过程中所选择的巧妙或有效办事应遵循的条理、方式、程序、路径或途径、手段的一种组合工具。《墨子·天志中》有云："中吾矩者谓之方，不中吾矩者谓之不方，是以方与不方，皆可得而知之。此其故何？则方法明也。"这句话的意思是说：用矩这个工具去检验，符合标准的就是方，而不符合的就不是方，那到底是方还是不方，这样就可以知道了，这是什么原因呢？是因为方的定义明确了。

作为数学教师，由于数学方法研究除涉及学科内部外还涉及哲学、思维科学、心理学、一般科学方法论（观察、比较、归纳、假设实验、调查分析）、系统科学等众多的领域，在教育教学过程中，要突出强调数学各分支的发展规律、数学思想与方法以及数学中的发现、发明与创新等法则与规则，这对学生培养数学核心素养意义深远。也就是说，不仅要从整体（或宏观）的视角研究数学的产生、形成和发展的规律、数学理论的构造以及数学与其他科学之间的关系，还要从局部（或微观）的视角研究一些比较具体的发现问题、提出问题、分析问题与解决问题的数学方法，培养学生的数学思维品质、解题心理以及推理方法等。既

---

① 牟成文，等.马克思主义：基本观点［M］.武汉：华中科技大学出版社，2016：35.

② 教育部基础教育课程教材专家工作委员会.义务教育数学课程标准（2011 年版）解读［M］.北京：北京师范大学出版社，2012：14.

要学会利用有限去研究无限、离散去研究连续、简单去研究复杂、抽象去研究具体、概念去研究关系等宏观思想与方法，又要学会利用分析法、综合法、反证法、归纳法、构造法等微观方法去解决问题。

**7.数学是研究模式的科学——模式说**

模式说是借助数学符号、数学概念、形式语言和一定的推理规则表现出来的。

阿尔弗雷德·诺尔司·怀特海(Alfred North Whitehead,1861—1947)在50多年前指出："数学的本质特征就是，在从模式化的个体作抽象的过程中对模式进行研究。"①美国数学家斯蒂恩(Steen)说："数学是模式的科学。"②数学中的自然数是模式，比如数字"1"是从一个苹果、一张桌子、一根铅笔等中抽象出来的模式，自然数是表示各种不同实物的量的模式。几何也是模式，比如线段、正方形、圆等，是从铅笔、桌面、足球等中抽象出来的模式，几何图形是表示各种不同实物的形状的模式。数学是从现实世界中抽象出其本质属性再用符号表示出来，那么将其本质属性展示出来的符号就是模式，所以说数学是模式。

早期的数学概念是从客观世界中抽象出来的，这些数学概念我们能在现实世界中找到原型。徐利治等指出，所谓模式，是指抽象的数学理论③。如果一个数学命题是以某一抽象的数学理论为背景，我们就可以称之为一个数学模式。在数学课程内容中，概念与关系、符号与语言、规则与法则、公理与原理、结构与模型、思想与方法等都是数学模式的某类表现形式。这种抽象化的产物，既有利于数学研究范围的拓展，又有利于数学应用范围的推广。

**8.数学是研究结构的科学——结构说**

结构性表现在数学内容之间具有统一基础和逻辑关联。

数学中的基本结构有三种：代数结构(反映"合作"关系的各种运算及其运算律)；顺序结构(反映对比关系的大小、先后，反映隶属关系的蕴涵)；拓扑结构(反映亲疏程度与规模大小的距离)。

以拓扑结构为例。拓扑学是几何学的一个分支，但是这种几何学又和通常

---

① 怀特海.数学与善[M]//林夏水.数学哲学译文集.北京:知识出版社,1986:352.

② STEEN L. The science of patterns[J]. Science,1988,240:616.

③ 徐利治,郑毓秀.数学模式观的哲学基础[J].哲学研究,1990(2):76.

的平面几何、立体几何不同。通常的平面几何或立体几何研究的对象是点、线、面之间的位置关系以及它们的度量性质。拓扑学中的研究对象,与长短、大小、面积、体积等度量性质和数量关系都无关。在原来图形的点与变换了图形的点之间存在着一一对应的关系,并且邻近的点还是邻近的点。这样的变换叫作拓扑变换。拓扑有一个形象说法——橡皮几何学。在数学上,关于哥尼斯堡七桥问题、多面体欧拉定理、四色问题等都是拓扑学发展史上研究过的重要问题。我们常见的三维设计和网络拓扑都是拓扑结构,通过观察图 2 - 1 直观感觉一下其重要性。

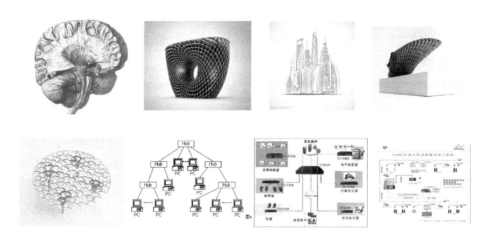

图 2 - 1 几种拓扑结构

让·皮亚杰(Jean Piaget,1896—1980)在《结构主义》一书中将"结构"定义为:由具有整体性的若干转换规律组成的一个自身调整性的图式体系。具有两个特征:第一,在一个研究领域里要找到能够不向外面寻求解释说明的规律,能够建立起自己说明自己的结构来;第二,实际找出的结构要能够形式化。[①] 而数学,以公理、原理与概念为出发点,创建独特的数学语言体系,通过法则与规则、公理与原理、概念与关系、抽象与推理创造出枝繁叶茂的数学知识系统。

美国教育心理学家、认知心理学家布鲁纳认为:认知发展不是刺激—反应的复杂化的量度过程,而是由动作性模式、图像性模式、符号性模式三个阶段组

---

① 皮亚杰.结构主义[M].倪连生,王琳,译.北京:商务印书馆,1984:2.

成的质变过程。在数学知识结构中,与之相对应的是定理的文字语言表述、图像语言表述、符号语言表述这三种表述方式。

**9.数学是研究文化的科学——文化说**

文化说是继承传统文化的社会活动,从养成习惯开始。

文化是非常广泛且最具人文意味的概念,英国人类学家泰勒是最早界定"文化"概念的人,早在1871年他就提出:文化表现为复合的整体,其中包括知识、信仰、艺术、道德、风格以及人作为社会成员必备的能力和习惯①。又有些学者认为:文化是人类生活的要素形态的统称,即衣、文、物、食、住、行等②。

数学则是一门严谨的学科,看似与浪漫的文艺气息不符。但是随着深入学习和广泛应用数学知识,人们逐渐形成数学化思考方式、习惯和表达方式,数学正逐渐转变成一种文化。

在国外,数学是文化这种观点最早是美国数学家怀尔德系统提出的。英国学者查尔斯·斯诺(C. P. Snow,1905—1980)认为,现代西方文化中存在着对立的两种文化:一种是人文文化;另一种是科学文化。数学是一门自然科学,也是一种文化,但数学文化不同于艺术、技术一类的文化,数学属于科学文化的范畴。

1933年,国内早期数学文化研究者马遵廷先生(1908— )提出数学是一种文化,数学与文化是互为函数的观点③。1952年,著名数学教育家陈建功(1893—1971)提出:"数学教育是在经济的、社会的、政治的制约下的一种文化形态,自然具有历史性。"④1960年,著名哲学家殷海光(1919—1969)先生在《中国文化的发展》一书中提到欧几里得几何学、纯粹数学都是数学文化⑤。2005年,李大潜院士(1937— )提出:数学是一种先进的文化,是人类文明的重要基础。它的产生和发展在人类文明的进程中起着重要的推动作用,占有着举足轻

---

① 泰勒.原始文化[M].蔡江浓,编译.杭州:浙江人民出版社,1988:1.

② 刘国,刘宏.浅谈传播地学文化过程中的中国地质图书馆文化[M]//中国地质图书馆.奋进美好新时代 创新地调新篇章:地球科学与文化研讨会论文集:2018.北京:地质出版社,2019:99.

③ 马遵廷.数学与文化[J].大陆评论,1933:2018(3):37.

④ 陈建功.二十世纪的数学教育[J].中国数学杂志,1952(1):2.

⑤ 殷海光.中国文化的展望[M].北京:商务印书馆,2011:40.

重的地位。① 我国的《普通高中数学课程标准(2017 年版)解读》中明确指出:
"数学承载着思想和文化,是人类文明的重要组成部分。"

从远古时代到 21 世纪计算机急速发展的信息化时代,从结绳计数到人工
智能,数学素养在人类生活中占有的地位越来越重要,足以证明无处不在的数
学在生活与生产过程中扮演着越来越重要的角色,进而形成一种文化。

在数学科学发展的历史进程中,逐渐形成了与数学有关的风俗习惯,并
且也继承了传统文化的社会活动。从数学科学发展历程看,数学文化具有独
特的研究对象、研究视角及价值评判标准,它的出现为数学研究提出了新的
思想和方法,使得我们可以从人类文化视阈去理解数学及其作用,进而拓宽
文化视界。

**10. 数学是研究形式的科学——形式说**

数学的形式体现在数学符号的运用上。

数学是符号,是一种高级语言,是符号的世界,通过符号语言使研究对象形
式化,使数学拥有规定性、简洁性、方便性的符号特点。在完备的数学概念基
础、法则和结论上,采用严格、形式化、规范的符号、图像和文字语言来表达自然
现象和社会现象的空间结构和数量关系,从而更容易揭示数学对象的本质。②

客观事物都有其独特的存在方式,是内容与形式的统一体。数学的概念与
表示、法则与规则、原理与性质、公式与定理等也不例外。数学区别于其他学科
的一个重要特征是其严整的符号体系和独特的公式语言,这种特征使数学的表
达更为简单,而且使推理成为可能。

德国数学家克莱因曾说:"如果没有专门的符号和公式,简直就不可能有现
代数学。"可见,符号之于数学是极其重要的。但是,在此必须明确,数学研究的
对象绝不是符号本身。符号语言是数学中通用的、特有的简练语言,具有形式
化、公理化、简约化的特征。

**11. 数学是研究变化的科学——变化说**

研究事物的数量和形态的科学,其知识体系是在静态与动态辩证思维的引
导下生成的。

数学不仅是由最简单的量感积累与记数即原始知识历经长期变迁而形成

---

① 李大潜. 将数学建模思想融入数学类主干课程[J]. 中国大学教学,2006(1):9.
② 徐品方,张红. 数学符号史[M]. 北京:科学出版社,2006:序.

的知识体系,又是研究数量变化、形态变化、结构变化、关系变化、方法变化和思维变化过程的科学宝库。就连"数学"这个概念也是经历多次变化而形成的。著名思想家赫伯特·斯宾塞(Herbert Spencer,1820—1903)说过:"唯一不变的就是变化本身。"

从数学发展史视角看,从计算到运算、从静态(即常量)到动态(即变量)、从特殊到一般规律、从理论到应用,数学处于永续的变化之中。例如,以计算而言,最初,整数与整数之间进行计算;后来,分数、小数、有理数、实数之间也可以进行四则运算;同时,计算对象也开始变化,即复数、多元数、函数、向量、行列式、矩阵等之间也可以进行计算且可进行四则运算以外的更多计算;再后来,"数"的计算变化成"元素"的运算。本质上,运算是"二对一"的关系。在此基础上,人类用"模拟"方法研究各类科学领域之中的复杂关系,促进了智能技术与信息技术发展。

人类在生产生活中发明了各类"记数"方法,于是产生了自然数。毕达哥拉斯学派提出"一就是万物"的观点。事实上,小学数学教学内容之中第一次学会假设的未知数就是"1",即分数单位里的"1"。后来,人们才用字母来代替未知数,进而产生了代数系统。

以几何学发展来说,欧几里得几何的本质是通过变换之后两点间距离保持不变;其核心是平行线和全等。全等的本质是刚体运动(或者说刚体变换),刚体运动的本质是两点间距离不变。能保证两点间距离保持不变的运动本质上有三种:平移、旋转、对称(或者说反射)变换。几何的发展经历了如下的过程(从变换的角度看):欧几里得几何(两点间距离不变)→仿射几何(两点间距离可变,直线还是直线,但保持平行性质不变)→射影几何(直线还是直线,但不保持平行性质)→拓扑(维数不变)。

史宁中教授曾经说过:"人类创造自己的文明是从图形的抽象开始的。"[①]

数学本质上是研究数与图形及其相互之间关系的学科。图形与数量是人类生活与生产实践的每一个领域中渗透的最为本原的数学研究对象。图形具有直观性和生动性,人类对图形的运用和认识早于对数量的运用和认识。法国哲学家、数学家、物理学家勒内·笛卡尔创立的解析几何,成功地将当时完全分

---

① 史宁中.数学思想概论:第2辑　图形与图形关系的抽象[M].长春:东北师范大学出版社,2009:2.

开的代数和几何学联系到了一起。

一言以蔽之,在教育教学过程中,数学教师要让学生理解数学是一个变化的学科,经常就是运用"变式教学法"进行教学。

**12. 数学是研究言语的科学——语言说**

数学语言是一门世界性科学语言。

随着智能技术的不断发展,数学语言在自然科学中发挥的获取信息、传达知识和探索关系之语言功能是毋庸置疑的。数学语言这个说法是在 400 年前由意大利的数学家伽利略最早提出:"数学是上帝用来书写宇宙的语言。"

数学语言可归结为文字语言、符号语言、图形语言。文字语言,也叫作自然语言,它的特点是概括性很强,能抓住问题的本质;符号语言的特点是表达数学知识既简洁又准确,符号语言表达数学知识体现了数学的高度抽象性;图形语言表达数学知识非常直观。

如果将数学语言当作一种信息,则需要传播信息,并完成信息的接收、存储、整理和描述;如果将数学语言作为一种知识,则需要对知识进行丰富和完善,促进知识体系的形成和发展;如果将数学语言当作一种理论,则需要建立相应的对应关系和规则。

**13. 数学是研究分类的科学——分类说**

用一分为二的思想方法研究或整理客观存在的关系。

分类讨论是一种重要的思想方法。当解决或研究错综复杂的问题时,人们往往按照实际需要对问题进行整理,并把研究对象按某一确定的标准进行分类,再逐类去解决问题。众所周知,"数的进位制"对现代科学技术的发展产生了巨大作用。以"二进位制"来说,两个数字"0 与 1"有时候代表"是与不是",是计算机程序语言的理论基础。南开大学教授顾沛(1945—　　)认为,由抽象思想派生出的数学思想有分类思想、集合思想、数形结合思想、符号思想、对应思想……①,而其中的数学分类思想是中学数学教学内容当中的重要思想之一。

在日常教学中,分类思想可以在数学多方面知识中得以体现。因此,教师在教学过程中,要善于渗透分类思想,帮助学生建立相关的知识结构。

**14. 数学是研究体育的科学——体操说**

锻炼思维的体操,表现了人类思维的本质和特征。

---

① 顾沛.数学基础教育中的"双基"如何发展为"四基"[J].数学教育学报,2012(2):15.

数学以其缜密的逻辑向人们展示着它的智育特性,以其活跃的思维向人们展示着它的体育特性。培根就说过:"数学是思维的体操。"

体育是一种复杂的社会文化活动,它以身体与智力活动为基本手段,根据人体生长发育、技能形成和机能提高等规律,达到促进全面发育、提高身体素质与全面教育水平、增强体质与提高运动能力、改善生活方式与提高生活质量的一种有意识、有目的、有组织的社会活动。有效的数学学习活动过程正是活跃的智力活动的最佳载体。

从生理学视角看,在注意力高度集中状态下的数学推理过程中,个体大脑充血量和血液循环速度最多最快,能够带动全身血液循环,促进新陈代谢,增强免疫功能,进而起到锻炼身体的作用。做一个简单实验,感受一下:饭后,用120分钟时间心无旁骛地做数学问题,会不会有饥饿感?

据著名教育心理学家加涅的"信息加工理论"说,个体要想联结数学概念,就要相互交流、对话、沟通,而这些活动都是思维与大脑运动的形式。

数学思维还可以对体育运动员的运动能力产生促进作用。当今的体育运动员的运动能力,不单纯地取决于体能,更多地依赖于运动员的思维能力、应变能力、空间想象能力等,而数学正是培养这些能力的载体。

如果把数学思维的习惯、方法、品质迁移到体育的训练中,能够使运动员在训练时思路清晰,能自觉地思考动作、技能战术的本质和规律,善于比较和总结训练时的长处和不足,遇到训练中的难题,找到切入口,巧妙地转化、解决,甚至不依常规,寻求变异,从多角度、多方位去思考问题,能主动、独创地发现新事物,提出新见解,解决新问题。而这些正是数学思维的深刻性、广阔性、创新性在运动能力上的体现。[①]

美国数学家教育家 M·克莱因(Morris·Kline,1908—1992)说过这样一段话:"数学是人类最高超的智力成就,也是人类心灵独特的创作。音乐能激发或抚慰人的情怀,绘画使人赏心悦目,诗歌能动人心弦,哲学使人获得智慧,科学可改善物质生活,但数学能给予以上的一切。"[②]数学是隐形的运动,不仅可以锻炼人的记忆力和思维力,还可以陶冶情操、开阔眼界,起到了体育活动所能起到的作用。

---

① 马荣.数学思维对运动员运动能力的影响[J].南京体育学院学报(自然科学版),2014,13(3):80-83.

② 梁致韶.数学教学与模式创新[M].北京:光明日报出版社,2016:147.

### 15. 数学是研究哲学的科学——哲学说

哲学是思想之本质的科学,具体学科思想的抽象就是哲学。数学中的哲学学派分为以罗素为代表的逻辑主义、以布劳威尔为代表的直觉主义和以希尔伯特为代表的形式主义三大学派。

纵观数学发展史和哲学发展史,往往可以发现,伟大的数学家都是一名成功的哲学家,数学与哲学有着千丝万缕的关系。从唯物主义理论哲学家泰勒斯(Thales,约公元前 624 年—公元前 546 年)到唯心主义哲学家毕达哥拉斯和柏拉图,都深受数学的理性思维的影响。在那时,数学和哲学是不分科的,并且认为数学是哲学的一部分,许多哲学观点都是以数学的理性思维为基础的。

无理数发现彻底地动摇了毕达哥拉斯学派的"万物皆数"的哲学观点,迎来了数学历史上的第一次危机。数学的第一次危机产生的主要原因在于数学家的思维以错误的哲学思想为标杆,即数学家的思维被错误哲学思想支配了。但是对哲学来说这是一个"再生"。毋庸置疑,提出"万物皆数"思想是错误的。因为数是概念,不是物,是物的数量特征在人的头脑中反映为数,不是客观存在的数转化为物。①

17 世纪后半叶,艾萨克·牛顿(Isaac Newton,1643—1727)和莱布尼茨各自独立地完成了微积分理论的创立。1734 年,爱尔兰哲学家乔治·贝克莱(Goorge Berkeley,1685—1753)对牛顿的微积分理论进行了批判,从而引发了数学的第二次危机。贝克莱是唯心主义哲学家,他的基本观点是"存在即被感知",认为一切事物不过是人的感觉的综合,世界是上帝的感知,他的哲学目的是论证上帝的存在。由于微积分理论能够解决诸多实际问题,当时的数学家选择相信微积分理论。特别是到 19 世纪,在康托尔、奥古斯丁·路易斯·柯西(Augustn Louis Cauchy,1789—1857)、戴德金等一批杰出数学家的努力下,微积分终于建立起了牢固的逻辑基础,彻底完善了微积分的理论基础,使得第二次数学危机得以解除。这一结果对当时的数学和哲学都产生了深远的影响。

如果说微积分理论是现代科学技术的基础,那么集合论则是现代科学技术的核心。1874 年,德国数学家康托尔在《克列尔杂志》上发表了关于集合论的第一篇革命性论文。在论文中作者指出,并非所有无穷集都一样,在有限的情

---

① 张景中,彭翕成.数学哲学[M].武汉:湖北科学技术出版社,2017:11.

况下,如果不同的元素可以建立起一一对应的关系,我们就说它们有一样的数量(基数)。[1] 他证明了一条线段上的点要比自然数多,从而清晰论证了自己的想法。康托尔对于无穷集合的研究,使得数学思维又向前发展了一大步。须知,不管是在数学界还是在哲学界,对于无穷的问题,从两千多年前起一直讨论至今,没有人冲破桎梏。

1901 年,英国著名的哲学家、数学家罗素发表了他的悖论:"一个集合既可能是也可能不是它自身的一个组成成员。"[2]简单来说,他想到的是,任何一个集合都可以考虑它是否属于自身的问题。可能有些集合属于它本身,而有些集合不属于它本身。为此,罗素构造了一个集合:是由一切不是自身元素的集合所组成的。然后提出:是否属于呢? 当时的数学和哲学界的名流们,虽然试着进行了证明,但是得到的回答却让人陷入两难的境界。不过罗素悖论直接指出了集合论当中所包含的逻辑危机。

1930 年,德国数学家策梅洛接纳了维克多·弗兰克尔(Viktor Emil Frankl, 1905—1997)和约翰·冯·诺依曼(John von Neumann,1903—1957)的建议,从而得到了严谨的集合论公理体系。现在称该公理体系为:策梅洛 – 弗兰克尔 – 斯科朗公理系统,并取他们名字的首字母,记作 ZFS 公理体系。该公理系统是现代数学中应用最广泛的集合论公理体系。ZFS 公理体系的出现打破了罗素悖论,解决了数学的第三次危机。不过,由罗素悖论引发的数学危机,却对数学和哲学都产生了更有意义的影响。从数学方面来说,它使得数学基础问题得到更严谨、更系统的解决。从哲学方面来说,意义就更重大了。翻开哲学史,我们会发现,哲学家只是关心数的出发点——公理。

**16. 数学是研究艺术的科学——美学说**

数学美是数学的重要组成部分。在教育教学过程之中,我们不仅要注重自然美与文艺美,又要关注数学美。由于数学有着内在的和谐和巧妙的结构,因而能够引起人们的愉悦情绪。

古希腊学者毕达哥拉斯认为:"美就是和谐,整个天体是一种和谐,宇宙的和谐是由数组成的,因而构成了整个宇宙的美。"

英国哲学家、数学家罗素认为:"数学,如果正确地看它,不但拥有真理,而且也具有至高的美,是一种冷而严肃的美。"

---

[1] 博耶.数学史:下[M].秦传安,译.北京:中央编译出版社,2012:610.

[2] 韩雪涛.数学悖论与三次数学危机[M].长沙:湖南科学技术出版社,2006:230.

例如,程序验算、数据分析、建筑设计、工程绘制、经济决策、软件开发以及智能化生活方式等等,体现的不仅是数学科学的广泛应用,还是与数学科学息息相关的可视化的"艺术"展现。

数学拥有重现美。著名荷兰艺术家莫里茨·科内利斯·埃舍尔(Maurits Cornelis Escher,1898—1972)在他的作品中体现了数学艺术,如他的"骑士平面镶嵌"曾被诺贝尔奖获得者杨振宁(1922—　)作为他的名著《基本粒子小史》的封面。又如平板画"互绘的双手"表现的核心概念是自我复制。

数学拥有语言美。人类社会已有多种多样的语言和文字,可是数学符号语言是全世界拥有的"共同语言"。在古代符号语言就已开始浮现,从古埃及的象形数字到古巴比伦的楔形数字,以及我国的甲骨数字等,数学都力图用简洁的符号、文字或语言来阐述复杂、烦琐的问题。由于数学符号语言具有简洁性、概括性、精确性以及形式化特征,在数学科学发展和各类科学技术发展中起到了无可替代的"语言美"。

数学拥有结构美。数学的结构美主要体现在其和谐性,而对称性作为体现数学和谐性的特殊表现形式,其在数学和生活中的应用不胜枚举。在宇宙世界中,数学的对称性无处不在,大到星球运行,小到粒子运行,都含有对称的因素。法国数学家庞加莱说,在数学的解中,在数学的证明中,给我们以美感的东西是什么呢? 是各个部分的和谐,是它们的对称,是它们的巧妙与平衡[①]。古希腊数学家毕达哥拉斯认为:"圆是最对称的图形,无论从哪个角度看都是对称的。"古希腊哲学家亚里士多德认为:"球性是诸多天体形状中最神圣和最完美的形象。"

列奥纳多·达·芬奇(Leonardo di ser Piero da Vinci,1452—1519)曾研究过五官之间的差距大小比例,它认为耳朵应当与鼻子一样长,两只眼睛之间的距离应当等于一只眼睛的距离,五官是对称的,有些距离是相等的,这样人看起来才是和谐的、美的。在数学的发展史中,以对称为原理的例子不胜枚举。

又如,蜜蜂建筑的蜂房,是一个标准的六角柱状体,其中的一端为平整的六角形开口,另一端则是封闭的六角棱锥形的底,由 3 个一样的棱形组成,组成底盘的棱形的所有钝角为 109°28′,所有的锐角是 70°32′,蜂房壁的厚度为 0.073毫米;蜘蛛结的"八卦"形网,这种八角形几何图案,不但结构复杂,而且造型美

---

① 周晓晖.数学美是深奥的美[J].景德镇学院学报,2014,29(6):25.

丽,即使画图高手用尺子和圆规也难以画出像蜘蛛网这样匀称的图案,这就是数学的奇异之处。(如图2-2所示)

图2-2 蜂房与蜘蛛网

美并不等于完善,有时残缺也是一种美的体现。如数学中有趣的事件莫比乌斯带——它并不体现对称性,但是它的整体仍是和谐的,且它的原理是有趣的。数学中正是因为有这种扭曲的美存在,才有新的创造,才使数学更加有魅力。

无论是对称美或是扭曲以及残缺的美,最终体现的均是数学整体形式的和谐性。迄今为止,数学的对称美早已渗透到各个学科中,并且取得了越来越多的丰富成果。

英国数学家迈克尔·阿蒂亚爵士(Sir Michael Francis Atiyah,1929—2019)说:"如果我们希望把人类所积累起来的知识一代一代地传下去,我们就必须努力地把这些知识加以简化和统一。而数学符号在全世界范围的使用对数学知识的传承有着举足轻重的作用。"

# 2.2 数学知识与认知结构

通过分析相关文献可以看出,我国学术界关于知识的基本含义包括以下几点:(1)人类对于经验中蕴含的法则赋予意义而结构化;(2)人类积攒的实践经验和理念的总和;(3)人类科学成就和劳动成果的总和;(4)人类对客观事物和主观事物属性与关系的认识。培根的观点是,知识就是存在的影像,是人们深入到自然界里面,在事物本身上来研究事物的性质而获得的东西①。从文艺复兴到20世纪初期,哲学上一直以客观性、真理性和普遍性作为知识标准,只允

---

① 蔡量.知识决定论:对人类力量源泉的揭示[M].北京:北京日报出版社,1988:12-13.

许把人类关于客观存在事物的认识成果称之为知识,这是狭义的知识观。直到20世纪下半叶才开始关注实践知识,认识到知识具有文化性、历史性和情境性。进入了21世纪后,认为知识不仅包括关于客观存在事物的认识,也包括实践中所获得的技能与经验等认识,即实践知识,这是广义的知识观。①

国内外研究者从不同的角度出发提出不同的教师专业知识的元素,但所有知识分类产生的概念所包含的知识集的并集大概是一致的。在教师专业发展研究上,从20世纪80年代初期开始,越来越多的研究者关注并强调教师的知识对于学生发展的影响力。可是,专业知识浩瀚如海,就算是纯学科专家,也只涉足一两个分支,而作为中学数学教师应具备哪些数学专业知识,掌握到什么程度才能用科学的方法、新颖的思路、灵活的途径指导学生学习数学,进而促进学生全面发展呢? 关于这些问题的研究多数都集中在"教师专业知识结构",而关于"学科知识发展水平"的研究很少。教师专业知识结构总体上来讲,可分为学科知识、教学知识、课程知识、情景知识、评价知识、道德与伦理知识、组织管理知识和实践知识等,其中"学科知识"是载体,其他知识依据教育教学目标和目的与学科知识有机结合或渗透于学科知识发展全过程中。(见表2-1)

表2-1　教师专业知识结构的比较

| 研究者 | 教师专业知识结构 |
| --- | --- |
| 艾尔伯兹(Elbaz) | (1)学科知识;(2)课程知识;(3)教学知识;(4)教学环境的知识;(5)自身的知识 |
| 李·舒尔曼<br>(Lee S. Shulman) | (1)学科知识;(2)一般教学法知识;(3)课程知识;(4)学科教学法知识;(5)学习者及学习特征知识;(6)教育情境的知识;(7)教育理念、价值观的知识 |
| 格罗斯曼<br>(Grossman. P. L) | (1)内容知识;(2)关于学习者和学习的知识;(3)一般教学法知识;(4)课程知识;(5)背景知识;(6)自我知识 |
| 伯利纳(Berliner) | (1)学科内容知识;(2)学科教学法知识;(3)一般教学法知识 |
| 范·德里尔 | (1)一般教学知识;(2)对学生学习与理解的知识;(3)学科与媒介的知识;(4)关于目标的知识和关于教学策略的知识 |

① 韩继伟.中学数学教师的教学知识研究[D].长春:东北师范大学,2009:10-12.

| 研究者 | 教师知识结构 |
|---|---|
| 吉麦斯坦德和豪 | (1)普通知识;(2)内容知识;(3)教学法知识;(4)学科教学知识 |
| 梅纳德·雷诺兹<br>(Maynard·Reynolds) | (1)有关任教学科的知识;(2)有关教学理念的知识;(3)有关学生与学习的知识;(4)有关教师组织与管理的知识;(5)有关教学的社会、政治、文化背景等知识;(6)有关特殊儿童的知识;(7)有关课程的知识;(8)有关评价的知识;(9)有关各学科特有的教学知识;(10)有关阅读及写作的教学知识;(11)有关数学方面的教学知识;(12)有关人际沟通、协调合作的知识;(13)有关教师的法定权利与义务的知识;(14)有关教学的道德与伦理的知识 |
| 塔米尔<br>(Jamir) | (1)一般博雅知识;(2)个人表现的知识;(3)学科内容知识;(4)一般教学法知识;(5)学科教学知识;(6)教学的专业基础知识 |
| 吉尔伯特(Gilbert)、赫斯特(Hearst)、克拉里(Clary) | (1)关于学校作为一种机构的知识;(2)关于学生的知识;(3)教学知识;(4)决策层次的实际应用的知识 |
| 万文涛 | (1)一般科学文化知识;(2)学科专业知识;(3)教育专业知识 |
| 单文经 | (1)一般的教育专业知识(与教材内容无直接相关的知识);(2)与教材相关的知识 |
| 简红珠 | (1)一般教学法知识;(2)学科知识;(3)学科教学法知识;(4)情景知识;(5)课程知识 |
| 唐玉光 | (1)普通文化知识;(2)任教学科知识;(3)教育学科知识 |
| 钟启泉、胡惠闵、崔允漷、赵中建、张华、吴刚平等 | (1)学科知识与学科教学法知识;(2)学生与学习知识;(3)教育理论与课程发展知识 |
| 林崇德、申继亮、夏惠贤等 | (1)本体性知识;(2)条件性知识;(3)实践性知识 |

就数学教师的专业素养来说,学科素养是核心成分,而形成学科素养的载体就是学科知识。诸如数学教学法知识、数学认知心理学知识以及社会科学的知识、自然科学的知识、信息技术技能与艺术修养等,并融合到学科知识里,构

成丰富的、组织化的、复合型的专业知识结构。对于中小学数学教师来说,要上通下达,即要精通小学、初中数学知识并熟悉高等数学相关基础知识。中学数学教学内容是连接小学与高等数学的纽带,一定要相互衔接。

## 2.2.1 数学知识及其分类

舒尔曼在教师知识研究中指出:"学科知识是指在特殊学科中的概念、原则与技能以及这些知识在教师头脑中的结构和数量。"[①]

狭义的知识观认为,数学学科知识主要指具体的概念、法则与规则、公理与原理、定理与公式及其相互之间的联系等。而广义的知识观则认为,数学学科知识除包括以上所说的知识外还要包括学科的事实与公理体系、思想与方法、信息与数据、符号与语言以及实践知识等。

数学十大核心
概念脉络图

概括地讲,中小学数学教师学科知识的核心有两类:一类是关于知识本源的认知;另一类是为了清晰地表达所需的知识,例如,语言表达、思维等。具体地讲,这两类知识包含以下十一种数学知识:

1)数学思想的知识

关于数学思想的知识,是指有关数学思想的含义、分类、形成过程与案例等知识。数学思想是数学的灵魂,是对数学理论和内容经过演绎、归纳后产生的本质的认识,是数学思维方法与实践方法的概括,它蕴涵在数学知识发生、发展和应用的过程中,是人类智慧的结晶。

2)数学概念的知识

关于数学概念的知识,是指有关数学概念的来源与背景、内涵与外延、描述与符号、性质与规则、公式与定理、颗例与应用范围等知识。

3)数学方法的知识

关于数学方法的知识,是指有关数学方法的定义,涉及内容、分类、题例与应用范围等的知识。例如:从宏观角度看,有演绎法、抽象法、模型法、关系映射

① SHULMAN L S. Those who understand:knowledge growth in teaching[J]. Educational Researcher,1986,15(2):4 – 14.

反演法、公理化方法、变换法、无穷小方法、结构方法、实验方法等;从微观角度看,有分析法、综合法、反证法、归纳法、穷举法、建模法、消元法、降次法、代入法、图像法、向量法、数形结合法、函数与方程法、分类讨论法、转化法、比较法、放缩法、数学归纳法、配方法、待定系数法、加减法、公式法、换元法、拆项补项法、翻折法等。这些都需要教师理解其含义,整体上把握才能够灵活选择与应用。

4)数学思维的知识

关于数学思维的知识,是指有关数学思维的含义、特征、模式、分类、培养方法与案例等的知识。例如,以思维的定义来说,是指在超出现实的情境下分析有关条件以求得问题解决的高级认知过程。在心理学中,是指运用观念、表象、符号、语词、命题、记忆、概念、信念的内隐的认知操作或心智操作[①]。以思维的分类来说,有联想思维、发散思维、批判思维、逻辑思维、抽象思维、归纳思维等等,对此都需要正确理解和运用。

5)数学能力的知识

关于数学能力的知识,是指有关数学能力的含义、性质和结构、分类、形成的载体与变化形式等的知识。具体而言,包含以下十种数学能力:

(1)阅读能力,是指用自然语言、符号语言或图形语言(以下统称为数学语言)描述数学事实的理解力、反应和概括速度。

(2)表征能力,是指用数学语言简洁、清楚、准确地描述数学问题的能力,即数学地表达问题的能力。

(3)记忆能力,是指关于数学研究对象的机械记忆、灵活记忆和联想记忆速度与长久性,还指记忆恢复方法以及回忆能力。

(4)联想能力,是指数学知识、方法与思想之间的纵横关系的把握度、选择转化途径的心理倾向以及预测具体问题或事实关联的能力。

(5)观察能力,是指察觉数学研究对象特征与它们之间关联的能力和共同属性与差异性的概括能力。

(6)运算能力,是指基本运算的速度与正确率、规则与法则的把握度、估算与范围感以及复杂运算的处理方法与经验的积累程度。

---

① 黄希庭.心理学导论:第2版[M].北京:人民教育出版社,2007:383.

(7)空间想象力,是指方位辨别与空间关系判别能力以及图形与图形变换关系的直观感知、操作确认、思辨论证、度量计算能力。通过图形的观察、展开或折叠、作图、变换、测量、推理等数学活动培养和加强空间想象力。

(8)推理能力,是指合乎逻辑形式、符合规则与法则地从一个或几个已有的判断做出一个新的判断的思维能力,又包括归纳推理能力、演绎推理能力。

(9)抽象能力。抽象和具体是一对哲学范畴概念,是指在对客观事物进行分析、综合、比较的基础上抽象出反映其本质属性、特征、联系和关系,撇开非本质属性,从而形成概念、范畴的一种思维能力。

(10)数据处理能力,是指对通过调查和实验得到的数据进行归纳、整理、分析、建模、描述和推断的能力。

**6)数学关系的知识**

关于数学关系的知识,是指对数学课程中的等价关系、从属关系、大小关系、因果关系、对应关系、位置关系、数与形关系等的本质的理解和实际应用方面的知识。例如,运算在本质上就是"两个对应一个"的对应关系。

**7)数学实践的知识**

关于数学实践的知识,是指专业实践中所获得的情境知识、操作知识、数学直观与概念理解、反思与评价、联系数学思维与行为的理性认识和感性认识等知识。

**8)数学文化的知识**

关于数学文化的知识,是指数学教学对象与问题相关的数学史和数学文化知识。例如,产生于古希腊的欧几里得几何原本的公理化思想成为建构自然科学体系的典范,也对人类的社会、经济、科学文化进步产生了重要影响。

**9)数学语言的知识**

关于数学语言的知识,是指对特定的语言对象(包括数学的符号、图与表、定义、记法、术语、公理等)进行描述的数学语言以及这些语言表达的数学研究对象、过程步骤等语言知识。数学教师必须掌握相应的标准的规范的数学语言知识,并实现其之间的相互转换,准确、快捷、简单地描述数学问题。例如,现代数学语言重要组成部分的集合语言,可以简洁、准确地表述数学对象和结构,是一种符号语言。

**10)数学符号的知识**

关于数学符号的知识,是指数学符号的含义、写法或画法、题例与应用要求等知识。例如，$(a,b)$ 表示点，或区间，或最小公约数，或二维向量等。

**11）数据的知识**

关于数据的知识，是指数据意义、数据获取手段与整理、处理等方面的知识。

作为数学教师，必须正确地掌握以上学科知识。当然，教师要想具备扎实的学科知识，并且在整体上把握数学科学体系，就要围绕学科知识的核心概念，准确地认识和辨析核心概念和衍生概念之间的纵横关系。

### 2.2.2　数学认知结构及其形成过程

数学知识是数学思想与方法的载体，只有具备扎实的知识才有可能形成解决问题的能力和操作模式，才能够培养化繁为简、化隐为显、化难为易、化抽象为具体的数学素养。只有充分挖掘数学思想方法和核心概念的背景知识，通过选择、整理指向培养目标核心的、极富穿透力和启发性的教与学的头脑，才能够提高数学教学专业技能，有效地将科学形态的知识转变为教学形态的知识，使培养学生创新能力成为可能。

对数学知识体系掌握不完整的思维主体来说，学科知识是一个知识一个知识零散地存在，要想清晰地理解某一个知识点的本质与来源、相互关系与作用是很难的一件事情，要想建立相对完整的数学知识体系，就要系统地掌握"数学认知结构及其形成过程"。为此，教师就要很好地把握零散的知识，并很好地归拢起来形成学科知识发展的思维导航网状图。在这里必须强调的是，教师有必要系统地研究核心概念、判定准则及其知识脉络图，因为这有利于数学教师整体上把握专业知识，形成个性化概念网络，从而优化思维模式和提高教学质量。在数学教育教学与学习过程中所产生的偏差与误区并非仅仅是理念问题，更重要的是对学科知识理解不完整不深刻，未能理解核心概念本质，实际操作过程中做不到有效压缩和适度拓展，从而出现没有选择的题海战术，就题论题，陷入枯燥、单调、重复的数学解题程序，过分强调多元化、多样化、多维度化和综合化评价，忽略了专业知识的"载体性""主线性"和"拓展性"地位与作用。

要想真正提高数学教学效果和影响力，数学教师既要对自身的学科知识形成与发展的过程有一个清晰的认知和反思，又要以概念理解和问题解决的思想为主线,深入探究概念的来源、抽象、表征、理解、分类、同化、联结、应用等问题,且通过不断加强问题意识、完善知识结构、熟悉数学方法、培养数学能力、提高理论水平,逐步达到数学核心素养的具体目标。

脑科学诸多研究成果表明,人的大脑具有惊人的发展潜能。然而,如何有效开发大脑潜能、促进个体思维发展成为数学学习理论与教学理论是重大课题。数学的最基本形态是:"借助推理把关系概念应用于对象概念,得到数学基本命题。"①概念是数学知识的细胞,是思维的基础。因为有了概念,所以人类的思维才更为具体,也才能摆脱事物中细枝末节的干扰。对数学学科知识形成的过程来说,精心梳理学科知识,深入理解核心概念的本质与演变过程,清晰地认识纵横关系,清除概念理解上的误区,不断地把新知识纳入已有的认知结构中,形成以核心概念为主线的知识结构网,才能够从整体上把握学科知识,提高数学学科知识水平。思维主体数学学科素养的形成依赖于头脑中的数学知识的数量和结构。在具体到抽象、抽象到具体的螺旋式升级过程中,从线性结构到网状结构、简单关系到复杂关系,进而深层次地理解和重建新的概念结构。然而,良好的认知结构建构关键在于对学科知识发展脉络的把握。下面以数学核心概念为主线,梳理中学数学知识与相互关系,建构知识脉络图,并给予相应的解说,为中学教师培训和相关研究提供参考资料。

"数"扩展到复数后又扩展到多元数,而复数的几何背景是二维向量,向量也可以用复数来描述,并且中学数学课程内容之中的运算对象除了"数"以外还有函数、向量等。

首先,在中学数学课程中,为了建立一种统一、规范的语言来表述"具有某种属性的确定的整体",引入集合概念。用集合语言可以描述数学所研究的对象或问题,还可以描述现实生活中的一些事件,集合给我们提供了一种表述数学的语言或者说工具,这种语言将会贯穿在整个中学数学学习中。

其次,数学本质上是研究概念与关系的一类学科,主要有数量关系、图形关系和随机关系。数学课程所研究的具体关系有等价关系、从属关系、对应关系或二元关系、大小关系、因果关系、位置关系、数与形关系等。例如,运算就是一

---

① 史宁中.数学基本思想与教学[M].北京:商务印书馆,2018:17.

种"二对一"的对应关系。

再次,运算本质上就是一种对应关系——二对一或者是多对一的关系,其核心是运算对象和运算规律。在数学课程中最基本的内容是数和数的运算,后来用字母代替数,引入代数式的运算,这是运算发展史上一次重大飞跃;而向量运算的引入是运算发展的另一次伟大飞跃,从而联系了数与形。运算不仅自成体系,更重要的是它渗透到数学的各个领域。无论是数学的演绎还是归纳,都是通过运用各种运算法则进行。

最后,算法本质是算法逻辑,是具有递推关系的运算,属于演绎推理的范畴,可以用自然语言、程序框图或程序设计语言来描述,也是一种语言工具。用算法知识借助计算机技术可以解决或处理数、图形、函数与方程、向量、统计与概率等一系列问题,算法思想是贯穿于数学课程内容自始至终的主线。

因此,我们把集合、关系、运算和算法称之为工具性核心概念,其他概念都是这些概念的研究对象,可称之为知识性核心概念。(如图 2-3 所示)

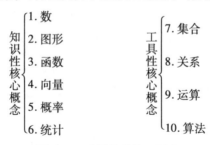

图 2-3　中学数学核心概念

总之,作为中学数学教师,要想有效地把科学形态的知识转变为教学形态的知识,就要把零散的知识从头到尾梳理好,并清晰地认识各种知识之间的关系,才能整体上把握学科知识,在教学过程中能够生成信心和智慧。

**1. 数的认知结构及其形成过程**

"数"起源于生活,起源于外部世界,是数学的核心概念之一。作为中学数学教师要全面、深入理解"数"这一概念的本质,抓住知识主线,整体把握"数"的公理体系,梳理关系,理清思路,抓住发展脉络,有效压缩和拓展,并构建"数与代数"的思维导图,创建题例库或案例库,举一反三、善于转化、善于归纳总结,促进自我发展。(如图 2-4 所示)

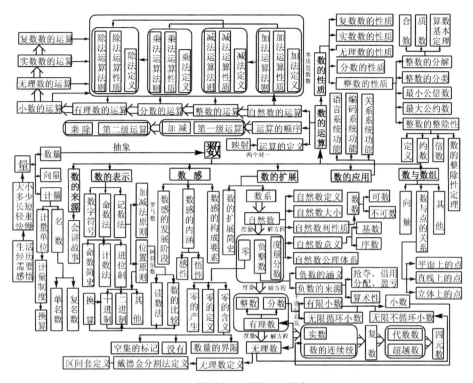

图 2-4　数的知识脉络图(综合图)

史宁中教授认为:"数是一种感官,是人类对于生存环境的一种悟性。对于'多少'的分辨也许是最为原始的关于数的感官,就像对于'颜色'的分辨也许是最为原始的关于美的感官一样。"①远古时期,最初人类头脑中还没有"数"这个概念,后来经过漫长的生存经历和体验,即在狩猎、捕鱼和采集果实的生存活动中,人们经常遇到或需要判断诸如工具或获得的果实够不够分等一系列问题和困难,就这样逐渐形成了"多"与"少"的概念。继而,随着生产的发展和经验的积累,人们需要对物品进行数量的比较,数的概念开始萌发。从数学发展的历史过程可看出,数的概念经历多次扩张,逐渐形成了相对完善的数系理论,每一次数的扩张都标志着数学的伟大进步,可是数学的进步与发展不是完全按照逻辑顺序展开的。这就启示数学教师,在学科知识及其发展规律的学习和研究过程中,要结合认知结构形成的阶段性和思维能力形成的有序性,要遵循数学

---

① 史宁中.论数以及数字符号的产生[J].东北师范大学学报(哲学社会科学版),2000(6):32.

学科知识发展的历史规律与逻辑关系,既要从数学史的视角审视学科知识的发展脉络,又要从逻辑体系的整体上把握学科知识的发展途径。

远古时期,原始人类与其他动物一样从生存和生活需要出发,寻求食物和水源以及其他必需的自然物,吃饱喝足或满足了需要就丢弃,再次需要时重新寻找。原始人类经历了漫长的、艰苦的生活历程,逐渐有了再利用的意识,例如,食用的猎物或果实留下来可以当作下一顿食物,用过的工具留下来可以继续使用,就这样,原始积累和存储开始影响人类的行为和意识,改变生活和生存方式。我们观察动物不难发现,很多动物都具有辨别大与小、快与慢、轻与重等数量感觉(简称量觉),甚至还有些动物有多与少、够用与不足等量觉。

动物行为学家认为:这种"量觉"并非为人类所独有。据《数:科学的语言》一书记载,乌鸦关于数的悟性至少可以分辨到四:有个田主想要杀死一只在庄园望楼顶上建巢的乌鸦,但是始终没有成功。人一旦要走近,乌鸦就离巢而去,直到进去的人走出望楼后才肯回巢。田主想了一个计策:他找来一位朋友两人一起进去,然后走出一人,希望留下一个人去杀乌鸦,可是乌鸦并没有上当;后来是三人进去两人出来,四人进去三人出来,乌鸦依然不上当。但是到了五人进去四人出来,乌鸦就分辨不清了,回巢了。①

就算是远古时期,人类的悟性与量觉、应付自然界困难的方式方法也比乌鸦或其他动物强很多,因为人类与其他动物的脑容量和生理特征有很大差异。人类在漫长的生活经历、生存需要和适应自然环境的过程中,通过狩猎、捕鱼、采集果实等生存活动感悟到大小、多少、长短、轻重、快慢、增加与减少等量觉,增长了盈余与不足、收入与支出的思考意识,学会了通过"一一对应"的方式判断工具多余还是缺少,学会了圈养猎物等意识和方法,进而逐渐有了画线或画实物部分特征来记录所属物的原始记号,历史文献和实物标本会给我们这方面一些很好的启示。最初,人们从"只能把一个自然物和多个自然物区分开"逐渐地过渡到"能把一个物体、二个物体和多个物体区分开",至于三个,人类已经认为是多了。经过漫长的一段时间,人们才逐渐能区分开数量稍大一些的自然物。此时,人类只会利用原始的计数方式,还没能把数与具体物体的集合分离开来,只是用彼此等价的集合中的一个集合作为代表

---

① 丹齐克.数:科学的语言 为有文化而非专攻数学的人写的评论性概述[M].苏仲湘,译.北京:商务印书馆,1985:2.

来指明这一类集合的自然物个数。随着生产的复杂化和交流的范围扩大,人类开始利用"手指"来表示没有具体实物背景的数。可是,随着生活和生产用品的丰富,即当多到屈指难数的时候,人类就利用周围的物体来作为"数数"的工具。例如,抓来的若干只羊,睡醒的时候跑掉了几只,就感觉少了;摘来的食用果实,被别人或小动物偷吃了,就感觉少了,于是在绳上打结,把石子放成一堆,或者在树木、木棒上刻痕、画线或画圈或画物品部分特征来记录它,并用对应的方法判断缺与否。这就是原始记号产生的一种可能性。依据考古资料和实物标本研究结果了解到,人类进化过程中有过很多种不同记号,逐渐演变成数字符号和文字符号。据记载,最早的书写数字符号大约起源于 5 000 年以前的古巴比伦和古埃及。

在数学史文献记载研究中不难发现,人类记数符号有很多种且相互之间有着一定含义上的关联。例如,如古埃及的象形数字符号、巴比伦的楔形数字符号、希腊的阿提卡数字符号、玛雅数字符号以及中国的甲骨文数字符号和筹算数字符号等等,都象征着人类文明的发展进程。有些记数方法具有普遍性,例如,以结绳和书契记数的方法遍及波斯、罗马、巴勒斯坦、希腊、伊斯兰和中美洲国家等世界各地,可能与生存环境和生活方式有紧密的联系。《周易·系辞下》记载:"上古结绳而治,后世圣人易之以书契。"东汉郑玄称:"事大,大结其绳;事小,小结其绳。结之多少,随物众寡。"

史宁中教授指出,"数来源于对数量本质的抽象,数量的本质是多与少","人类对于数量多少的感知可能比语言的形成还要早"[①]。而多与少本质上是通过一一对应关系来判断的。例如,每人拿了一个苹果吃,结果有人没拿到,就感觉人多了苹果少了,经历反复实践逐渐形成了多与少的概念。随着生活实践和交换的不断增多以及语言的发展,人类摆脱事物集合的具体内容,渐渐地把数从具体的事物集合中抽象了出来。人类关于数量的感知抽象到数字符号,例如,一个苹果、一粒米、一条鱼、一根棒、一块石头、一只鸡、一头猪、一头牛等数量中摆脱具体的背景物,抽象出数字符号"1",进一步地抽象出数字符号"2,3,4,…",自然数也就产生了。有些原始部落,至今为止仍然保留原始记数的痕迹,依然没有系统的数字概念,只能区分多与少,不会数数,因为他们还没有创

---

① 史宁中.数学思想概论:第 1 辑 数量与数量关系的抽象[M].长春:东北师范大学出版社,2008:4 – 5.

造出记数系统来。

从人类的发展历程来分析,计数是人类关于数的悟性的第一步抽象,位置原则计数法的出现是数系发展的第一个伟大进步,是人类智慧的结晶。所谓位置原则计数法,是指利用少量的数字符号,通过它们的不同的排列表示不同的数,每一个数字所在的位置不同,则所表示的计数单位就不同。据历史记载,最早发展的一类数系应该是简单分群数系(simple grouping system)。例如,公元前 3400 年,埃及象形文字中就有十进制计数法,但是没有采用位置原则;在公元前 3000—前 2000,巴比伦人发展了六十进位的定位数系(positional numeral system),它采用了位置制,但不是十进制计数法,而最重要和最美妙的计数法则是十进制位置原则计数法。依据河南发现的殷墟甲骨文中有很多计数的文字可判断,我国早在 3 000 多年前已经能用一、二、三、四……十、百、千、万等计数,并且采用十进制。马克思在《数学手稿》中曾经称赞十进制计数法是人类最美妙的发明之一。

大约在 2 300 年以前,古希腊人开始用字母符号来表示数。例如,$\alpha$ 表示 1,$\beta$ 表示 2,$\gamma$ 表示 3,$\iota$ 表示 10,$\kappa$ 表示 20,$\rho$ 表示 100,等。例如,$\iota_\alpha = 11$,$\iota_\beta = 12$,$\kappa_\alpha = 21$。大约在同一时期,罗马人也开始使用数字符号。公元初,中美洲的玛雅人所用的数字符号,和欧、亚、非大洲的方式完全不同。他们采用二十进位制记数,只用 3 个符号就可以写出任何数。

计数法的延续和发展,可能与人类生活方式和原始分配需要有关。随着人类经验和头脑的发展,人们对通过分配得到的食物、衣服、战利品或其他物品拿在手里或放置在身边的做法越来越感到麻烦,于是开始用另外一些物品和标记来代替,例如小石块、绳结、贝壳、树枝、果核、刻痕等。依据一一对应的方法进行数数,即给每一个被数物品选择一个相应的东西作为计数工具,为了备用这些简陋的计数工具,人们把它们串在细绳或小棒上。算盘可能就是通过这样的方式发明出来的。记数法的发展与完善,是与计数或计算工具的改进密切关联的。在计数制度的发展过程中,除了我们熟悉的"满十进一"的十进制计数法以外,还有"满二进一"的二进制、"满五进一"的五进制、"满十二进一"的十二进制、"满六十进一"的六十进制等等,例如,有些物品十二个是一打,十二打是一罗;在时间和角的单位里,至今为止还采用的是六十进位制;特别强调的是,二进位制的应用,是计算机科学和其他一些学科领域发展的核心,科学技术的进步与发展离不开二进制理论。二进制,最初出现在我国的《周易》之中,其逻辑出发点是"阴阳之说"。多种进位制的发明创造,与人的生理特征有着很大关系,例如,十个手指和手指上的关节节数。数学史研究相关资料显示,中国很早使用十进制位置原则计数法,是与算筹的使用以及筹算制度的进步密切相关的。

"0"在很多记数法中表示空位,在位置制记数法中是不可缺少的。零作为数字并用一个独立的符号来表示,是在自然数和分数产生后才出现的。在中国宋代以前的筹算记数法和早期的巴比伦楔形文字中都是留出空位而没有符号。在公元 876 年,印度已有数字符号"0"的记载。印度人早期也是用空位表示零,后来用点号"·"来表示零,最后用圈号"0"来表示零,即零是印度人创造的。印度数字在公元 8 世纪传入阿拉伯国家,到了 13 世纪初叶,意大利商人莱昂纳多·斐波那契(Leonardo Fibonacci,1175—1250)编著《算经》一书完整地介绍了印度数字和十进制位置原则计数法,后来传入欧洲并被欧洲人普遍接纳使用,促进了欧洲文明和科学的发展。李约瑟(1900—199)指出:"在西方后来所习见的'印度数字'的背后,位置制已在中国存在了两千年。"[1]

阿基米德(Archimedes,公元前 278—公元前 212)在《数沙术》中建立了新的记数法,使得任何大的数都可以表示出来。他的方法是:以万(myriad)为基础,从 1 开始到 1 万万(中国称之为亿)叫作第一级数;以亿($10^8$)为单位,从亿开始到亿亿($10^8$)$^2$ 叫作第二级数;以亿亿为单位,从亿亿开始到亿亿亿($10^8$)$^3$ 叫作第三级数;直到第 1 亿级数的最后一数($10^8$)$^{108}$。

我国古代早已有大数的记法。《数术记遗》称:黄帝为法,数有十等,及其用也,乃有三焉。十等者,亿、兆、京、垓、秭、壤、沟、涧、正、载;三等者,谓上、中、下也。其下数者。十十变之,若言十万曰亿,十亿曰兆,十兆曰京也。中数者,万万变之,若言万万曰亿,万万亿曰兆,万万兆曰京。上数者,数穷则变,若言万万曰亿,亿亿曰兆,兆兆曰京也。从亿至载,终于大衍。[2]

一(个)、十、百、千、万、十万等,叫作数的计数单位。计数单位依次为:个、十、百、千、万($10^4$)、十万、百万、千万、亿($10^8$)、十亿、百亿、千亿、兆($10^{17}$)、十兆、百兆、千兆、京($10^{16}$)、十京、百京、千京、垓($10^{20}$)、十垓、百垓、千垓、秭

① 纪志刚.从记数法到复数域:数系理论的历史发展[J].上海:上海交通大学学报(哲学社会科学版),2003(6):43.

② 纪志刚.从记数法到复数域:数系理论的历史发展[J].上海:上海交通大学学报(哲学社会科学版),2003(6):43-44.

（$10^{24}$）、十秭、百秭、千秭、穰（$10^{28}$）、十穰、百穰、千穰、沟（$10^{32}$）、十沟、百沟、千沟、涧（$10^{36}$）、十涧、百涧、千涧、正（$10^{40}$）、十正、百正、千正、载（$10^{44}$）、十载、百载、千载、极（$10^{48}$）、十极、百极、千极、恒河沙（$10^{52}$）、十恒河沙、百恒河沙、千恒河沙、阿僧祇（$10^{56}$）、十阿僧祇、百阿僧祇、千阿僧祇、那由他（$10^{60}$）、十那由他、百那由他、千那由他、不可思议（$10^{64}$）、十不可思议、百不可思议、千不可思议、无量（$10^{68}$）、十无量、百无量、千无量、大数（$10^{72}$）、十大数、百大数、千大数。

除阿拉伯数字 0、1、2、3、4、5、6、7、8、9 以外，应用比较广泛的数字还有罗马数字，即 I（一）、V（五）、X（十）、L（五十）、C（一百）、D（五百）、M（一千）。在阿拉伯数字传入之前，欧洲采用的是罗马数字，计算起来也十分复杂。用罗马数字计数时，不是采用位置原则，而是采用加减法原则：从左往右先写表示大数的数字，后写表示较小的数的数字，但是需要连续写出四个相同的数字时，相加改为相减，而把表示较小的数的数字写在前面。例如，8 写作"VIII"（五加三个一），但 9 写作"IX"（十减去一）；3 674 写作"MMMDCLXXIV"。

一般地，$n(n>1,n$ 是整数）进制的 $k$ 位数可以写成 $\overline{a_k a_{k-1} a_{k-2} \cdots a_3 a_2 a_{1(n)}}$ 形式，计数单位为 $n^0$、$n^1$、$n^2$、$n^3$、$n^4 \cdots$，即

$$\overline{a_k a_{k-1} a_{k-2} \cdots a_3 a_2 a_{1(n)}} = a_k n^{k-1} + a_{k-1} n^{k-2} + \cdots + a_3 n^2 + a_2 n^1 + a_1 n^0。$$

例如，$86\,357 = 8 \times 10^4 + 6 \times 10^3 + 3 \times 10^2 + 5 \times 10^1 + 7 \times 10^0$；

$1\,101\,011^2 = 1 \times 2^6 + 1 \times 2^5 + 0 \times 2^4 + 1 \times 2^3 + 0 \times 2^2 + 1 \times 2^1 + 1 \times 2^0 = 107$。

人类位置原则计数法的发明象征着"自然数系"已形成，说明人类已掌握数的语言，表明运算规则的完善。自然数系对于加法和乘法两种运算是封闭的，即永远可施行加法和乘法，但是不能自由地进行逆运算。随着人类实践经验的积累和认知水平的不断进步，自然数系的缺陷逐渐显露，为迫切需要解决度量整体的一部分（或者一个单位的一部分）和解方程等问题，进而发明了分数和负数，数系扩展到分数系和整数系。分数系（即最初的正分数系）对于加法、乘法和除法三种运算是封闭的，但是不能自由地进行减法运算。后来引进了负数才使数系扩展到有理数系，数系才可施行加法、减法、乘法和除法四种运算，即有理数对于加法、减法、乘法和除法四种运算是封闭的。7 世纪，印度的婆罗摩笈多（Brahmagupta，约公元前598 年—公元前660）给出了负数的运算法则，但是，16—17 世纪，很多数学家并不承认负数是数，或者就算承认了也并不承认负数是方程的根。后来，印度数学家婆什伽罗全面讨论了负数，建立起了完整的负数概念。

数系中四则运算的各种符号是从 15 世纪才开始逐渐使用的。加号"＋"和减号"－"是公元 15 世纪由德国数学家魏德曼（Weidman）首创。魏德曼把一条

横线与一条竖线合并起来表示合并(即增加)的意思;从加号"＋"中去掉竖线来表示拿去(即减少)的意思。乘号"×"则是在 17 世纪由英国数学家欧德莱(Audley)最先使用的,因为乘法是一种特殊的加法,欧德莱把加号斜过来写以表示乘。除号"÷"是在 17 世纪由瑞士人拉恩(Rahn)创造的,他用一道横线把两个圆点分开,表示分解的意思。等号"＝"是在 16 世纪由一位英国皇家法庭的医生罗伯特·雷特达(Robert Recorde)首创的。乘号"·"和比号":"是在 17 世纪由德国著名数学家、微积分的创始人莱布尼兹正式使用的。中括号"[　]"首次出现于 17 世纪瓦里士(Wallis)的著作中。而大括号"{　}"则是在 16 世纪末由代数学的创始人之一弗朗索瓦·韦达(Francois Viète,1540—1603)创造并用于数学计算中的。大于号"＞"和小于号"＜"是 17 世纪哈利阿(Harry)创造的。

随着社会的进步和生产工具的发展,在度量(例如,边长为 1 单位的正方形的对角线的长度)和解方程(例如,特殊乘法——乘方的逆运算:解方程)等问题解决过程中暴露出有理数系的缺陷。有理数系虽然是"稠密"的,可是它却露出了许多"孔隙",并且这些"孔隙"多得"不可胜数",进而否定了古希腊人关于有理数的"算术连续统假设",同时极大地影响了往后两千多年的数学发展。

从数学发展史研究资料可得知,数与数系扩张多数是解方程和度量的需要。例如,数系扩张过程之中的三大发现——负数、无理数和虚数——都与解方程有关。也就是说,由解形如 $x+a=0$ 方程将正整数扩展到了负数;由解形如 $ax+b=0(a\neq0)$ 方程将整数扩展到了分数,从而产生了有理数;由解形如 $x^2=a(a>0)$ 方程,得到 $x=\pm\sqrt{a}$,从而定义出无理数,将有理数扩展到了实数,即有理数和无理数合起来构成了实数系;又由解形如 $x^2=-a(a>0)$ 方程(例如,$x^2+1=0$)将实数系扩张到了复数系。

## 2. 图形的认知结构及其形成过程

数学是研究数与图形及其相互之间关系的学科。图形与数量是人类生活与生产实践中每一个领域渗透得最为本原的数学研究对象。由于图形具有直观性和生动性,人类对图形的运用和认识早于对数量的运用和认识。史宁中教授曾经说过:"人类创造自己的文明是从图形的抽象开始的。"①因此,数学教育要注重培养个体的图形语言运用意识和能力,广泛使用图形语言进行交流、描

① 史宁中. 数学思想概论:第 2 辑　图形与图形关系的抽象[M].长春:东北师范大学出版社,2009:2.

述或分析问题,这种教学形式符合人们的认知发展规律。图形与数一样,是数学的核心概念之一。史宁中教授指出:"真正的知识必须是有关概念的。"①作为中学数学教师要全面、深入理解"图形"这一概念以及相关概念的本质,抓住知识主线,整体把握几何公理体系,梳理关系,理清思路,抓住发展脉络,有效压缩和拓展,并构建"图形"的思维导图,发展逻辑思维能力和空间想象能力,创建题例库或案例库,善于转化与证明,善于图形描述,促进自我发展。(如图 2 - 5 所示)

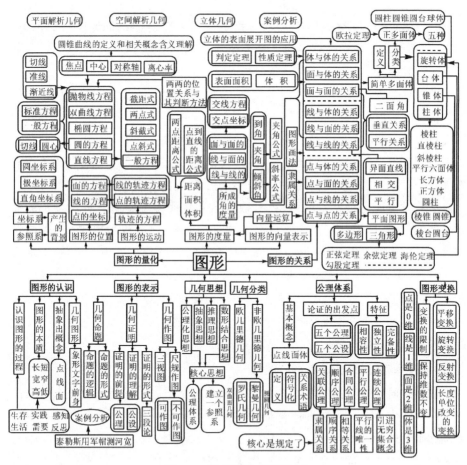

图 2 - 5　图形的知识脉络图

---

① 史宁中.数学思想概论:第 2 辑　图形与图形关系的抽象[M].长春:东北师范大学出版社,2009:24.

　　据历史资料和考证,远古时期人类学会使用火之后,为了宗教祭祀活动中便于与天神、与祖先交流,还发明了简单、直观图形记号或符号即象形文字,可以说,这就是人类文明的开始。早期的图形抽象的核心是把三维空间的物体用线条描绘在二维平面上。[①] 古代人类在漫长的生活经历和生产实践中,通过土地测量、建造房屋或制作工具等活动积累了丰富的实用经验,创造出了几何学。尤其是古埃及和古希腊人对图形进行高度抽象,为几何学的发展做出了巨大贡献。据史料记载,古巴比伦楔形文字、古埃及象形文字、我国商代后期(公元前 14 世纪—前 11 世纪)甲骨文等都是从几何图形演变过来的(如图 2-6,图 2-7,图 2-8所示)。几何学的建立使得数学从经验转化为理性,从特殊上升为一般,从而成为一门科学。[②]

图 2-6　楔形文字

　　① 史宁中.数学思想概论:第 2 辑　图形与图形关系的抽象[M].长春:东北师范大学出版社,2009:1.
　　② 史宁中.数学思想概论:第 2 辑　图形与图形关系的抽象[M].长春:东北师范大学出版社,2009:21.

图2-7 古代东巴经书(丽江市玉龙纳西族自治县鲁甸乡)

图2-8 甲骨文字(殷商武丁早期《征讨卜辞》)

古希腊历史学家希罗多德(ΗΡΟΔΟΤΟΣ,约公元前480—公元前425)认为:古希腊人从古埃及人那里学到了几何学。[①] 古埃及人在生活与生产实践过程中,根据实际需要发明了一套有效的计算土地面积的方法,其中包括三角形、

---

① 史宁中.数学思想概论:第2辑　图形与图形关系的抽象[M].长春:东北师范大学出版社,2009:9.

长方形和梯形,还包括圆面积的近似公式,这些被记录在公元前1700年左右的莱茵德纸草书。最令人惊讶的是古埃及人关于体积的计算:用底面积乘以高来计算体积。①

从变换的角度看,几何可分为四种,即欧几里得几何(两点间距离不变)、仿射几何(两点间距离可变,直线还是直线,但保持平行性质不变)、射影几何(直线还是直线,但不保持平行性质)、拓扑(维数不变)。欧几里得几何的本质是:通过变换之后两点间距离不变;其核心是:平行线和全等(五个公理、五个公设)。全等的本质是:刚体变换,刚体变换的本质是两点间距离不变。能保证两点间距离保持不变的变换本质上有三种:平移、旋转、对称(或者说反射)变换。所有的运动(或者变换)必须要有参照物(要注意平面上的所有参照物必须是二维的,空间上的是三维的):平移的参照物是向量;旋转的是点(到固定点的距离与角保持不变,例如极坐标);对称的是直线(对应点的垂直平分线)。仿射几何的本质是:线还是线,但长度可以变(不包括无穷远点)。射影几何最重要的定理是:线段的比是个常数,等边三角形可以压缩成等腰三角形,圆可以压缩成椭圆,按照一定的比例改变长度。最一般的几何就是拓扑:线变成曲线,面可以变成曲面,球面可以变成多面体,拓扑保持了几何形状的维度。拓扑不变性是指图形的维数不变,几何体的顶点、边、面的关系不变(欧拉定理)。

从平行线的角度看,几何可分为三种,即欧几里得几何、罗巴切夫斯基几何、黎曼几何。英国地质学家莱昂·普莱费尔(Lyon Playfair,1818—1898)提出平行线公理:过直线外的一点与这条直线平行的直线有且仅有一条平行线(这是欧几里得几何)。还有两种情况:过直线外的一点与这条直线平行的直线没有(黎曼几何)和有无限多个(罗巴切夫斯基几何,太阳光),这就是非欧几何。没有平行线的几何叫作黎曼几何。(Nikolas Lvanovich Lobachevsky,1792.12.1—1856.2.24)说:我们很难判断两条直线是平行的,因为不知道无穷远的地方交与否。

高斯·博内定理:A是三角形,三个内角为$\alpha,\beta,\gamma$,是在曲面上的三角形,$k$是曲率,$k$在$A$上的积分$=\alpha+\beta+\gamma-\pi$。欧几里得几何曲率$k=0$,所以三角形

---

① 史宁中.数学思想概论:第2辑　图形与图形关系的抽象[M].长春:东北师范大学出版社,2009:11.

内角和为 180°；罗巴切夫斯基几何（双曲几何）的曲率 $k$ 是负的，所以三角形内角和小于 180°；黎曼几何（椭圆几何）的曲率 $k$ 是正的，所以三角形内角和大于 180°。

公元前 7 世纪以来，人们通过生活经历和实践经验积累了很多关于几何图形的计算方法与规则。欧几里得以少数原始概念（不加定义的概念）、公理与公设作为一切图形研究的出发点和前提，利用亚里士多德的演绎逻辑，从二十五个"定义"（原始概念）、五个公设和五个公理出发，按照一定的逻辑规则演绎出四百六十五个命题，进而把关于几何的知识整理为一个严谨的几何公理体系——《几何原本》。这标志着以现实空间为直观背景的"对象—公理—演绎"系统，即实质公理系统的产生。几何公理化体系的集大成者、德国数学家希尔伯特摆脱研究对象的直观背景，将研究对象符号化，以基本概念（点、线、面、结合、顺序、合同）和五组公理（二十条）为演绎推理的出发点，对图形和图形关系进行再次抽象（即研究对象符号化和论证过程形式化），1899年出版了他的著作《几何基础》，这标志着没有直观背景的"假设—演绎"的系统，即形式公理系统的产生。希尔伯特构建的这个形式化的几何公理体系要比欧几里得公理体系庞杂得多，但也完全弥补了两千多年来人们研究欧几里得公理体系时发现的漏洞。

总之，人类关于"图形"研究的发展过程和成果对社会、经济和科技各个领域产生了极大的推动作用，是中学数学教师学科知识的核心之一。要结合几何学发展历史过程与逻辑体系，依据图形知识脉络图，在教师自己头脑中建构符合数学教学实际需要的认知结构，对教师专业发展十分有帮助。

### 3. 向量的认知结构及其形成过程

众所周知，向量是数学学科各领域和现代多种科学技术领域，尤其是现代物理研究与发展中不可缺少的工具。向量也是中学数学的核心概念之一。其最主要理由是向量不仅满足成为核心概念的标准，又可以进行多种运算，例如，向量与向量之间的加法和减法运算、数与向量之间的数乘运算、向量与向量之间的点乘（即数量积）运算、向量与向量之间的叉乘（即向量积）运算等。向量是中学数学课程的重要组成部分，中学数学教师需要从整体上去把握与向量相关的知识脉络和人们对向量认识的发展史。（如图 2-9 所示）

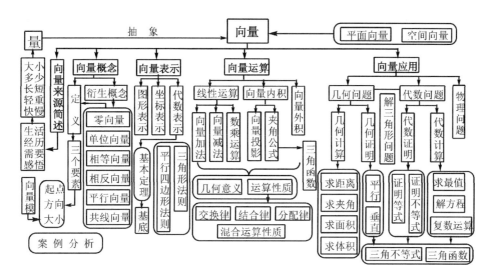

图 2 - 9　向量的知识脉络图

1) 物理背景

向量概念最早出现在物理学中,矢量是向量概念的最重要的背景之一。在物理学中,力、速度、加速度、位移、磁场力、电场力、磁场强度、电场强度、力矩、冲量等既有大小又有方向,并且可以用平行四边形法则进行合成的量统称为矢量。从 18 世纪中叶到 19 世纪中叶,一些世界著名数学家们(主要有欧拉、拉普拉斯、泊松、比萨、潘索、拉格朗日、柯西等)在欧拉和达朗贝尔关于"刚体的一般动力系统"的研究工作基础上又发现了用来描述刚体运动的角速度和力矩的向量特征,进而奠定了建立"向量力学"的基础。但是,当时还没有"vector"这一术语,这一术语于 1845 年由威廉·哈密顿(William Rowan Hamilton,1805—1865)创造。"向量"是翻译英文 vector 而来的概念,中国清朝末期的物理学家引用时翻译成"矢量",因此,我国两种译名并存。据数学史记载,公元前 4 世纪,古希腊的亚里士多德已利用"平行四边形法则"求得两个力的合成。亚里士多德在《力学》中指出:"当一个物体以一定比率移动时(即含有两个有常数比率的线性运动),物体一定沿一条直线运动,这条直线是由这两条有给定比率的直线形成的平行四边形的对角线。"①经过近两千年漫长时间,直至牛顿创立微积分,人们关于向量的认识还没有实质性的变化。到了 19 世纪,丹麦的魏塞尔、瑞士的

① HEATH,THOMAS A. A history of Greek mathematics[M]. New York:Dover,1981:346.

阿工发明了复数的几何表示才开始发生变化。德国数学家高斯提出了复平面的概念,建立了向量和复数之间的一一对应关系,用有序的实数对来表示向量,并且把"平行四边形法则"与运算结合起来,从此,人类关于向量知识的认识前进了一大步。1844 年,德国数学家格拉斯曼(Grasmann,1809—1877)引入了 n 维向量的概念,后来产生了"线性空间"即"向量空间"的概念。

2)几何背景

微积分的创始人莱布尼兹关于"位置几何"的研究思想为向量理论提供了一个理论框架,他试图创建一种能够作为空间分析的直观方法系统并对这一系统给出了说明。1840 年,格拉斯曼在他的论文《潮的理论》里,给出了在向量基础上的空间分析系统的表示方法和向量分析的内容(主要有向量的加减法、向量乘法、线性向量函数、向量微分等),并提出第一个重要的向量分析系统。格拉斯曼在 1844 年的数学伟大著作《扩张论》中详细地解释了这一新方法,并拓展了向量理论的研究,又列出了在代数分析、力学与其他物理分支中的很多应用。在 18、19 世纪,还有一些数学家对向量理论进行了研究,促进了这方面研究理论的发展,例如,麦比乌斯、拜耳拉维提斯、莱圣特、哈密顿等。[①]

3)复数背景

1545 年, 复数由意大利数学家吉罗拉莫・卡尔达诺(Girolamo Cardano,1501—1576)首创,他在《大术》中通过解方程把复数引入数学。而意大利另一位数学家拉斐尔・邦贝利(Rafael Bombelli,1526.1—1572),是第一位认识到虚数应用价值的人。他在《代数》中求解不可约三次方程时使用了虚数并建立了虚数的运算法则,但是他认为虚根是人为的,并非真的存在,除非找到它的几何意义。直到 18 世纪初,复数还没有被人所关注,后来欧拉像使用实数一样使用复数,解决了一些数学中有争论的问题,这才引起一些数学家的兴趣,但还是受到某些数学家的攻击和非议,例如,数学家柯西、数理逻辑学家亚伯拉罕・棣莫弗(Abraham De Moivre,1667—1754)表示不赞成或反对。1673 年,约翰・沃利斯(John Wallis,1616—1703)第一个尝试对复数的几何解释,还给出了二次方程虚根的几何解释,但是没有获得完全成功。1797 年,挪威的卡斯帕尔・韦塞尔(Caspar Wessel,1745—1818)在丹麦皇家科学院宣

---

① 孙庆华.向量理论历史研究[D].西安:西北大学,2006:18-30.

读了《方向的解析表示——特别用于平面和球面多边形的测定》的一篇论文，对复数给予第一个正确的几何解释，并对平面向量的加法和乘法给出了几何解释，但是他的论文过了整整一个世纪，直到用法文翻译重新发表后才被欧洲数学家所关注。高斯几乎与韦塞尔同时给出了复数的几何解释，并以个人的影响力使人们普遍接受了复数。19 世纪初，让·罗贝尔·阿尔冈（法语：Jean Robert Argand，1768—1822）独立创建了复数的几何解释并且对复数的运算进行了阐述。除此之外，还有一些数学家对复数研究做出了很大贡献。继而，平面向量和复数之间建立了一一对应关系，给出了复数的定义与表示形式（为实数）以及几何表示。也就是说，可以用复数来表示平面向量及其运算，用平面向量来研究复数问题，这样复数才获得了合法地位。可是，事实却使数学家们很快发现复数的局限性，在三维空间中无法找到复数的几何解释。爱尔兰数学家哈密顿在对复数三维推广的研究工作中做出了卓越贡献。经过 15 年精心研究，哈密顿把有序实数偶理论推广到三元组的理论，然后又把三元组系统扩充到四元数系统，他终于构造出自己所要找的新数（包含四个分量），可前提是必须放弃乘法的交换性，这种新数称之为四元数。即形如：$a+bi+cj+dk$（$a,b,c,d$ 为实数，$i^2=j^2=k^2=-1,ij=-ji=k,jk=-kj=i,ki=-ik=j$）数称之为四元数。四元数是历史上第一次构造的不满足乘法交换律的数系，对往后的代数研究和向量分析研究做出了杰出贡献。在四元数的发展过程中，英国数理学家泰特（P. G. Tait，1831—1901）做出了杰出贡献，他是 19 世纪末四元数分析发展的"领头羊"。1867 年，泰特出版了他的著作《四元数基础》，并把四元数分析应用到物理学中，为现代向量分析的发展奠定了理论基础，是吉布斯—亥维赛现代向量分析发展的开端。还有一些研究者，例如，詹姆斯·克拉克·麦克斯韦（James Clerk Maxwell，1831—1879）、克利福德（Cliffod，1845—1879）等也为四元数的发展和从四元数过渡到向量分析的研究做出了重大贡献。美国数理学家约西亚·威拉德·吉布斯（Jsiah Willard Gibbs，1839—1903）和英国数理学家奥利弗·亥维赛（Oliver Heaviside，1850—1925）以物理学电磁理论研究为基础，依据四元数系统对向量系统做了大量的研究工作并取得重大成果，建立了现代向量系统，称为吉布斯—亥维赛现代向量分析。向量理论于 20 世纪初才开始引入我国，主要通过翻译和出国留学者的引入逐渐传播到我国数学和物理学之中的，成为数学和物理学探究的重要内容之一。新中国成立后，我国学习苏联的教育模式，向量理论逐渐成为数学和物理学的重要教学内容之一。随着我国课程改革的不断发展,向量理论的初步知识进入中小学数学课程内容。

向量进入中小学数学课程之前,代数内容以数、多项式、方程与不等式、集合与映射、初等函数与数列的运算以及运算规律为主,并安排了学习、讨论如何运用这些知识和需要解决的问题等内容。而随着向量进入中小学数学,改变了代数和几何课程的教学内容结构,使人们对运算的认识和有关几何问题的解决方法提升到一个新的层面。在代数课程中,从传统的"数"的运算扩大到"数"与"向量"两种对象运算的有机结合;在几何课程中,从传统的"综合几何法"拓展到"综合几何法、解析几何法和向量几何法"三种基本方法的有机结合从而使得有关几何问题的解决有了一个新的途径和抓手。

"数形结合"是数学思想方法的核心组成部分,中小学数学课程引入向量使得数形结合的"载体"变得更加丰富,从而既有利于数学学习和教学、数学课程和物理课程之间的联系,又把高等数学和中学数学自然地衔接起来,进而从运算的角度促进了代数与几何、数学与物理之间的联系。

王尚志指出:向量、解析几何、函数都是数形结合的天然"桥梁",向量是研究数学和学习数学的重要思想方法。例如,向量不仅能表示几何中的基本研究对象——点、线、面,又能表示高维空间中的直线和平面,还能表示高维空间中的曲线和曲面。

中学立体几何的主要研究对象是点、线、面以及它们之间的位置和度量关系,向量又是研究图形的位置(平行、垂直、相交等)和度量关系(长度与距离、角度、面积和体积等)的基本工具和方法。

向量为人们提供了丰富的模型基础,能够促进我们对数学模型的认识。例如,向量空间是线性空间的模型。设$(V^2, R, +, \bullet)$是实数域 R 上的二维向量空间,$+:V \times V \to V$为定义在此向量空间上的加法,$\bullet:R \times V \to V$为定义在此向量空间上的数乘,$\vec{a}、\vec{b}、\vec{c}$为向量空间上的任意向量,$k、l$为任意实数,加法和数乘法满足以下性质:

(1)结合律:$\vec{a} + (\vec{b} + \vec{c}) = (\vec{a} + \vec{b}) + \vec{c}$;

(2)有零元:一般用$\vec{o}$来表示零向量,满足$\vec{a} + \vec{o} = \vec{o} + \vec{a} = \vec{a}$;

(3)有负元:对任意向量$\vec{a} \in V$,都存在一个向量$\vec{b} \in V$,使$\vec{a} + \vec{b} = \vec{b} + \vec{a} = \vec{o}$,则称$\vec{b}$为$\vec{a}$的负向量;

(4)交换律:$\vec{a}+\vec{b}=\vec{b}+\vec{a}$;

(5)$1\vec{a}=\vec{a}$;

(6)分配律:$k(l\vec{a})=(kl)\vec{a}$;

(7)分配率:$(k+l)\vec{a}=k\vec{a}+l\vec{a}$;

(8)分配率:$k(\vec{a}+\vec{b})=k\vec{a}+k\vec{b}$。

我们把$(V^2,\mathbf{R},+,\bullet)$中的向量换成一般元素、实数域 R 换成一般数域 P、向量空间换成一般非空集合 Ω,并在集合 Ω 上的元素之间定义两种代数运算,即加法"＋"和数乘法"●"。

＋:给出了一个法则,对于 Ω 中任意两个元素 $a$ 与 $b$,在 Ω 中都有唯一的一个元素 $c$ 与之对应,称为 $a$ 与 $b$ 的和,记为 $c=a+b$,称之为加法;●:对于数域 P 中任一数 $k$ 与 Ω 中任一元素 $a$,在 Ω 中都有唯一的一个元素 $b$ 与之对应,称为 $k$ 与 $a$ 的数量乘积,简称数乘法,记为 $b=ka$。设 $a,b,c$ 为 Ω 上的任意元素,$k,l$ 为数域 P 上的任意两个数,加法和数乘法满足以下性质:

(1)结合律:$a+(b+c)=(a+b)+c$;

(2)有零元:一般用 0 来表示零元,满足 $a+0=0+a=a$;

(3)有负元:对任意元素 $a\in\Omega$,都存在一个元素 $b\in\Omega$,使 $a+b=b+a=0$,则称 $b$ 为 $a$ 的负元;

(4)交换律:$a+b=b+a$;

(5)$la=a$;

(6)分配律:$k(la)=(kl)a$;

(7)分配律:$(k+l)a=ka+la$;

(8)分配律:$k(a+b)=ka+kb$。

则 Ω 称为数域 P 上的线性空间,此线性空间简记为$(\Omega,P,+,\bullet)$,这是一般线性空间的定义。

总之,向量进入中学数学课程极大地丰富了数学学习和应用的内容,为我们提供了解决问题的基本工具和方法,又提供了丰富的模型基础,它既有丰富的物理背景,又是代数、几何、物理相互衔接的天然"桥梁",有助于提升学习者对于数学的判断和鉴赏能力。"向量"应用的广泛性是向量教学中一个重要的内容,主要反映在物理和几何中的应用上。在应用的具体问题中,部分问题涉及三要素:大小、方向和作用点。作为中小学数学教师,要全面、深入理解"向量"这一概念以及相关概念的本质,抓住知识主线,梳理与其他知识之间的关系(尤其是数与形),理清思路,抓住发展脉络,有效压缩和拓展并构建"向量"的思维导图,掌握数形结合方法,提高解决问题的能力,促进自我发展。

### 4. 函数的认知结构及其形成过程

20世纪初期,德国数学家克莱因提出:以函数概念和思想统一数学教育的内容,函数概念应该成为数学教育的灵魂。以函数概念为中心,将全部数学教材集中在它周围,进行充分的综合。[①] 在克莱因和英国数学家贝利等人的努力和推动下,函数进入了中学数学教材。此后,函数成了贯穿整个中学数学课程和高等数学始终的核心概念之一。

到目前为止,各类高校几乎所有的专业都开设了高等数学,理科和工科以外的文科专业也有高等数学课程,在数学类专业中函数是最为重要的核心内容。例如,数学分析、实变函数、复变函数、泛函分析、常微分方程、偏微分方程等课程都是以函数为研究对象。数学是通过概念知识研究关系的一门科学,函数正是刻画变量与变量之间依赖关系的重要模型,这是探究自然规律和认识客观世界的重要工具之一。例如,建立平面上的点与数的对应关系,利用函数可以研究平面上的图形的性质与变化。

对于中学数学教学内容来说,函数、向量和解析几何是体现数形结合思想与方法的三大主要教学载体。因此,作为中小学数学教师,要全面、深入理解"函数"这一概念以及相关概念的本质,整体上把握函数与数学课程各种知识之间的关系(例如方程、不等式、线性规划、算法、随机变量等内容与函数之间的关系),廓清学习函数的思路,掌握应用函数的方法;从定义与表示方法、定义域、值域、图像与图像画法、对称性、单调性、周期性、反函数以及函数应用等多个维度分类研究每一类函数;对函数模型的实际背景、几何直观、基本变化与运算(四则运算、复合运算、极限运算等)等有清晰的认识,抓住发展脉络并构建学习"函数"的思维导图,强化用函数思想与方法解决问题的能力,创建函数题例库或案例库,促进自我发展。(如图2-10所示)

---

① 王尚志. 数学教学研究与案例[M]. 北京:高等教育出版社,2006:10.

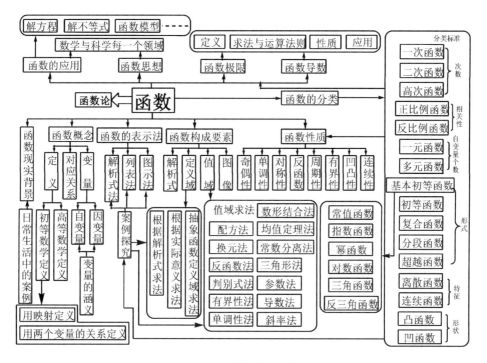

图 2 - 10　函数的知识脉络图

数学教师在自己的头脑中建立知识脉络图的意义在于对所教内容的逻辑结构有清晰的认识,并且依据不同教学模块或核心概念,从不同的视角进行分类整理研究,创建教学案例库。

**5. 统计的认知结构及其形成过程**

随着科学技术的迅猛发展,社会进入信息化时代。在信息化时代,人们常常需要收集大量的数据,根据所获得的数据提取有价值的信息,做出合理的决策。统计是研究如何合理收集、整理、描述和分析数据的学科,它可以为人们制定决策提供依据,又为人们认识客观世界提供重要的思维模式和方法。

当前,在统计与概率教学中存在一些问题,重视繁杂的计算,而忽视和淡化统计概率模型的理解、建立和应用,缺乏问题意识和数据处理能力,以教师讲实验、说实验来代替学生的实践活动,存在着严重的应试倾向。中学数学教师要正确理解数学、概率、统计之间的关系,整体上把握统计与概率的基本知识脉络,正确解释基本概念的含义,树立正确的数据分析观念,实施有效教学。

全日制义务教育《数学课程标准》(以下简称《标准》)中明确指出:"要使学生经历运用数据描述信息,做出推断的过程,发展统计观念。"①首次将"统计观念"作为义务教育阶段数学课程的重要目标之一。因此,要想培养学生具有从纷繁复杂的现实情境中收集、整理、处理和描述数据并做出恰当的选择和推断的能力,就应该将统计的基本知识和思想方法作为义务教育阶段数学课程的重要内容。

我国数学教学具有重视基础知识、基本技能训练和能力培养的传统,中学教学过程应发扬这种传统。以中学数学课程统计与概率教学来说,在内容处理上要以随机思想和数据分析思想为主线,把教学知识编织在一起,从局部到整体,从整体到局部,整体上把握知识脉络,头脑里建构一张无形的网,不断地梳理和完善,把整个数学课程的知识融会贯通。教师能够做到整体上把握教学内容,掌握通性通法,发现学科知识的内在联系,就会拓宽学生的视野,引导学生形成良好的学习习惯和学习能力。(如图2-11所示)

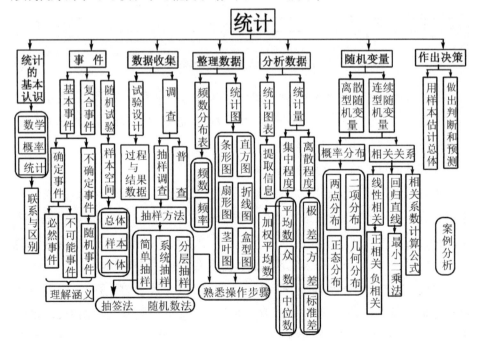

图2-11 统计的知识脉络图

① 刘兼,孙晓天.数学课程标准(实验稿)解读[M].北京:北京师范大学出版社,2002(01):153.

在教与学的过程中,教师既要注重基本知识(基本概念含义、抽样方法、数字特征、统计图表的制作、分布的估计和回归分析等)的准确理解,又要注重探索如何获取数据、如何从数据中提取有价值的信息、如何讨论所得结论的可靠性。要避免单纯地讲授图表的制作、数字特征的计算、公式的机械套用,更不应该简单地将之处理为知识的灌输,强化各种专业性术语和单纯的技巧型学习。而要强调具体操作方法,建立数据分析意识和随机思想,突出应用价值。例如,在现实生活与实践过程中,性别与工作业绩、身高与体重、产量与施肥量等许多相互关联的变量并不是函数关系,其中的量有些是随机变量,分析这些量时,可利用相关分析探究关系的强弱,利用回归分析近似表示函数关系。与确定性数学教学不同的是,统计教学要结合大量的实际案例来讲授统计课程内容,教师要建立丰富的教学案例库,这是统计教学的基本模式和重要指导思想。也就是说,在实施教学的过程中,教师要准备大量的以现实问题背景或与学生相关的、激发学生学习兴趣的案例,如人口问题、民主选举、考试成绩等案例,或者涉及社会、历史、文化、经济、体育、环境、评价等知识背景。教师在教与学过程中要突出基本概念、统计量和图表所蕴含的统计与概率意义,注重培养学生的随机思维模式和素养。引导学生掌握整理杂乱无章的数据的方法,感受抽样的必要性,体会不同的抽样会有不同的结果和用样本估计总体的思路,培养学生用统计方法对统计结果做出合理的推断和预测,体会统计对决策的作用,能够查找资料以获得数据信息并对日常数据发表看法,能够从做好的样本中推测总体特征,通过模拟,找出数据间的差异。

### 6. 概率的认知结构及其形成过程

统计是对随机现象统计规律归纳的研究,而概率是对随机现象统计规律演绎的研究,在解决实际问题时,二者是相辅相成、互相关联的。作为中学数学教师,要熟练掌握实验估计概率和分析预测概率的方法,能够借助概率模型或通过设计具体活动解释、估计、预测一些事件发生的概率,在教学过程中着重联系生活实际,突出概率的应用性和趣味性。

在生活与社会实践中,我们经常会遇到很多的随机现象,而对这些随机现象有一个较清楚的认识是每一个公民文化素质的基本要求,这就是中学数学课程开设概率论教学内容的根本目的。统计课程的核心是发展学生的数据分析观念,而概率课程的核心在于发展学生的随机观念。(如图 2-12 所示)

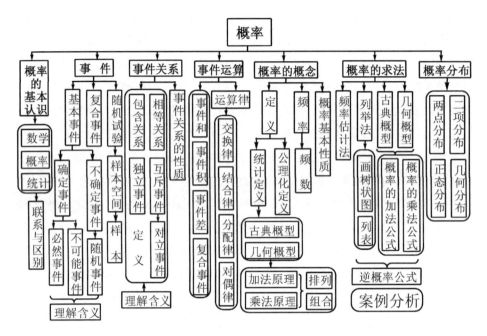

图 2-12 概率的知识脉络图

所谓某个随机事件的概率,实质上是对在客观世界中这个事件发生可能性大小的一个数量刻画。若事件的概率大,我们说该事件发生的可能性大;若事件的概率小,我们说该事件发生的可能性小。也就是说,用概率来衡量事件发生可能性的大小。一方面,人们必须承认随机现象中随机事件发生的可能性大小是客观存在的,是不以人的意志为转移的,并且通过大量重复试验,可以逐渐认识到随机事件的这种客观的、本身所固有的规律性;另一方面,学会确定如何解释、估计、预测或计算随机事件发生可能性的大小,即求随机事件的概率。继而,依据概率定义,针对不同的概率模型(简称概型),采取不同的解决办法。因此,教师需要明确概率的含义:概率统计定义、古典概率定义、几何概率定义、公理化的形式定义等,并理解其实质。

1)概率的统计定义

频率是指事件发生的次数在全部试验次数中所占的比例,所以频率能够反映该事件发生的可能性大小。人们在实践过程中观察到一个事件发生的可能性的大小,不是依据一次、两次或几次试验的结果,而是依据大量重复试验的结果,试验次数越多,反映事物的情况越全面,频率之间的差别也越小,客观事物的规律性也就越明显。频率在大量重复试验条件下出现了稳定的"趋势",这种趋势和频率之间不但是数量上的差别,而且有了质上的差别。作为频率的变化趋势,它是一个不变的结果,它既有与频率有区别的一方面,又有与频率变化过程不可分开的一面。这种客观事实为我们对事件发生的可能性的认识提供了可比较的依据,它可以作为衡量事件发生可能性大小的一个尺度,这种办法就是概率的统计定义。即一般地,在大量重复进行同一试验时,事件 A 发生的频率总是趋近某个常数,在它附近摆动,这时就把这个常数叫作事件 A 的概率,记作 $P(A)$。

2)古典概型

古典概型也可以称为等可能概型或古典型随机试验,是指随机实验所有可能的结果是有限的,并且每个基本事件发生的概率是相同的概率模型,即具有如下特点的概率模型:(1)它的基本事件空间中只有有限个基本事件;(2)每个基本事件发生的可能性大小相同。设基本事件空间含有 $n$ 个基本事件,随机事件 $A$ 是由 $m$ 个不同的基本事件组成,则事件 $A$ 发生的概率的计算基本步骤为:

a.算出所有基本事件的个数 $n$;

b.求出事件 $A$ 包含的所有基本事件数 $m$;

c.代入公式 $P(A)=\dfrac{m}{n}=\dfrac{A\ 所含基本事件数}{基本事件总数}$,求出 $P(A)$。

比如,掷一次硬币的实验,只可能出现正面或反面,由于硬币的对称性,总认为出现正面或反面的可能性是相同的;又如对有限件外形相同的产品进行抽样检验,也属于这个模型。古典概型是概率论中最直观和最简单的模型,许多概率运算规则是在这种模型下得到的。一个试验是否为古典概型,在于这个试验是否具有古典概型的两个特征:有限性和等可能性,只有同时具备这两个特点的概型才是古典概型。

3)几何概型

在现实生活中,我们仅仅研究那些只有有限个等可能结果的随机试验是远远不够的。比如,甲、乙两人约定在晚上 7 时到 8 时之间在公园门口会面,并约定先到者应等候另一个人一刻钟,这时即可离去,那么两人见面的概率是多少?

若对于某一随机试验,每个样本点出现的可能性是相等的,样本空间 $\Omega$ 所含的样本点个数为无穷多个,事件 $A$ 理解为样本空间 $\Omega$ 的某一子区域 $A$,$A$ 的概率只与子区域 $A$ 的几何度量(长度、面积或体积)成正比,而与 $A$ 的位置和形状无关,满足以上条件的试验称为几何概型。一个试验是否为几何概型,在于这个试验是否具有几何概型的两个特征:无限性和等可能性。在几何概型中,事件 $A$ 的概率定义为:$P(A) = \dfrac{\mu(A)}{\mu(\Omega)}$。其中 $\mu(A)$ 表示区域 $A$ 的几何度量,$\mu(\Omega)$ 表示基本事件空间 $\Omega$ 的几何度量。

4)概率的公理化定义

样本点全集 $\Omega$ 叫作必然事件,空集 $\varnothing$ 叫作不可能事件。

我们两个事件 $A$ 与 $B$ 至少有一个发生称为两事件之和事件,记作 $A \cup B$,意指"$A$ 与 $B$ 至少有一发生";两个事件 $A$ 与 $B$ 的交记作 $A \cap B$ 或 $AB$,意指"$A$ 与 $B$ 同时发生";事件 $A$ 的补 $\bar{A}$ 叫作 $A$ 的对立事件,意指 $A$ 与 $\bar{A}$ 必有一发生且仅有一发生。如果 $A \cap B = \varnothing$,则称 $A$ 与 $B$ 为不相容事件。如果 $B \subset A$,意味着 $B$ 发生时 $A$ 必发生,称为 $B$ 包含于 $A$。有趣的是,事件 $B$ 包含于 $A$,也正是集合 $A$ 包含集合 $B$。在事件空间上引入一个函数 $P$,也就是让每个事件 $A$ 对应于一个数 $P(A)$,满足三个条件:

ⅰ. 非负性:对任意事件 $A$,$P(A) \geqslant 0$。

ⅱ. 规范性:对必然事件 $\Omega$,$P(\Omega) = 1$。

ⅲ. 完全可加性:若事件 $A_1, A_2 \cdots A_n$ 两两不相容,则

$$P(A_1 \cup A_2 \cup \cdots \cup A_n \cup \cdots) = p(A_1) + p(A_2) + \cdots + p(A_n) + \cdots$$

这样一个函数 $P$,叫作 $\Omega$ 上的一个概率测度,简称为概率。

一个样本空间 $\Omega$,一个由 $\Omega$ 的子集构成的事件空间 $\chi$,以及 $\chi$ 上的一个概率分布 $P$,三者放在一起,$\{\Omega, \chi, P\}$ 叫作一个概率空间,而 ⅰ、ⅱ、ⅲ 构成了概率的公理化体系。

在概率的教与学过程中,需要澄清一些对概率论基本概念的模糊认识,避免出现误区。例如,以随机事件来讲,随机事件是和重复试验紧密相连的,并非所有不确定的结果都是随机事件,要注意以下两种误区:第一,把目前尚不知道

结论是否正确的命题当成了随机事件;第二,把和重复试验无关的不确定结果当成了随机事件。又例如,就概率的统计定义而言,在同等条件下所做的多次重复试验,某一个事件出现的次数 $m$ 和总的试验次数 $n$ 之比称之为这一事件在这 $n$ 次试验中出现的频率。当 $n$ 充分大时,频率将"稳定"在一个常数 $p$ 附近,这个常数 $p$ 称之为该事件的概率。教师要清晰地认识,这是描述性的定义,并且定义中出现的"可能性"具有循环之嫌。有些概率是无法精确推断的,有些概率是可以估计的,随机性和规律性、概率和机会具有不同的含义。

**7. 集合的认知结构及其形成过程**

在中学数学课程中,为了建立一种统一、规范的语言来表述"具有某种属性的确定的整体",开设了"集合初步"的内容,介绍了一些规范的表述方式,例如,集合、全集、空集、子集、补集、并集、交集等等。用集合语言不但可以描述数学所研究的对象或问题,还可以描述现实生活中的一些事件,集合给我们提供了一种表述数学的语言或者说工具,这种语言将会贯穿在整个中学数学学习中。"集合初步"和"集合论初步"是不同的,"集合论"是一个重要的数学分支,它以"基数"和"序数"为基本研究对象。(如图 2 - 13 所示)

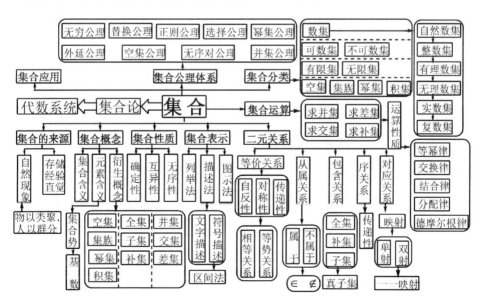

图 2 - 13　集合的知识脉络图

在中学课程中,无论是集合的含义,还是集合之间的关系和运算,都是经过研究元素与集合之间的关系来进行的,要想很好地掌握集合语言的思维特征,就要从元素与集合的关系来研究,这样才能够掌握集合的本质。

**8.关系的认知结构及其形成过程**

数学是对现实世界的数量关系、空间形式和变化规律进行抽象,通过概念和符号进行逻辑推理的科学。[①] 人们通过抽象得到概念,然后利用概念进行思考。概念有两种:对象概念(例如,数、点、线、面等)和关系概念(例如,因果、对比、递进、选择、转折等对象之间关系的逻辑术语)。数学流程的最基本形态是"借助推理把关系概念应用于对象概念,得到数学的基本命题"[②]。数学本质上是研究概念与关系的一类学科,主要有数量关系、图形关系和随机关系。例如,序关系是自然数产生的基础,大小关系就是最简单的序关系;图形关系的核心是分类。

中学数学所研究的具体关系有:等价关系、从属关系、对应关系或二元关系、大小关系、因果关系、位置关系、数与形关系等等。例如,运算就是一种"二对一"的对应关系。教师应依据关系设计知识脉络图,从宏观层面、中观层面和微观层面对数学知识、方法与思维、应用有清晰的认识,建构良好的认知结构,这是有效发展自身学科知识和提升教学水平的关键。(如图2-14所示)

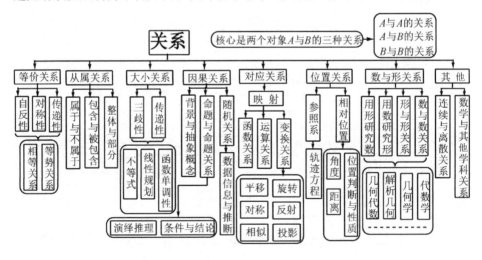

图2-14 关系的知识脉络图

① 史宁中.教育与数学教育[M].长春:东北师范大学出版社,2006:127.
② 史宁中.数学思想概论:第3辑 数学中的演绎推理[M].长春:东北师范大学出版社,2009:2.

### 9. 运算的认知结构及其形成过程

"运算"是贯穿整个数学课程内容的核心概念之一,是数学教育中最深入人心的内容和思想。运算本质上就是一种对应关系:二对一,其核心是运算对象和运算规律。例如,2 与 6 两个数通过" + "关系对应一个数 8,即 $2+6=8$;2 与 6 两个数通过" × "关系对应一个数 12,即 $2×6=12$;$(2,3)$ 与 $(-1,2)$ 两个向量通过" + "关系对应一个向量 $(1,5)$,即 $(2,3)+(-1,2)=(1,5)$;等等。

在数学课程中最基本的内容是数和数的运算,后来字母代替数,引入代数式的运算,这是运算发展史上的一次重大飞跃;而向量运算的引入是运算发展的另一次飞跃,它将数与形联系到了一起。运算不仅自成体系,更重要的是它渗透到数学的各个领域。无论是数学的演绎还是归纳,都是在运用各种运算法则进行。

作为中学数学教师,要全面地梳理数学课程内容之中的运算对象和运算法则,抓住知识发展脉络和本质并加深理解,比较不同的运算对象和运算法则,发现并思考它们之间的联系。中学数学运算,本质上就有两种:加法运算和极限运算,其他都是从这两种运算中生成的。减法是加法的逆运算,乘法是特殊的加法,除法是乘法的逆运算,乘方是特殊的乘法,开方是乘方的逆运算;微分和积分运算都是极限运算的经典范例。[①]（如图 2 - 15 所示）

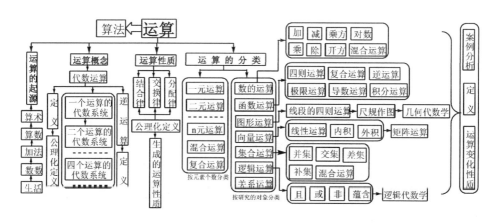

图 2 - 15　运算的知识脉络图

① 史宁中. 数学思想概论:第 3 辑　数学中的演绎推理[M]. 长春:东北师范大学出版社,2009:101.

### 10.算法的认知结构及其形成过程

关于算法,概括地说,是指按照某种规则解决某一类问题的方法和步骤,或指与计算机和机械计算有关的一个指令序列。算法含有操作和控制结构两大要素。算法作为利用程序设计来解决问题的方法,是一组定义严谨的运算程序规则,并且每一个规则都是有效的、明确的,这组规则在有效时间内终止。算法本质是算法逻辑,是具有递推关系的运算,属于演绎推理的范畴,可以用自然语言、程序框图或程序设计语言来描述,是中学数学核心概念之一。它对于培养学生的创新能力和逻辑思维能力、提高教师的专业发展水平和培养学生数学素养具有不可替代的作用。(如图2-16)

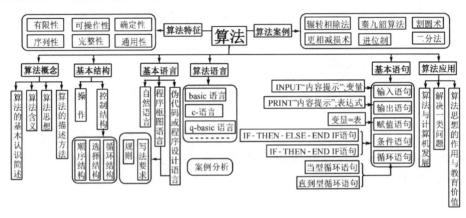

图2-16 算法的知识脉络图

#### 1)算法概念的理解

算法(algorithm)一词源于算术(algorism),是一个原始概念。现代名词"算法"起源于印度,然后传到阿拉伯,其后又在欧洲得到普及,它来自阿拉伯数学家花拉子密(Al-Khowarizmi)的谐音。[①]

关于算法的研究已经有数千年的历史。公元前300多年前,欧几里得给出求两个数最大公约数的算法,即辗转相除法(又称欧几里得算法);中国古代的数学专著《九章算术》中的"更相减损术"也可以用来求两个数的最大公约数,即"可半者半之,不可半者,副置分母、子之数,以少减多,更相减损,求其等也。以等数约之"。中国传统数学经历了将近三千年的发展历程,具有浓厚的应用

---

① 沈永欢,齐玉霞,张鸿林.简明数学词典[M].北京:新时代出版社,1989:1007.

色彩,使用计算器,以算为主,几何方法与代数方法相互渗透,与偏重逻辑演绎、具有公理化特色的古希腊数学迥然不同,形成了算法化特色。因此,中国古代数学被称为"算术",其原始含义是运用算筹的技术。[①] 算筹是计算机发明之前我国独创性的最有效的计算工具,且从数值计算发展到内容极其丰富的筹式演算,各种不同的筹法都有其基本的变换法则和固定的演算程序。有人认为,算筹相当于计算机硬件,而算术可比作程序设计。[②] 到了元明时代,珠算开始崛起,算盘取代了算筹,算筹发展成了珠算。[③]

算法,通俗地说,是一个由已知推求未知的运算过程。国外有些学者将其解释为:以有限的步骤解决数学问题的程序。广义地说,把进行某一工作所应当遵照的规则的、精确的、无歧义的方法和步骤称为算法,它的总步数是有限的。例如,菜谱是做菜肴的算法;产品说明书是产品使用的算法;一本歌谱可以说就是歌曲的算法,它规定了歌唱者应如何唱歌(先唱什么,后唱什么,什么音阶,什么音符……)。凡做任何事都需要先确定算法,然后去实现这个算法以达目的。

唐纳德·克努特(Donald E. Knuth,1938—　)指出:"一个算法,就是一个有穷规则的集合,其中的规则规定了一个解决某一特定类型的问题的运算序列。"在中学数学教材《数学 3》(人教 B 版)中,算法的定义是:"算法可以理解为由基本运算及规定的运算顺序所构成的完整的解题步骤,或者看成按照要求设计好的有限的确切的计算序列,并且这样的步骤或序列能够解决一类问题。"《中小学数学课程标准(实验)解读》中指出:"机械地按照某种确定的步骤行事,通过一系列简单计算操作,完成复杂计算的过程,被人们称为'算法'过程。""现代意义上的'算法'通常是指可用计算机来解决的某一类问题的程序或步骤,这些程序或步骤必须是明确和有效的,且能在有限步内完成。"[④]《简明数学词典》中指出:"在现代,算法是由基本运算及规定的运算顺序所构成次数有限的求解数学问题的步骤。它由解题所需的一系列规定好的规则、方法及程序,

① 李继闵.算法的源流[M].北京:科学出版社,2007：4.

② 李继闵.算法的源流[M].北京:科学出版社,2007：5.

③ 王渝生.中国算学史[M].上海:上海人民出版社,2006：9.

④ 严士键,张奠宙,王尚志.普通中小学数学课程标准(实验)解读[M].南京:江苏教育出版社,2004:97 - 98.

或一连串固定的、一劳永逸的运算或(判定命题真假的)推理组成。它是解题方案精确、完整的描述。"①

总之,数学中的算法通常是指,为解决某一类问题,通过有限步构造出来的、用数学形式表示的、明确和有效的程序或步骤。具体来说,在数学中,对算法常见的有以下两种描述性的解释:一种是指解决问题的一种方法或者一个过程,即对某一类问题的一步一步地求解方法;而另一种是指与计算机和机械计算有关的一个指令序列,即在有限步骤之内由输入的信息产生输出信息所经过的精细定义的指令序列。算法作为利用计算机(程序设计)来解决问题的方法,是一组定义严谨的运算程序规则,并且每一个规则都是有效的、明确的,这组规则在有效时间内终止。在计算机程序设计中对算法的具体要求是:可行的、确定的、有穷的、有效的和普遍的运算程序规则。

2)算法的逻辑

以往关于算法含义的解释是对其形式上或特征上理解的描述,未能解释其本质。任何一种运算都有其规则和法则,且运算过程中必须遵循这些规则和法则,因此,通过运算得到的结果是必然存在的,即运算属于演绎推理范畴。就具体运算而言,大多数是一题一解、千变万化,无法描述其推理模式。可是对一个好的运算其规律性还是存在的,甚至运算模式也是存在的,例如,韦达发现了一元二次方程根与系数的关系,改变了人们个案求解法,给出了一般公式。到了现代,随着大规模运算的需要,人们越来越依赖计算机来实现各种运算,而依赖于计算机的运算必须具备较强的规律性,即很强的普适性。

在电子计算机发明之前,英国数学家艾伦·麦席·图灵(Alan Mathison Turing,1912—1954)于1936年发表论文论证了"事先建立程序指令,然后通过识别和控制两个装置实现自动计算的具有逻辑储存功能的计算机制作的可能性"。但是,真正实现计算机自动计算的是美国数学家冯·诺依曼。冯·诺依曼研究小组深入研究了计算机的逻辑控制问题,通过从语言到符号的转换,实现了计算机的逻辑功能,他们于1945年提出电子计算机发展史上具有里程碑意义的通用电子计算机方案 EDVAC(Electronic Discrete Variable Automatic Computer),1952年诞生了具有逻辑功能的计算机 EDVAC。这种新计

---

① 沈以淡.简明数学词典[M].北京:北京理工大学出版社,2003:295.

算机由五大部分构成:CA(计算器),CC(逻辑控制装置),M(储存器),I(输入装置),O(输出装置);还有两个重要理念:一是使用二进制,二是利用储存功能加入逻辑语言。冯·诺依曼指出:"除了进行基本运算的能力外,一个计算机必须能够按照一定的序列(或者不如说是按照逻辑模式)来进行计算,以便取得数学问题的解答,这和我们进行笔算的实际目的相同。"①我们称这种逻辑思维模式为算法逻辑。例如,二分法的算法逻辑、牛顿法的算法逻辑等。

虽然计算机使用的语言可以是不同的,但各种计算机语言所遵循的算法逻辑是一样的,进而借助固定的、有限步指令,实现各种变化的、各种精确度要求的自动运算。这种逻辑不仅要注重基本推理,更要注重系统推理,即注重整个推理过程的语句顺序。史宁中教授指出:"若把算法中的核心思想归纳出来,是可以形成思维模式,我们称它为算法逻辑。这种思维模式的基础是:所涉及的算法都具有递推性。就这一点而言,算法逻辑在本质上与三段论是一致的。"②也就是说,算法本质是算法逻辑,是具有递推关系的运算,属于演绎推理的范畴。

算法可分为数值算法和非数值算法。一般说来,在数值算法中主要进行代数运算;而在非数值算法中,则主要进行比较和逻辑运算。

3)算法的呈现形式

算法含有两大要素:一是操作;二是控制结构。通常算法的呈现形式有以下三种:(1)用自然语言表示算法,即用语言描述算法;(2)用流程图表示算法,即用一些图框、线条以及文字说明来形象地、直观地描述算法;(3)用伪代码或计算机程序表示算法。控制结构的作用是控制算法各操作的执行顺序,通常由三种基本结构组成,即顺序结构、选择结构(或分叉结构)、循环结构。③ 下面以程序框图为例解释其基本结构。

为了便于讨论,先简单介绍一下程序框的功能(见表 2 - 2)。

---

① 诺依曼.计算机和人脑[M].甘子玉,译.北京:商务印书馆,1965:9.

② 史宁中.数学思想概论:第 3 辑　数学中的演绎推理[M].长春:东北师范大学出版社,2009:100 - 112.

③ 人民教育出版社中学数学室.普通中小学课程标准实验教科书数学(A 版)必修 3 算法初步[M].北京:人民教育出版社,2004:6.

表 2－2　算法程序框功能

| 程序框 | 名　称 | 功　　能 |
|---|---|---|
| | 起止框 | 表示一个算法的起始和结束,是任何流程图都必不可少的 |
| | 输入、输出框 | 表示一个算法输入和输出的信息,可用在算法中任何需要输入、输出的位置 |
| | 处理框 | 赋值、计算,算法中处理数据需要的算式、公式等分别写在不同的用以处理数据的处理框内 |
| | 判断框 | 判断某一条件是否成立,成立时在出口处标明"是"或"Y";不成立时标明"否"或"N" |
| | 流程线 | 连接程序框 |
| ○ | 连接点 | 连接程序框图的两部分 |

(1)顺序结构:操作顺序是按照书写顺序执行的。顺序结构是最简单的算法结构,语句与语句之间、框与框之间是按从上到下的顺序进行的。它是由若干个依次执行的步骤组成的,它也是任何一个算法都离不开的一种算法结构,如图 2－17(1)所示,其中 $A$ 和 $B$ 两个框是依次执行的,只有在执行完 $A$ 框所指定的操作后,才能接着执行 $B$ 框所指定的操作。

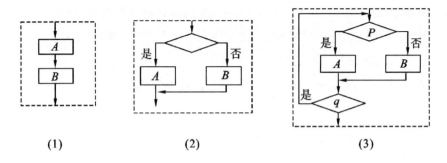

(1)　　　　　(2)　　　　　(3)

图 2－17　三种结构图

(2)选择结构(或分叉结构):操作顺序是根据指定的条件进行判断,由判断的结果决定选取执行两条分枝路径中的一条。如图 2－17(2)所示,此结构中包含一个判断框,根据给定的条件 $P$ 是否成立而选择执行 $A$ 框或 $B$ 框。而且,无论 $P$ 条件是否成立,只能执行 $A$ 框或 $B$ 框之一,不可能既执行 $A$ 框又执行 $B$ 框,也不可能 $A$ 框和 $B$ 框都不执行。无论走哪一条路径,在执行完 $A$ 框或 $B$ 框之后,脱离本条件选择结构。

（3）循环结构：操作顺序是根据条件是否满足,来决定是否继续执行循环体中的操作,即从某处开始,按照一定条件反复执行某一处理步骤,如图 2 - 17（3）所示,反复执行的处理步骤称为循环体。循环结构中通常都有一个起循环计数作用的变量,这个变量的取值一般都包含在执行或终止循环的条件中。

我们知道,描述算法的语言是很多的,例如 Basic 语言、C - 语言、Q - Basic 语言等等。但在中学数学课程中,不要求学生学习具体的算法语言,仅仅需要了解这些语言中的一些共同的基本语句,如输入语句、输出语句、赋值语句、条件语句、循环语句等。在不同的语言中,这些语句的表示可能不一样。

4）算法的思想

算法思想是贯穿数学课程的一条主线。算法思想是指按照一定的思维模式,从某个初值开始并不断更新初值,一步一步去解决某个问题的普适化、程序化思想。例如,利用二分法求方程近似解、海伦公式求三角形面积、高斯消去法求线性方程组解等等。在中小学算法教学中,教师不但要注重算法基本知识的教学,更要突出其基本思想的渗透,并通过一些具体的、学生熟悉的案例把算法思维习惯迁移到生活或实践中去。同时,还要训练描述算法的自然语言、框图语言和基本语句（伪代码）之间的相互转换的意识与能力,强调解决问题的通性通法,进而培养学生的逻辑推理能力。为此,在中学教材《数学 3》（A 版和 B 版）中提供了不少的案例教学资料,例如,质数判断、大小比较、多位数换位、排序、用二分法求方程近似解、用求根公式解一元二次方程、用海伦公式求三角形面积、数列前 $n$ 项和求法、辗转相除法与更相减损术、秦九韶算法、鸡兔同笼问题与高斯消去法、割圆术等等无不渗透着算法思想,是理解算法逻辑、熟悉程序语言的好实例。

5）算法的作用与价值

随着人工智能技术的推广与普及,算法的应用价值和教育价值显得越来越重要。荷兰、法国、德国、美国、韩国等很多国家都把算法作为中小学数学课程的必修内容,尤其是日本中小学教材对算法思想做了系统的介绍。① 虽然我国中小学数学课程首次把算法作为新内容,但事实上,算法思想早已渗透到中小学数学教学内容之中,例如,多位数竖式加减法、分数通分法等。中国古代数学注重实际问题的解决,以算法为中心,寓理于算,例如,古时著名的专著《九章算术》《周髀算经》《数书九章》《四元玉鉴》等都使我国数学曾经处于世界巅峰。

回顾数学发展史,数学的发展总是呈现出演绎倾向和算法倾向交替式发展的态势。例如,公元前 300 年前后,古巴比伦和古埃及式的原始经验算法被希腊式的演绎几何所接替;在中世纪,希腊数学则让位于以算法为主导的中国、印度与阿拉伯数学;17、18 世纪是无穷小算法的黄金时期;19 世纪以后,演绎数学又在更高的水准上飞速发展起来。这标志着数学的发展是算法螺旋式上升的。同时,在数学发展的历程中,重大数学真理的发现往往是寻求新算法的结果,微积分的产生就是最具有说服力的例子,并且算法的创造又构成演绎推理的基础。如果没有那些计算面积、体积的古巴比伦和埃及算法,就不可能发展出希腊几何;如果没有从开普勒、费马到牛顿、莱布尼兹的无穷小算法,就不可能有严格的现代分析学。

李文林说:"微积分的产生是寻找解决一系列实际问题的普遍算法的结果。这些问题包括:求瞬时变化率问题;求任意曲线的切线问题;求函数极大值、极小值问题;以及求面积、体积、曲线长、重心和引力计算问题。"探究这些问题的一般性算法成为 17 世纪数学研究的热点。牛顿和莱布尼兹创建了两种算法,即"微分和积分"来解决这一系列问题。笛卡儿对希腊人的几何过于抽象且过多依赖图形感到不满,创立了一个宏伟的计划,试图给出解决所有几何问题的一般性算法,即将一切问题转化为数学问题,数学问题转化为代数问题,而一切代数问题都归结为单个代数方程的求解问题。为了寻求能够把代数应用到几何中去的新方法,笛卡尔在《几何学》中首先引入代数运算,并建立了坐标系,这样就使得几何问题可以用代数方法来处理,以至可以避免欧几里得那种几何综合证法所需要的高度技巧,迈出了几何定理机械化证明的第一步。笛卡尔解析几何的基本思想显然就是算法思想的体现。

我国古代数学与希腊古典数学不同,不是以证明为中心,而是以创造算法

---

① 鲍建生,周超.数学学习的心理基础与过程[M].上海:上海教育出版社,2009:257.

为主线。尤其是各种解方程的算法,例如,我国古代数学家创造了解决线性方程组、高次多项式方程、不定方程等一系列先进的算法,用这些算法去求解相应类型的代数方程,促进了相关学科的发展,解决了很多实际问题。因此,中国古代数学具有明显的算法化、机械化的特征,是数学历史发展的另一支。

随着科学技术的迅猛发展和信息化时代的到来,各行各业越来越依赖计算机来完成,但是计算机毕竟和人脑有着本质的区别,它是机械的、不会思维的,在没输入指令的情况下,不能进行任何判断。算法是连接人和计算机的纽带,人的思维过程、判断过程都可以通过算法体现出来,并作为指令输入给计算机去完成。李国杰院士指出:"软件的核心是算法(不是编程技巧)……算法设计是人类智慧的结晶,计算机科学中的知识创新主要是算法的创新,创建一种新算法其意义不亚于建造一种新机型。……严格说来,不讲算法,计算机科学就无从说起。"总之,寻求解决问题新的算法是推动数学发展的重要力量。算法进入中学数学课程,既有利于继承和发扬我国古代数学的精华,又有利于适应现代信息化社会的需要,也是数学课程中培养学生创新能力的重要题材。

在《数学课程标准》第三部分"内容标准"中指出:算法是一个全新的课题,已经成为计算科学的重要基础,它在科学技术和社会发展中起着越来越重要的作用。算法的思想和初步知识,也正在被普通公民接受。在必修课程中将学习算法的基本思想和初步知识,算法思想将贯穿中小学数学课程的相关部分。并在第四部分"实施建议"中进一步指出:算法作为中小学数学的一种基础知识和基本思想应该贯穿于中小学数学教学的始终。其中,在选修的课程内容——系列 1 的"框图"、系列 3 的"数学史选讲"和"信息安全与密码"、系列 4 的"数列与差分""初等数论初步""统筹法与图论初步"中都渗透有算法思想。也就是说,算法思想已成为我国中小学数学课程内容构建的基本线索之一。

中学数学课程中算法教学是具有发展性、前沿性、综合应用性的教学,其基本教学模式是:选择案例→分析问题→创设算法→演示结果。因此,教师熟练掌握算法,有助于提高教师算法设计和实践能力;有助于从不同的视角审视数学发展规律和教学问题;有助于更好地梳理和整体把握学科知识,从而也能更好地利用数学知识脉络,开拓学生更广泛的数学视野。

虽然在以前我国的基础教育各阶段的数学教学大纲中都没有明确提到算法,但是算法在小学与中学的数学课程中却处处可见。从小学的加减乘除的四则运算、乘法口诀、珠算口诀,到中学一元二次方程的求根公式、解分式方程、求面积和体积的公式等等,这些都属于算法的范畴。在实际教学过程中,教师既要按照算法法则进行逻辑推理,又要正确把握相应的算理,构造、设计、选择一个合理的算法,提高算法教学效率。

我们以函数与算法的关系来说,循环变量体现了函数的思想。在算法中,最基本和重要的结构之一是循环结构。循环结构是通过给循环变量赋值来实现循环的,给循环变量每赋一次值,就执行一次循环。循环变量使得循环体得以"循环",循环变量控制了循环的"开始"和"结束",我们把循环变量看作"运算次数"的函数。再以运算与算法的关系来说,运算是算法的基本要素(主要包括:算术运算、逻辑运算、关系运算、函数运算等)。算法的设计要以运算和运算规律为依据,运用各种运算和运算规律对于理解算法、选择算法、优化算法具有重要指导作用。

总之,在中学课程中,函数与方程、数列、不等式、线性规划、算法、导数及其应用,包括概率统计中的随机变量等,以及选修系列 3、4 中的大部分专题内容,都有着密切的联系。用函数(映射)的思想去理解这些内容,是非常重要的一个出发点。反过来,通过这些内容的学习,可以加深对于函数思想的认识。实际上,在整个中学数学课程中,都需要不断地体会、理解"函数思想"给我们带来的"好处"。

算法之所以能够成为数学教学的主线,是因为其中深藏深刻、严密的算理,将原理、思想、方法融于一体。算法是数学与计算机科学之间的天然桥梁,在培养学生的宏观思维、实践能力和应用意识等方面具有不可替代的作用。算法既重视"算则",更重视"算理"。[1] 设计算法是在不断地感知、观察、抽象、归纳基础上的一个精确化、条理化、逻辑化的思维过程,有利于培养学生的理性思维和实践能力。因此,培养学生数学素养不仅可以通过抽象、归纳和演绎推理等手段来进行,还可以通过算法的学习来促进学生思维的灵活性、敏锐性和深刻性。

我们通过算法教学,把数学学科的教与学的过程当作重要目标之一,避免你问我答式的被动学习,使学生树立正确的数学态度,激发学生学习数学的兴趣,为学习数学提供思考的工具和方法,拓宽学生数学问题解决的途径,形成科技意识,使学生终身受益。

---

① 廖荣贵,等.数据结构与算法[M].北京:清华大学出版社,2004:39.

总之,算法是中小学数学课程中的新内容,在数学中的算法与计算机技术之间建立起联系,丰富了我们的语言系统,成为数学教与学的主线之一。算法思想是非常重要的,它对于培养学生的创新能力、促进教师专业发展和提高学生数学素养具有长远的促进作用。在实际教学过程中,结合具体案例,让学生通过模仿、操作、探究等方式学习设计流程图表达解决问题的过程,使学生感受算法思想,体验流程图在解决问题中的应用价值,体会算法的基本思想以及理解算法的重要性和有效性,促进学生思维能力、实践能力和创新能力的不断发展。

以上十个核心概念的理解水平即是数学教师专业素养发展的基础。张奠宙教授指出:数学教育,自然是以"数学内容"为核心。① 然而,数学内容的核心要素就是概念和关系,概念的形成和关系的疏通都具有层次性。教师在具体教学内容设计过程中,要关注各阶段的理解水平。依据布鲁姆分类、SOLO 分类、加涅学习阶段和范希尔理论,我们认为,数学理解是具有阶段性的,是有一种合理的循环次序存在,这是由数学学科的抽象性、逻辑性、应用性等特性和理解者内在心理活动、具体的学科内容、所处的客观环境与心理环境所决定的。以数学实例来讲,是以已有实例、正反实例、典型实例、自编实例、概括性实例等不同层次的例子为思维载体,展示抽象过程、逻辑关系、应用价值、分析特征等不同方面特点,才能够让学习者加深理解,逐步提高认知水平。皮瑞－基伦(Pirie & Kieren)的关于理解的理论模型②(图 2－18 所示),非常直观地说明了理解形成过程的层次性。

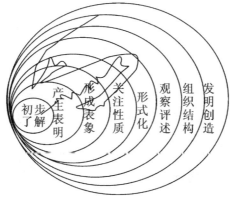

图 2－18　皮瑞－基伦理解模型

---

① 张奠宙.当心"去数学化"[J].数学教学,2005(6):14－22.
② 鲍健生,周超.数学学习的心理基础与过程[M].上海:上海教育出版社,2009:131.

# 2.3　数学思想与方法

数学教育是一项传承与发展数学思想、数学文化的精神活动。而数学思想与方法是义务教育阶段数学课程中的一种基本线索,是义务教育数学课程的四个基本内容(即基础知识、基本技能、基本思想与方法、基本活动经验)之一,成为义务教育阶段数学课程教学的核心。作为数学教师,要通过人类创造的数学历史和逻辑、数学思想和精华,以符合时代发展的方式把知识再现给学生,提高学生思维水平,培养学生创新精神和实践能力,让他们真正懂得数学的思想价值、科学价值、应用价值、人文价值和美学价值,形成良好的个性品质和观念,使学生的整体数学素养得到提升。因此,在中学数学教师教育或培训过程中,要注重研究数学概念和知识体系、数学思想与方法的起源和发展及其与社会、政治、经济和一般文化的联系;要学会用动态、静态的视角考察数学产生和发展过程的学科特征与认知特征;培养方案要在着重分析数学思想与方法演变规律的基础上,力求设计出融史料、思想、方法、哲学于一体的教学活动模式。这将对数学教育发展以及培养学生数学素养产生重大推动作用。

数学思想是人们对数学理论和内容经过演绎、归纳后产生的本质的深刻认识。

数学思想可分为量和质两个方面。从量方面讲有宏观、中观和微观。宏观包括数学观、数学在科学中的文化地位、数学方法的认识论、方法论价值等;中观包括关于数学内部各个部门之间的分野与合流的原因与后果,各个分支发展过程中积淀下来的内容上的对立与统一的相克相生关系等;微观包括各个分支及对各种体系结构中特定内容和方法的认识,包括对所创立的新概念、新模型、新方法和新理论的认识。

## 2.3.1　数学思想及其分类

思想是客观存在和主观存在反映在人的头脑中,经过思维活动而产生的结果,思想有科学的也有非科学的,有唯物的也有唯心的;思路是思维活动的线索,以串联、并联或网络方式出现的思想和方法的载体;思考是进行比较深刻、广泛的思维活动。

数学思想是数学的灵魂,是对数学理论和内容经过演绎、归纳后产生的本质的认识,是数学思维方法与实践方法的概括,它蕴涵在数学知识发生、发展和应用的过程中,是人类智慧的结晶;数学知识是数学思想的载体;数学方法是数学思想的具体化形式和解决问题的手段、途径中所包含的可操作的规则或模式。数学思想指导着数学教育教学、应用、科研的理念和行为。数学思想发展过程是人类科学思想方法和创新、创造精神对现实世界进行的高层次建模活动的结果和过程。数学思想是数学知识与方法的精髓,是数学发展的内在动力,是知识化为能力的桥梁,是学生形成认知结构的纽带,是培养数学观念,促成创造思维的关键,将使学生终身受益。数学教学内容可分为:外显知识,即概念、性质、法则、公式、公理、定理等数学的基本知识和基本技能;内化知识,即以数学思想和数学方法为核心的数学素养。在平时的数学教学中,教师必须重视数学思想与方法的挖掘、提炼和研究,加强数学思想与方法的指导,加快学生数学思想、能力的形成和数学意识的发展,有意识地把数学教学过程转变为数学思维活动的过程,增强解题的交互性,不断强化训练思想与方法,形成应用思想与方法探索问题和制定解答策略的良好习惯。数学思想与方法的形成是提高数学能力的关键,只有抓住了这个关键,才能从根本上提升学生分析问题和解决问题的能力,使数学真正成为学生解决问题的工具。

数学思想与方法,不论在理论研究和实践应用中,还是在学习掌握过程中,总显得比较零乱,需要在教学过程中多次磨炼才能应用发展,使思想方法由隐到显,再到明朗化、深刻化。"物以类聚,人以群分",分类是一种重要的逻辑方法,通过分类研究可以使问题化繁为简,化零乱为条理,化分散为系统。根据数学对象的相同点和相异点,按照分类原则(分类中的每一部分是相互独立的;一次分类按一个标准;分类讨论应逐级进行)对数学思想与方法进行合理分类,可以加深对基础知识的理解,提高数学教育规律的理性认识,揭示知识的产生、发展过程。

史宁中教授认为:"数学的基本思想不是解题的思想,也不是学习的思想,而是指数学发展所依赖、所依靠的思想。迄今为止,数学发展所依赖的思想在本质上有三个:抽象思想、推理思想、建模思想,其中抽象思想是核心。通过抽象得到研究的对象和运算法则,通过推理得到数学的发展,然后通过模型建立数学与外部世界的联系。"

### 1. 数学抽象思想

关于数学抽象思想,史宁中教授指出,数学本质上研究的是抽象了的东西,所谓抽象了的东西是指脱离了具体内容的形式和关系,是来源于人的经验的。就抽象的功能而言,有两个:一个是抽象出数学研究的对象;另一个是抽象出数学运算法则。按照抽象的深度不同可分为三个层次:(1)把握事物的本质,把问题简单化、条理化,能够清晰地表达,称其为简约阶段;(2)去掉具体内容,利用概念、图形、符号、关系表述包括已经简约化了的事物在内的一类事物,称其为符号阶段;(3)通过假设和推理建立法则、模式或者模型,并能够在一般的意义上解释具体事物,称其为普适阶段。

例如:转化思想本质上隶属于数学抽象思想。

转化思想是对所要解决的或研究的问题,在进行全面、认真观察的基础上展开丰富的联想,以求唤起对有关旧数学知识的回忆,开启数学思维的大门。转化思想遵循熟悉化、简单化、直观化、标准化原则,把未知问题转化为已知知识范围内的问题;把不熟悉、不规范、复杂烦琐的问题转化为熟悉、规范的问题或模式化、简单化的问题;把多元或多维问题转化为一元或一维问题;把动态问题转化为静态问题;把具体、直观问题转化为抽象问题,或抽象问题转化为具体、直观问题;把自然语言转化为数学语言(符号语言、图形语言),或数学语言内部系统的语言转化等的一种重要数学思想。现代的三角函数、几何变换、因式分解、解析几何、微积分,乃至古代数学的尺规作图等数学理论无不渗透着转化的思想。常见的转化方式有一般特殊转化、等价转化、复杂简单转化、数形转化、构造转化、联想转化、类比转化等。著名数学家 C. A. 雅洁卡娅曾提出:"解题就是把要解的题转化为已经解过的题。"在数学教学过程中,转化思想无处不见,具有灵活性和多样性,但要注意实施等价转化时确保其等价性,实施非等价转化时确保其逻辑上的正确性。数学转化思想对培养学生灵活、多样的联想能力、应变能力,提高学生解决问题的技能技巧有着深远影响和作用。

而数形结合思想隶属于转化思想,是指使抽象思维和形象思维相互作用,实现数量关系和图形性质的相互转化,将抽象的数量关系和直观的图形相结合,通过"以形助数"或"以数解形"使复杂问题简单化、抽象问题具体化,从而起到优化数学问题研究过程的作用。

### 2. 推理思想

推理思想包括归纳推理和演绎推理思想。

归纳推理是指由某一类事物的部分元素具有某些特征,推出该类事物的全部元素都具有这些特征的推理,或者由个别事实概括出一般结论的推理称为归纳推理(简称归纳)。简言之,归纳推理是由部分到整体、由个别到一般的推理。根据考察对象范围的不同,把归纳推理分为完全归纳推理和不完全归纳推理。完全归纳推理考察了某类事物的全部元素,不完全归纳推理则仅仅考察了某类事物的部分元素。为进一步根据前提是否揭示元素与其属性间的因果联系,把不完全归纳推理分为简单枚举归纳推理和科学归纳推理。

演绎推理是指由一般到特殊的推理,即由一般性知识推出关于特殊性的知识。这里所说的一般和特殊都是相对而言的。演绎推理全部都是必然性推理,主要的形式是三段论。三段论是由两个前提和一个结论组成,大前提是一般原理(规律),即抽象得出一般性、统一性的成果,小前提是指个别对象,这是从一般到个别、规律到现象,然后得出结论的推理。

归纳推理和演绎推理的关系可以从以下不同的方面理解。

(1)二者的区别。首先,从思考问题的方式看,归纳推理是从个别性知识的前提到一般性知识的结论;而演绎推理既不是从个别性知识的前提到一般性知识的结论,也不仅仅是从一般性知识的前提到个别性知识的结论,演绎推理可以从一般性知识的前提推理到一般性知识的结论。其次,从前提与结论联系的性质来看,演绎推理的结论不超出前提所断定的范围,其前提和结论之间的联系是必然的,即其前提真而结论假是不可能的。一个演绎推理只要前提是真实并且推理形式正确,那么,其结论就必然真实。而归纳推理除了完全归纳推理前提与结论间的联系是必然的外,其结论却超出了前提所断定的范围,其前提和结论之间的联系不是必然的,而只具有或然性,即其前提真而结论假是有可能的。

(2)二者的联系。归纳推理与演绎推理虽有上述区别,但是两者之间有紧密的联系,互相依赖,互为补充。若演绎推理要以一般性知识为前提,则通常要依赖归纳推理来提供一般性知识。归纳推理离不开演绎推理:首先,要想提高归纳推理的可靠程度,就需要运用已有的理论知识,对归纳推理的个别性前提进行分析,把握其中的因果性、必然性,这就要用到演绎推理;其次,归纳推理依靠演绎推理来验证自己的结论。

例如:数学分类讨论思想是隶属于数学推理思想。

数学分类讨论思想是指研究数学问题时所给的对象不能进行统一处理,一般表现为结论不唯一,有时会有多种复杂情况,因而对已知条件、运算过程或结论加以分类,并逐类求解,然后综合求解的思想,是一种逻辑方法。分类讨论是一种逻辑方法,具有明显的逻辑性、综合性、探索性,能训练人的思维条理性和概括性。在数学基本内容中,某些概念、定理、性质、法则、公式是分类定义或分类给出的,在利用它们解决实际问题时要进行分类讨论。

在参数函数、参数方程、参数不等式等相关问题的解题或研究过程中,由于参数值的不确定性而导致结果的多样性,因而也要进行分类讨论。

在研究图形或图像有关问题时,由于图形或图像位置、形状等因素的不确定而导致结果有多种可能,因而也要对各种情况分别进行讨论。

尤其是,例如排列组合等问题几乎都依靠分类讨论思想来解决。树立划分意识,训练思维的严谨性,才能保证解题的正确与完整。

分类讨论的一般步骤是:(1)确定讨论对象;(2)确定分类标准;(3)进行合理分类;(4)逐类讨论;(5)归纳总结→明确讨论对象,确定对象的全体→正确进行分类→逐步进行讨论,获取阶段性结果→归纳小结,综合得出结论。

分类讨论应遵循的原则是:分类的对象是确定的,标准是统一的,不遗漏、不重复、分层次,不越级讨论。

又例如:数学整体思想是隶属于数学推理思想的。

研究某些数学问题时,从问题的局部出发,将问题分解成几个简单的小问题来解决,但有时会出现运算太麻烦,甚至无法进行下去的情况。这就需要从所要研究问题的整体性质出发,突出对问题的整体结构的分析和改造,发现问题的整体结构特征,善于用“集成”的眼光,把某些算式或图形看成一个整体,把握它们之间的关联,进行有目的、有意识的整体处理,从而有利于问题的解决,这种探究问题的思想称为整体思想。在代数式的化简与求值、解方程(组)、几何解证等方面都有广泛的应用,整体代入、叠加叠乘处理、整体运算、整体设元、整体处理、几何中的补形等等方面,都是整体思想方法在解决数学问题中的具体运用。

### 3. 建模思想

数学模型,是指对现实生活与实践中发现的问题,通过观察、测量或实验等手段,在清楚了解的前提下所作的一种抽象化、符号化、简化的数学结构。建立数学模型的过程称之为数学建模。数学建模的一般步骤是:发现问题→观察、测量或实验确定变量和参数(数据)→建立数学模型→求解、验证→实践找出误差时修正模型应用。在建模过程中,注意其科学性、逻辑性、客观性和可重复性。数学建模思想的教学渗透不仅仅是高等教育问题,在中小学里逐步进行有关数学建模思想的渗透更是符合当前素质教育和新课程标准教学改革的需要。

例如:函数与方程思想是隶属于数学建模思想。

函数是初等数学和高等数学研究的主线,它用联系和运动、变化的观点研究、描述客观世界中相互关联的量之间的依存关系,从而形成变量数学的一大重要基础和分支。函数思想,是指用联系变化的观点分析问题,通过函数的形式把问题中的数量关系表示出来,建立函数关系型的数学模型,运用函数的概念、图像、性质等去分析问题、转化问题和解决问题,使问题获得解决的数学思想。函数思想体现了"联系和变化"的辩证唯物主义观点,是常量数学转入变量数学的枢纽,贯穿于整个初等数学和高等数学过程,蕴含于数学理论与实际问题应用的每一领域的数学思想。函数思想的核心是"变化"。

方程思想,是从问题的数量关系入手,运用数学语言将问题中的条件转化为数学模型(方程、不等式或方程与不等式的混合组),然后通过解方程(组)或不等式(组)来使问题获解。比如:笛卡尔的方程思想是实际问题→数学问题→代数问题→方程问题。列方程、解方程和研究方程的特性,都是应用方程思想时需要重点考虑的。方程思想的核心是"度量"。

在实际应用中,善于挖掘问题中的隐含条件,构造出函数解析式,函数的性质是应用函数思想的关键。对所给的问题分析得比较深入时,才能产生由此及彼的联系,构造出函数。有时,还可以利用函数与方程的互相转化、接轨,达到解决问题的目的。另外,方程问题、不等式问题和某些代数问题也可以转化为与其相关的函数问题,即用函数思想解答非函数问题。函数知识涉及的知识点方面广,在概念性、应用性、理解性方面都有很高的的要求,是培养各类人才数学素养的重要主线,所以是数学教学的重点。

总之,数学教学思想整体上分为以上三大类,其他数学思想理应隶属于其中之一。

## 2.3.2　数学方法及其分类

有人说"方法"一词来源于希腊文,含有"沿着"和"道路"的意思,表示人们活动所选择的正确途径或道路。"方法"一词在我国不仅使用的早,而且与希腊文"方法"一词含义也一致。他们说"方法",就是"行事之条理也"①。"法者,妙事之迹也。"②把方法看成是人们巧妙办事或有效办事应遵循的条理或轨迹、途径、线路或路线,是十分正确的。

方法虽然也被人们称为活动的手段,但它不是物化了的手段,是人类认识客观世界和改造客观世界应遵循的某种方式、途径和程序的总和。黑格尔认为,方法就是工具,是主观方面的某个手段,主观方面通过这个手段和客体发生关系。英国哲学家培根认为,方法是"心的工具",他论述方法的著作就命名为《新工具》,认为方法是在黑暗中照亮道路的明灯,是条条蹊径中的路标,它的作用在于能给理智提供暗示或警告。

方法:是指个体认识世界和改造世界的活动过程中所选择的巧妙或有效办事应遵循的条理、方式、程序、路径(途径)、手段的一种组合工具。

个体:具有思维的动物;

世界:主观世界与客观世界;

活动:心理活动与物理活动。

方法论:人类以已有的认知为基础,从宏观与微观两种视角,对"客观事物和主观世界"的存在方式和相互关系进行观察、实践、思考或实验所形成的基本观点为指导去认识其本源,寻求改造的方式、途径或手段的一般方法的理论体系称之为方法论。

笛卡儿哲学名著《方法论》(1637 年),当时在欧洲极有影响力,书中提出,研究问题的方法主要有以下四个特征:

(1)质疑,即怀疑一切。尽可能地避免鲁莽和偏见,不崇拜权威,不相信或不接受自己没有确认或清晰认知的结论与观点。例如,亚里士多德认为:女人比男人少两颗牙齿。但是,这个结论是错的。

(2)简化,即复杂问题分解为若干个简单问题并逐次解决。

(3)程序,即将要想解决的问题按照一定的逻辑关系进行排序,然后从最简单的问题开始着手解决。

---

① 中文大辞典编纂委员会.中文大辞典:第 15 册[M].台北:中国文化学院出版部,1968:230.

② 中文大辞典编纂委员会.中文大辞典:第 19 册[M].台北:中国文化学院出版部,1968:115.

(4)检验,即将若干个简单问题结论整合起来再进行检验其正确性和完整性。

20 世纪 60 年代之前,西方科学研究的方法基本上是笛卡儿的方法论,对西方近代科学的发展起了极大的促进作用。例如,笛卡儿坐标系,对牛顿和莱布尼茨创立微积分理论有很大的作用。直到阿波罗号登月工程的出现,人们才发现,有些复杂问题无法分解,必须以复杂的方法来对待,由此导致系统工程的出现,方法论的方法才第一次被综合性的方法所取代。系统工程的出现对许多大规模的西方传统科学起了很强的促进作用,如环境科学、气象学、生物学、人工智能等等。

关于数学方法论的研究,早在 17 世纪就已开始。著名的数学家笛卡尔、莱布尼兹、欧拉、庞加莱、高斯、希尔伯特等人为数学方法论研究奠定了基础,发表过许多精辟的见解。但是,近几十年才开始系统地研究数学方法论,领头人是美国数学教育家乔治·波利亚(George Polya,1887—1985)。

我国著名数学家、数学方法论的倡导者和学科带头人徐利治先生指出,方法论就是把某种共同的发展规律和研究方法作为讨论对象的一门学问。他正式提出"数学方法论"这一名称并使其成为一门独立的学科,迄今只有二十余年。

数学方法论是主要研究和探讨数学或数学各分支的发展规律、数学思想与方法以及数学中的发现、发明与创新等法则与规则的一门学问。数学科学和数学史料是数学方法论的源泉,同时,数学方法论还涉及哲学、思维科学、心理学、一般科学方法论(观察、比较、归纳、假设实验、调查分析)、系统科学等众多的领域。信息论、控制论、认知科学和人工智能的最新研究成果相继被引进数学方法论的领域。数学方法依据其研究对象可分为数学宏观方法和数学微观方法。

1)数学宏观方法论

整体(或宏观)的视角研究数学的产生、形成和发展的规律,数学理论的构造,以及数学与其他科学之间的关系。研究对象主要是数学文化与史料和数学理论体系。数学宏观方法论脱离具体的学科内容,例如,数学宏观方法内容涉及:利用有限去研究无限、离散去研究连续、简单去研究复杂、抽象去研究具体、概念去研究关系等。

2）数学微观方法论

局部（或微观）的视角研究一些比较具体的发现问题、提出问题、分析问题与解决问题的数学方法。研究对象主要有：以学科内容为载体的数学思维方式、解题心理和推理方法等。例如，演绎法、抽象法、模型法、变换法、无穷小方法、构造法、分析法、综合法、反证法、归纳法、数学归纳法、穷举法、消元法、降次法、向量法、数形结合法、分类讨论法、转化法、比较法、放缩法、配方法、待定系数法、拆项补项法、导数法、参数法、有界性法、斜率法、单调性法、错位相减法、倒序相加法、迭代法、穿针法、十字相乘法、极限法、概率法、隔板法、捆绑法、累加法、递归法、观察法、反函数法等。

### 2.3.3　数学思想、方法与知识之关系

数学是大自然的一种语言，是表现现实世界的空间形式与数量关系的科学。数学知识是数学思想方法的载体，数学思想与方法是数学思维方法与实践方法的概括，又是数学知识的精髓。在数学知识产生、发展以及应用的历程中，蕴涵着丰富而鲜活的文化基因，这是数学发展的内在动力，提升学生文化素养的宝贵资源，是将知识化为能力的桥梁，也是促成创造思维的关键。通过数学思想渗透教育之中，把人类创造的数学文化的精华以及创造的历史和逻辑，以符合人类认知发展规律的方式再现给学生，使学生懂得数学的文化价值，继承和发展人类创造的数学文明是我们数学教育工作者义不容辞的责任。基于数学认知形成观，下面以"RMI 原则——关系映射反演法"①为例加以说明数学思想、方法、知识之间的关系问题。

#### 1.基本概念

关系（relationship）映射（mapping）反演（inversion）方法，即关系映射反演法（简称 RMI 方法）的基本思想是转换思想，就是把一种待解决或未解决的问题，通过某种转化过程，归结到一类已经解决或比较容易解决的问题中去，最终求得原问题的解答。关系映射反演法是在这一转换思想指导下处理数学问题的一种具体手段与方式。

定义1：关系是指事物之间相互作用、相互影响的状态。设 $A$ 和 $B$ 是两个集

---

① 徐利治.论数学方法学［M］.济南：山东教育出版社,20019:237－270.

合,当 $a\in A,b\in B$ 时,有序对 $(a,b)$ 的全体组成的集合称为 $A$ 和 $B$ 的笛卡尔积集(简称笛卡尔积或积集),记为 $A\times B$,即 $A\times B=\{(a,b)\mid a\in A,b\in B\}$。

定义 2:映射是指一种对应关系。设 $A$ 和 $B$ 是两个集合,若按照某一种对应法则 $f$,集合 $A$ 中的每一个元素在集合 $B$ 中都存在唯一一个元素与它对应,则这个对应法则 $f$ 叫作从集合 $A$ 到集合 $B$ 的映射,记作 $f:A\rightarrow B$。如果给定一个集合 $A$ 到集合 $B$ 的映射 $F:A\rightarrow B$,那么,和 $A$ 中的元素 $a$ 对应的 $B$ 中的元素 $b$ 叫作 $a$ 的象,$a$ 叫作 $b$ 的原象。对于映射 $f:A\rightarrow B$,若集合 $B$ 中的每一个元素都有原象且不同元素的原象也不相等,则这个映射叫作一一映射。

定义 3:一般地,设 $f:A\rightarrow B$ 是集合 $A$ 到集合 $B$ 上的一一映射,如果对于 $B$ 中的每一个元素 $b$ 在 $A$ 中的原象 $a$ 和它对应,这样得到的映射叫作映射的反演或逆映射,记作 $f^{-1}:B\rightarrow A.$

数学中的 RMI 原则的内容是:设 $D$ 为含有目标原象 $x$ 的、具有某种关系结构的集,若在 $D$ 中直接求 $x$ 有困难,可建立满足以下两个条件的可逆映射 $\psi$:①$D$ 在 $\psi$ 下的象 $\psi(D)$ 包含于另一个具有关系结构的集 $D^*$;②$D^*$ 中可以较容易地确定目标映象 $x^*=\psi(x)$,然而可以通过反演 $\psi^{-1}$ 来确定 $x$,即 $x=\psi^{-1}(x^*)$。其步骤概括如下:关系→映射→定映→反演→得解。(如图 2–19 所示)

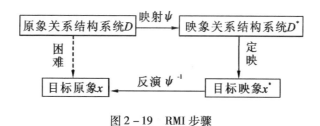

图 2–19　RMI 步骤

### 2.基本方法

关系映射反演法是一种高层次的数学方法,是分析处理数学问题的一种普遍方法,在数学发现、解题、论证和应用中有着多方面的作用。在实际应用中,RMI 方法可以细化为数学模型法、构造法、换元法、解析法、复数法、图解法、三角法等方法(如图 2–20 所示)。

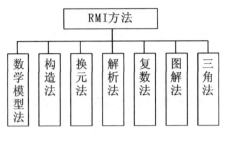

图 2-20　RMI 方法

1）数学模型法

从广义上说,数学中各种基本概念、各种公式、定理以及各种算法系统都可称之为数学模型。在一定条件下,利用概念、公式和定理解决实际问题的思维过程也可以看作是 RMI 原理的一种应用。

2）构造法

通过对条件和结论的分析,构造辅助元素,它可以是一个图形、一个函数、一个方程、一个复数、一个向量、一个等价命题等,架起一座连接条件和结论的桥梁,从而使问题得以解决,这种解题方法称之为构造法。运用构造法解题,可以使代数、三角、几何等各种数学知识互相渗透,有利于问题的解决。构造法作为一种数学方法,不同于一般的逻辑方法,它属于 RMI 原理的一种具体解题方法。

3）换元法

换元法又称为变量代换法或设辅助未知数法。

4）解析法

通过坐标系的建立,使形与数之间对应,把几何问题映射为代数问题,用代数方法求解,再通过反演,求得几何问题的解决,这种解题方法就是我们大家熟悉的解析法。用解析法解几何问题的思维过程就是 RMI 原理的一个具体应用,笛卡尔正是用此原理创立了解析几何。

5）复数法

运用复数知识解答数学问题的方法称为复数法。在初中数学解题中,用复数作为工具来解决某些代数、三角与几何问题有时很方便。这种方法的主要思想是将问题通过映射变为复数问题,再根据题目的需要,通过相应的复数运算及推理,求得结果,最后通过反演求得原问题的解。所以,复数法的解题思想也是 RMI 原理的一种具体解题方法。

6)图解法

有些非几何问题,可根据条件中的数量关系的几何意义构造图形,使得题目中的条件和结论之关系更直观、更清楚,利用几何图形的性质简化问题,寻求问题的解决。有些代数问题可以根据给出条件的特点,寻求它的几何解释,再利用几何图形的直观及有关定理来求得代数问题的解决,这样,构造图形法也是 RMI 原理的一种具体应用。

7)三角法

运用三角知识解答数学问题的方法称为三角法。解代数问题主要是用三角换元法,而解几何问题主要是用三角函数定义、公式和重要定理,把几何问题转化为三角问题,从而通过三角函数的运算,来完成几何问题。这种解题方法也是采用了 RMI 原理。

尽管我们在数学教育教学过程中都不同程度地渗透或利用数学思想与方法,但是理解深度、广度和正确性等方面存在一些问题。因此,教师要立足已有的数学学习经历和数学教学经历学习本章内容,以数学知识为载体,充分利用生活中的案例和数学案例,全面理解数学思想与方法。为此,建议学习者在学习时关注以下三个方面:

首先应正确理解数学知识、思想与方法之间的关系。无论是新知识的引入和理解,还是巩固和应用,尤其是知识的复习和整理,都要从知识背景出发,灵活处理它们之间的关系。

其次要重视数学思想的挖掘和渗透。由于数学思想是对数学的本质的认识,因而数学思想是数学知识结构建立的基础。

最后要注重数学方法的明晰教学。数学方法作为解决问题的手段,是建立数学知识结构的桥梁。

数学不仅是研究客观事物的空间形式与数量关系的科学,又是用自然语言、符号语言与图表语言描述事物关系的哲学体系,还是形式化方式方法寻求自然规律的方法系统。在数学思想发生、发展以及应用的进程中,蕴涵着丰富而鲜活的文化基因,这是数学发展的内在动力,是提升学生文化素养的宝贵资源,是知识化为能力的桥梁,是促成创新思维的关键。通过渗透数学思想的教育过程,把人类创造的数学文化的精华,以符合人类认知发展规律的方式再现给学生,使学生懂得数学的文化价值,并理解相关的数学历史与知识。继承和发展人类创造的数学文明,是我们数学教育工作者义不容辞的责任。在数学教学过程中渗透数学思想的好处有:

第一,在数学教育教学过程中渗透数学思想有利于养成学生的学习兴趣与习惯。

第二,在数学教育教学过程中渗透数学思想有利于提高学生掌握知识技能的深度和广度。

第三,在数学教育教学过程中渗透数学思想有利于锻炼学生思维品质,促长创新意识。

第四,在数学教育教学过程中渗透数学思想有利于学生树立正确的人生观、价值观、世界观。

第五,在数学教育教学过程中渗透数学思想有利于提升学生文化素养和综合素质。

第六,在数学教育教学过程中渗透数学思想有利于学生身心健康发展,培养数学智慧。

总而言之,数学思想以怎样一种形态存在于人脑是很重要的一件事情,是以知识记忆还是内化并能够引领思维方法,抑或能够灵活运用并上升为数学素养,这些都是值得研究与探讨的。

## 2.4 数学思维与能力

"解决问题的思路是怎么想到的",这是教师在教学过程中需要认真回答的,攸关着学生独立思维能力和创新思维能力的培养。

思维是多种学科的研究对象,包含着广泛的心理活动。在心理学中,思维(thinking)是指在超出现实的情境下分析有关条件以求得问题解决的高级认知过程,是指运用观念、表象、符号、语词、命题、记忆、概念、信念的认知操作或心智操作。思维异于感觉、知觉和记忆之类的低级认知过程,但并非必然发生在低级认知之后,它是相对于低级认知的另一种更为复杂的信息加工过程。在数学思维能力发展的过程中,养成良好的习惯很重要。例如,在观察中进行形象思维,在操作中进行动作思维,在交流中进行联想思维,在探究中进行抽象思维,揭示概念形成过程中的数学思维。教师要结合典型案例,逐步培养学生由正及反、由此及彼的顺向思维和逆向思维习惯。

个体的数学思维差异体现在意识问题、发现问题、提出问题、分析问题和解决问题以及反思问题的过程中,而思维水平体现在对事实的观察、比较、分析、综合、抽象等心智活动的广度、深度、难度和严谨性上。"解决问题"是数学思维的核心,解决问题过程能否达到以简驭繁、易于转化是数学思维的深刻性、敏捷性、灵活性的外在表现,这些思维品质的形成与发展根植于联想思维、发散思维、批判思维之中,从而培养教师从有形中发现无形的洞察能力。教师只有具备良好的数学思维品质,才能增强应变能力、丰富想象力,返璞归真,不断发展学科知识水平,从而解放学生思维禁锢,完善教与学的过程。

### 2.4.1　数学思维及其形成过程

目标和目的是两个不同的概念。数学教育教学的真正目的是:以数学教学内容为目标,培养思维主体的数学素养。形成良好的数学习惯与思维品质的基本路线应是以已有的数学学科认知为基础,从抽象概念的定义出发,以概念理解和问题解决的思想为主线,深入探究概念的来源、抽象、表征、理解、分类、同化、联结、应用等问题,并且通过不断加强问题意识、完善知识结构、熟悉数学方法、培养数学能力、提高思维水平、架构理论体系而发展数学素养,逐步达到直观思维、概念思维和理论思维等三层次的具体目标。

#### 1. 直观思维

思维主体的直觉思维能力的形成与发展,依赖于个体的问题意识、洞察与反思能力、经验积累与专业知识。直观思维,是指把体验与经验因素同数学问题的本质直接联系的个体认知水平,体现了数学思维形式的整体性和综合性,思维过程的简约性和直接性。直觉思维的载体是"个案",包括数学问题的"事实、关系与方法"。(如图 2-21 所示)

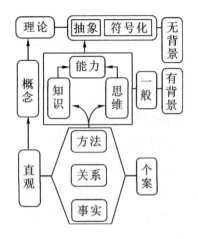

图 2 - 21  数学思维形成的基本模式

**1)事实层面**

在数学教学过程中,普遍存在着一种"问题"的发现、归纳直至提出问题都由教师来完成的现象,学生对于问题是如何提出来的、提出问题的关联、问题意识的差异等关注与探究不深,理解不完整。

"提出问题"是洞察力和想象力等综合能力的集中表现,是主动思维的结果,不能与被牵着鼻子走的"提问"混为一谈。李政道(1926—  )指出:"求学问,需学问;只会答,非学问。"①1938 年,爱因斯坦在《物理学的进化》一文中说:"提出一个问题往往比解决一个问题更为重要,因为解决一个问题也许仅是一个数学上或实验上的技能而已。而提出新的问题、新的可能性,从新的角度会看旧问题,却需要有创造性的想象力,而且标志着科学的真正进步。"②

思维的问题性表现为人们在认识活动中经常意识到一些难以解决的、疑惑的实际问题或理论问题,并产生一种怀疑、困惑、焦虑、探究的心理状态,这种心理又驱使个体积极思维,不断提出问题和解决问题。思维的这种问题性心理品质,称为问题意识。③

问题意识对于人的认知发展具有重要的促进作用。从某种意义上讲,问题

① 朱恒杰.新课程有效教学疑难问题操作性解读:高中数学[M].北京:教育科学出版社,2008:123.

② 爱因斯坦,英费尔德.物理学的进化[M].周肇威,译.北京:中信出版社,2019:90.

③ 姚本先.论学生问题意识的培养[J].教育研究,1995,16(10):40-43.

就是答案。为了便于理解和把握,依据所涉及的内容,把问题意识可分为以下三种:"源"问题意识,是指起源与本质的探究意识;"流"问题意识,是指过程与变化的探究意识;"果"问题意识,是指结果与预测的探究意识。也就是说,在理论探究和实践操作过程中要从源、流、果三个维度思考问题意识的培养。要想了解教师具备怎样的问题意识,只能通过一些具体的行为表现来甄别。我们认为,主要可以通过以下几方面观测或考核教师是否具备问题意识:①是否有依据学习或教学的目标列出所涉及问题纲要的习惯;②是否能针对某一数学概念或知识备有五个以上典型案例;③是否围绕核心概念或单元内容储备有开放题和实践活动方案;④是否能够依据史料和信息资料讲解数学知识背景、应用范围以及故事;⑤是否能够举例说明能解决和未能解决的日常生活问题;⑥参与数学活动或学术活动之前有无准备自己关心的问题的习惯;⑦参与数学活动或学术活动之后有无整理感悟或反思的习惯;⑧是否有问题记录袋,等等。

　　2) 关系层面

　　所谓关系,是指关于事实的记号过渡到关于问题的符号,然后以符号编制的信息网络对数学问题进行分析和推理的心智过程。其中,事实的记号是指关于事实的孤立的一个信息或名称,而问题的符号是指已经认清与其他相关记号之间的相互关联的记号。

　　在现实生活中,人们遇到或提出很多问题,而这些问题不管是怎样一个事实,要想解决必须有一定的条件。也就是说,找到解决问题的相应条件是关键。

　　在数学教学过程中,要解决问题的条件通常是已知的、足够的,但现实生活中并非如此。围绕要解决的问题"收集条件"是一种以问题为主线的探究过程,是解决问题的切入点和突破口,是培养数学教师创新素养的重要环节。教师要能依据已有经验、知识,了解解决问题所需的现有技术与方法,关注事物间横向与纵向关联,区分出问题的内涵与实质,提出正确的问题或假设。也就是说,通常在已有知识技能的基础上,通过理论假设与分析、调查与实验获取解决问题的条件。要想了解教师具备怎样的收集手段、方法和技能,我们只能通过设计一些具体的问题情境来诊断。我们认为可考虑以下几个方面:①提出问题,但没有条件。例如,在只有直尺等简单工具情境下,如何测量电视塔高度(不能爬上去)、江河的宽度(不能蹚过去)等。②条件已知,但问题没有提出。例如,已知两个平行班的多次数学考试成绩,你利用这些数据能做些什么呢? 评价学生,还是评价教师,或者研究发展状况等。③问题提出,但解决此问题的条件不充分,需要补充一些条件。④条件已知,但问题不完整,有多个结论。⑤提出问题和解决问题的条件都不完整或者说不充分。

**3)方法层面**

有了问题和解决问题的相应条件,方法的选择就成为解决问题的突破口。一般而言,所谓方法的选择就是指用什么样的方法最有效、最简单易行,方法或途径的选择依据是什么。

为此,首先要澄清数学方法的含义。数学方法是数学思想的具体化形式,又是解决问题的方式、手段、程序、途径中所包含的可操作的规则或模式。其次是对方法的整体把握。既然是一种选择,则必然有多个被选择的对象,无论从宏观还是微观上来看,有着各种各样的数学方法,教师要有完整的数学方法的知识并且能够从整体上把握这些方法,这样,选择才有灵活性。因而,考察教师对数学方法掌握的情况,要看教师能否解释某一个方法的含义,同时也要看教师是否备有与每一个方法所对应的典型案例。

**2.概念思维**

亚里士多德认为,能够适用于一类物体中的所有成员的名称都是一般概念,这些一般概念是人从感性的经验中通过直观和抽象获得的。概念的逻辑学定义是:概念是反映对象本质属性的思维形式。对象是与自然界、人类社会相关的人和事物及其属性。属性是事物自身的性质和事物之间的关系。本质属性是决定一类事物之所以成为该类事物并使其与其他类事物相区别的属性。[①]概念的心理学定义是:概念是指对某类事物的概括。[②] 由于有了概念,人类的思维才更为抽象,才能摆脱事物中零散的细枝末节的干扰。

概念是数学知识的细胞,是思维的基础。对数学教师而言,由于职前职后通过学习和实践所获得的知识、技能与经验不同,就会对某一概念有不同程度的认识和理解(这些个性化的认识和理解被称为前概念,最早由苏联心理学家维果斯基(Lev Vygotsky,1896—1934)提出)。对数学某一概念的认知与掌握水

---

① 南开大学哲学院逻辑学教研室. 逻辑学基础教程[M]. 天津:南开大学出版社,2014:24.

② SHULMAN L S. Those who understand:knowledge growth in teaching[J]. Educational researcher,1986,15(2):4-14.

平,往往建立在它的前概念基础之上。在实际教学过程中,教师了解学生的学情,是因材施教、提高教学效果的前提。为此,教师要探究生成概念与理解概念的过程,提升概念理解水平,概念的理解依赖具体知识背景。

昌家立(1962— )认为:"所谓知识,就是认识主体以内在认识图式结合同化认识客体而再现出来的或原则上可以再现出来的被观念化被符号化了的有序信息组合。"①舒尔曼在教师知识研究中指出:"学科知识是指在特殊学科中的概念、原则与技能以及这些知识在教师头脑中的结构和数量。"②

所谓数学教师概念思维的知识背景,是指数学学科中的概念、原则、公理与公设、思想方法与技能以及相关知识在教师头脑中的数量和结构。即,围绕概念形成知识结构的过程,如概念来源、形成过程、表征方法、理解维度,同化数学联结概念图应用理论模型。对于概念内涵与外延、形成过程、关系的理解程度是促进教师逻辑思维发展的关键。

教师知识水平的发展是在从具体到抽象和从抽象到具体的螺旋式上升过程中加深理解层次和重塑概念结构的过程,即关于概念的理解是从线性结构到树形结构再到网状结构的认知发展过程。其中,线性结构是指头脑中的关于概念与概念、概念与故事的一对一结构;树形结构是指头脑中的关于概念与概念、概念与故事的一对多结构;网状结构是指头脑中的关于概念与概念、概念与故事的多对多结构。要想了解教师具备怎样的知识水平,可从以下几个方面着手判断:①从知识来源诊断知识水平。②从行动计划诊断知识水平。③从能力表现诊断知识水平。④通过专业知识测试来诊断知识水平。⑤通过观察教师完整的教学活动过程来诊断知识水平。

总之,教师学科知识的深厚、广博程度深刻地影响着教师教学行为,而对教师知识水平的合理评价,对教师专业知识的发展有着导向作用。

### 3. 理论思维

数学教学是提供适宜的数学活动,激活学习者原有数学认知结构,并把新概念经过同化和顺应纳入主体认知结构的过程,也是生动活泼的探究过

---

① 昌家立.试论知识的本质[J].青海社会科学,1995(4):50–55.

② SHULMAN L S. Those who understand:knowledge growth in teaching[J]. Educational researcher,1986,15(2):4–14.

程。建构主义认为:认知结构是主体借助适宜的活动逐渐构建起来并不断内化的概念结构,是知识形成的心理结构,也是知识发展过程中新概念形成的机制。因此,教师在数学教育教学实践中,要以数学活动为主要载体,以数学核心概念为主线,澄清直观与逻辑、分析与构造、具体与抽象、个别与一般的关系,系统整理自身所掌握的数学思想方法与观念、知识与活动经验(包括知识的来龙去脉,形成概念的背景、意义,获取知识的能力和方法等),进而上升为理论层次。

史宁中教授曾说:数学本质上研究的是抽象了的东西,是来源于现实世界。真正的知识是来源于感性的经验,通过直观和抽象而得到的,这种抽象是不能独立于人的思维而存在的①。人的智慧表现在过程中,教师要注重过程的教学,因为它不只要关注知识产生的过程,还要关注学生的思考过程、探究过程,使学生能思考问题,会思考问题。柯朗认为,如果完善的演绎形式是目标,那么,直观和构造就是动力。

基于以上对直观水平和概念水平的认识与观点,我们认为,数学学科知识发展的基本环节就是建立直观、进入概念、形成理论。

首先,从个案出发,认清与个案相关的事实、关系和解决方法,提出问题,收集解决问题所需条件,设计解决问题方案且选择方法,从而建立直观思维;其次,从解决多个个案过程中积累经验,利用概念、图形、符号和关系等描述一类问题,形成认知结构和思维模式,进而培养解决具有现实背景的一般性问题的数学能力;最后,通过理论假设和推理归纳规则与法则,构建思维模式与问题模型,并且能够在无背景的一般意义上解释事物关系的系统,即形成理论。

总之,有效的数学教与学过程,本质上是数学发展史在人们头脑中的缩影,也是不同层次的再探索和再创造的修正过程。数学教师专业素养的提升过程,应以概念的理解和问题的解决为主线,通过深入思考、自主探索、动手实践、合作交流、文本研究等方式不断完善知识结构,提高理论水平,从而成为实质型的研究者,达到教育理想目标,进而实现数学教师专业的可持续发展。

---

① 史宁中.数学思想概论:第 1 辑　数量与数量关系的抽象[M].长春:东北师范大学出版社,2008:1.

### 2.4.2　数学能力及其形成过程

心理学家克鲁切茨基认为:"能力指的是'人的一种个别心理特点,这些特点有利于迅速而容易地掌握特定的活动(如数学活动)——掌握适当的习惯与技能'。"①目前,关于数学能力的观点主要有两种:以克鲁切茨基、庞加莱、阿达玛等人为代表的倾向于"数学能力是一种特殊能力"的观点;而我国学者林崇德、曹才翰、丁尔升等人则倾向于"数学能力是智力的一种概括化形式"的观点。

所谓学科能力,一般是指符合相应的学科活动要求、影响学科活动效果的个性心理特征的总和。它是从事学科活动的基本要素。

从思维方法的角度分析,人的推理能力主要有两种:演绎推理能力和归纳推理能力。所谓演绎推理能力,是指能够熟练使用演绎推理的能力。演绎推理的理论基础是亚里士多德的三段论(即大前提、小前提、结论),是一种由一般到特殊的推理。演绎能力就是依据规定的法则,利用公理、定义和符号进行命题证明或者公式推导的能力。"演绎推理的主要功能在于验证结论,而不在于发现结论。"②但是,我国传统教育中缺失了"从特殊到一般"的推理训练,即从个别现象或事实出发,通过抽象得出共性,归纳出一般化的结论,这种推理能力被称为归纳推理能力。

所谓建模能力,是指能够建立相应的模型解决实际问题的能力。在数学中,建模能力即数学建模能力。这里的数学模型就是利用数学的知识和方法,把实际问题用数学语言抽象、概括、简化所得出的一种数学描述。例如,函数解析式、方程式、图形等。

**现代数学教育理论普遍认为:**数学能力是一种与数学活动有关的特殊的能力,是顺利完成数学活动所具备的并且直接影响其活动效率的一种个性心理特征,它是在数学活动过程中形成和发展起来的,并在这类活动中表现出来的比较稳定的心理特征。③

关于中学数学教师应具备哪些数学能力、如何才能有效提高教师数学能力

---

① 鲍建生,周超.数学学习的心理基础与过程[M].上海:上海教育出版社,2009:29.

② 史宁中,孔凡哲."数学教师的素养"对话录[J].人民教育,2008(21):43.

③ 叶建红.新形势下数学能力及其培养[D].福州:福建师范大学,2003:摘要.

等方面,国内外很多心理学家和数学教育家进行了长期的研究。其中,克鲁切茨基关于学生的数学能力的实验研究影响比较大,他认为数学能力的性质和结构是:①把数学材料形式化;②概括数学材料、发现共同点;③运用数学符号进行运算;④连贯而有节奏的逻辑推理;⑤缩短推理结构进行简洁推理;⑥逆向思维能力;⑦思维的灵活性;⑧数字记忆;⑨空间概念。我国中小学课程标准中提出了五个基本能力,即计算能力、逻辑推理能力、空间想象能力、抽象概括能力、数据处理能力。

史宁中教授高度概括了数学基本能力结构:四能,即发现问题的能力、提出问题的能力、分析问题的能力、解决问题的能力。在这一思想的指导下,我们提出了数学教师应具备十种具体的数学能力,即阅读能力、表征能力、记忆能力、联想能力、观察能力、运算能力、空间想象力、推理能力、抽象能力、数据处理能力。数学"四能"的形成和发展的主要途径是数学思维活动,不同的教学活动过程得到的经验与效果不同,我们只能依据在数学活动中的表象和行为来对数学能力进行评价。然而,无论是基本思想还是基本活动经验,都依赖于坚实的学科基础知识和基本技能。

就学生数学学科能力的培养而言,关键影响因素是数学教师学科能力的形成和发展水平。提升教师学科素养要从简单或特殊开始历练,培养估算、猜想或预测的习惯,对学科知识的本质、思维方法与实践方法进行深入研究,传承数学思想文化并在这一过程中培养数学直观能力。

中学数学教学内容和教学方法研究必须结合学科特点和培养目标,在学科概念和问题的背景、产生与发展过程中渗透数学思维与方式方法,完善学科知识结构,养成积极的思维习惯,用数学眼光去观察所学专业内容的内在关系脉络或发展规律,充分感受"再创造"过程中的美的价值。

学科知识是培养学科能力的载体,只要夯实学科知识才有可能形成学科能力和专业实践能力以及掌握解决实际问题的方式方法,才能够提高专业"嗅觉",使培养创新能力成为可能。据调查研究可知,在中学数学学科教与学过程中所产生的错误或极端行为不一定是观念性问题,更重要的是对数学知识理解不完整或不正确,没能理解知识的本质,具体教学过程中做不到化繁为简、化难为易或适度拓展,因而出现没能够较好地进行内容选择和过程设计,误入枯燥或简单重复旧做法的恶性循环。在数学教师的专业发展中盲目强调所谓"专家"的主观评价理念,忽略了数学知识体系的完整性、学科性、变化性等特点,这也是导致大学教育中学科观培养缺失的一大因素。

总之,所谓有效的数学认知发展过程,本质上就是指学科思想与方法以及知识发展过程在个体脑海中的形成。作为数学教师,应以知识本质的理解和问题解决方法为线索,通过精心探究、广泛调查、科学实验、合作共享、理论研究等途径不断提高学术水平,增强专业实践能力,成为实质型的研究者,从而实现教育理想。

# 2.5　数学素养及其形成过程

## 2.5.1　素质与数学素养

### 1.素质

所谓素质,从字面上分析,素——构成某种事物的基本成分(即元素、要素、素养等),质——事物的基本特征(性质、本质、品质、质量等),素质是指事物本来的性质以及素养、品质和资质。[①]《辞海》的解释是:"素质,是指人的解剖的生理特点,主要是感觉器官和神经系统方面的特点。素质只是人的心理发展的生理条件,不能决定人的心理的内容和发展水平。人的心理来源于社会实践,素质也是在社会实践中逐渐发育和成熟起来的,某些素质的缺陷可以通过实践和学习活动不同程度得到补偿"[②],即指的是"先天的生理条件"。而本书所说的素养,是指个体通过生活经历、实践活动或教育所逐渐形成的体验与感悟、知识与能力、心理与思维、习惯与品性等后天习得的素质。

心理学:"素质"是指在个人先天具有的解剖生理特点基础上,结合后天作用而形成的相对稳定的心理素质。

教育学:"素质"通常又称为素养,指在先天生理的基础上,后天通过环境和教育而形成和发展的综合品质。

社会学:人的素质就是人的本质。人的本质包括人的自然属性和社会属

---

① 于光远,陈保平.教师素养新论[M].兰州:兰州大学出版社,2001:14.
② 辞海编辑委员会.辞海:中[M].上海:上海辞书出版社,1979:2797.

性,但社会属性应是人的本质属性。

## 2. 数学素养

关于数学素养的认识,国内外数学教育理论界观点有所差异。1994 年,蔡上鹤认为数学素养的结构基本包括以下四个方面:一是知识技能素养,是指能长远起作用的数学基础知识和基本技能,特别是掌握基本的数学思想和数学方法;二是逻辑思维素养,是指运算能力、运用数学进行逻辑思维的能力、空间想象能力、数学表达的能力(能用数学语言阐述自己的思想和观点)等;三是运用数学的素养,是指用数学的意识,良好的信息感、数据感,以及量化的知识和技能,能把相关学科、生产和日常生活中的实际问题抽象成数学问题,运用数学知识、技能去分析解决它们;四是唯物辩证素养,是指包括学习数学获得的观念、态度等方面内容。[①]

2000 年,顾沛等南开大学研究小组把数学素养界定为:通过数学教学赋予学生(数学系大学生)的一种学数学、用数学、创新数学的修养和品质,也可以叫数学素质。具体包括以下五个方面的内容:①主动探寻并善于抓住数学问题背景和本质的素养;②熟练地用准确、严格、简练的数学语言表达自己数学思想的素养;③具有良好的科学态度和创新精神,合理地提出数学猜想、数学概念的素养;④提出猜想后以"数学方式"的理性思维,从多角度探寻解决问题思路的素养;⑤善于对现实世界中的现象和过程进行合理的简化和量化,建立数学模型的素养。[②]

2006 年,郇中丹从数学学科知识的视角指出:(1)对数学的整体认识,包括了解数学主要学科的来龙去脉,对数学方法的严格性和逻辑性的意义和目的有比较深入的理解;(2)能够把握数学的基本知识和结构,并能对相关关系和运算做比较熟练的推导;(3)对数学的结构和运算、历史和方法论的理解,也就是,对数学所以然的理解与中学数学之间的融会贯通。

2008 年,桂德怀和徐斌艳对国外中学生数学素养进行研究后提出数学素养三维框架,即数学情感、态度、价值观,数学知识和数学能力。依据《普通中小学

---

① 蔡上鹤.民族素质和数学素养:学习《中国教育改革和发展纲要》的一点体会[J].课程・教材・教法,1994(2):16.

② 顾沛.十种数学能力和五种数学素养[J].北京:高等数学研究,2000(1):5.

数学课程标准（实验）》（以下简称《标准》）所阐述的培养目标，数学素养包括：知识与技能、过程与方法、情感态度价值观，它们的核心内容分别包括：基本的知识和技能、综合运用知识和技能解决问题的能力和有关数学的好奇心、自信心、态度、习惯等①。

美国国家研究协会（National Research Council，简称 NRC）、数学学习研究委员会（Mathematics Learning Study，简称 MLS）研究认为②，数学素养包括：①懂得数学概念；②计算熟练；③能将所学加以应用；④逻辑推理和证明能力；⑤对数学学习价值有一定的认识，并且伴随着对勤奋和自己效能的信念。

2000 年，由经济合作发展组织（OECD）发起了一项持续进行的国际学生测评项目（PISA），PISA 不仅吸引了国际上的广泛关注，还引起了国际上越来越多的国家的参与。PISA 的测评标准由 OECD 参与国委员会（Board of Participating Countries，简称 BPC）和其下设专家组负责。PISA 以一种宽泛的方式评估反映目前教学大纲种种变化的知识和技能，从而超越了建立在以学校课程为基础的考试方式。PISA 用"数学素养"一词来概括它所测试的内容。PISA 认为，数学素养是理解和运用数学的能力，以及对数学在每个人现在和未来的个人生活、职业生活和社会生活中的作用和需求的良好判断能力。（如图 2－22 所示）

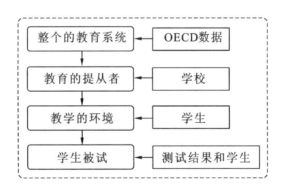

图 2－22　PISA 的理论模型

---

① 数学课程标准研制组. 普通中小学数学课程标准（实验）[M]. 北京：人民教育出版社 2003：2－10.

② KILPATRICK J. Understanding Mathematical Literacy：the contribution of research[J]. Educational Studies in Mathematics，2001，47(1)：101－116.

在 PISA 的评估框架中有三个维度：数学内容（contents）、数学能力（competencies）、数学情境（situations or contexts）。其中，数学内容，首先它主要指的是在数学思考的意义下具有更广泛意义的数学内容（如可能性、变化和增长、空间和形状、推理、不确定性和从属关系），其次才是有关具体的课程内容（如数、代数和几何等）。它包括变换和增长、空间和形状、定量推理、不确定性、从属关系等。数学能力，分为三个等级：再现、定义、计算——解决问题过程中的联结与整合——以数学角度进行思考、归纳等能力。数学应用的情景，根据距离学生的远近来区分，有个人情景、学校或职业情景、公众情景和学术情景。（如图 2 - 23 所示）

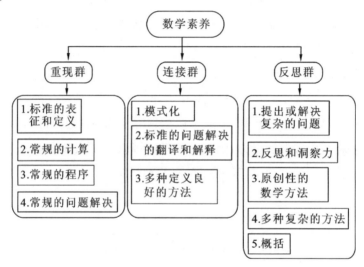

图 2 - 23　PISA 的数学素养

## 2.5.2　数学核心素养及其形成过程

《普通高中数学课程标准（2017 版）》（以下简称《课标》）提出：“数学核心素养包括：数学抽象、逻辑推理、数学建模、直观想象、数学运算和数据分析。这些数学核心素养既相对独立又相互交融，是一个有机的整体。”数学学科核心素养是数学课程目标的集中体现，也是数学育人价值的集中体现。

### 1. 数学抽象素养

《课标》对“数学抽象素养”的内涵的表述是：数学抽象是指通过对数量关系与空间形式的抽象，得到数学研究对象的素养。主要包括：从数量与数量关系、图形与图形关系中抽象出数学概念及概念之间的关系,从事物的具体背景中抽象出一般规律和结构,用数学语言予以表征。

从生理学视角看,个体无法通过感官直接感知的对象被称为"抽象",是相对于"具体"而言的。从数学学科发展视角看,抽象是形成数学概念的基本途径,是通过比较发现事物的共同的、本质的属性,舍弃其非本质的属性的过程。也就是说,数学只研究事物的数量关系和空间形式方面的共同的、本质的属性,而不研究事物的物理、化学或其他属性。例如,从多与少的数量关系中抽象出"数"概念,从客观三维物体中抽象出"点、线、面"概念,并依据其共同的、本质的属性界定概念。数学是通过抽象得到概念,然后从概念定义出发研究概念与概念的关系,进而发展解决问题的能力。

苏联著名数学家亚历山大洛夫在其名著《数学——它的内容、方法与意义》的第一章"数学概观"中指出数学的抽象具有以下几个特点:"第一,在数学的抽象中只保留量的关系和空间形式而舍弃了其他一切;第二,数学的抽象是一级一级逐步提高的,它们所达到的抽象程度大大超出了其他学科中的一般抽象;第三,数学本身几乎完全周旋于抽象概念和它们的相互关系的圈子之中。如果自然科学家为了证明自己的论断常常求助于实验,那么数学家证明定理只需用推理和计算。……这样看来,不仅数学的概念是抽象的、思辨的,而且数学的方法也是抽象的、思辨的。"

就数学抽象的价值而言,数学抽象对数学基础教育过程中培养个体的思维品质、科学观念和综合能力有着不可替代的重要作用。《课标》指出:"数学抽象是数学的基本思想,是形成理性思维的重要基础,反映了数学的本质特征,贯穿在数学产生、发展、应用的过程中。数学抽象使得数学成为高度概括、表达准确、结论一般、有序多级的系统。"

个体的数学抽象素养主要表现形式有以下两种[①]。

1)形成数学概念和数学规则

史宁中教授指出,数学概念的形成通常经历两种不同层次的抽象过程:一种是从数学外部的事物出发经过数学化抽象出数学概念;另一种是在数学内

---

① 史宁中,王尚志.普通高中数学课程标准(2017 年版)解读[M].北京:高等教育出版社,2018:77-80.

部,对已有数学概念的进一步的抽象结果。概念形成过程实质上是抽象出某一类对象或事物的共同本质特征的过程,可概括如下①(如图 2 – 24 所示):

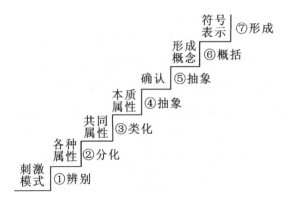

图 2 – 24　概念形成的一般过程

2)建构概念关系和数学模型

从概念定义出发,依据事实与背景知识建构或探索数学概念之间的关系,梳理逻辑结构,用数学化语言去重新表述给定的情境、问题及其蕴含的数量关系或空间形式,获得数学命题与模型。(数学抽象素养评价标准见表 2 – 3)

表 2 – 3　数学抽象素养评价标准

| 等级 | 数学抽象素养标准 |
| --- | --- |
| 水平一 | 1.能够在熟悉的情境中直接抽象出数学概念和规则,能够在特例的基础上归纳并形成简单的数学命题,能够模仿学过的数学方法解决简单问题。<br>2.能够解释数学概念和规则的含义,了解数学命题的条件与结论,能够在熟悉的情境中抽象出数学问题。<br>3.能够了解用数学语言表达的推理和论证;能够在解决相似的问题中感悟数学的通性通法,体会其中的数学思想。<br>4.在交流的过程中,结合实际情境解释相关的抽象概念 |

① 曹才翰,蔡金法.数学教育学概论[M].南京:江苏教育出版社,1989:67.

| 等级 | 数学抽象素养标准 |
|------|------------------|
| 水平二 | 1. 能够在关联的情境中抽象出一般的数学概念和规则,能够将已知数学命题推广到更一般的情形,能够在新的情境中选择和运用数学方法解决问题。<br>2. 能够用恰当的例子解释抽象的数学概念和规则;理解数学命题的条件与结论;能够理解和构建相关数学知识之间的联系。<br>3. 能够理解用数学语言表达的概念、规则、推理和论证;能够提炼出解决一类问题的数学方法,理解其中的数学思想。<br>4. 在交流的过程中,能够用一般的概念解释具体现象 |
| 水平三 | 1. 能够在综合的情境中抽象出数学问题,并用恰当的数学语言予以表达;能够在得到的数学结论基础上形成新命题;能够针对具体问题运用或创造数学方法解决问题。<br>2. 能够通过数学对象、运算或关系理解数学的抽象结构,能够理解数学结论的一般性,能够感悟高度概括、有序多级的数学知识体系。<br>3. 在现实问题中,能够把握研究对象的数学特征,并用准确的数学语言予以表达;能够感悟通性通法的数学原理和其中蕴含的数学思想。<br>4. 在交流的过程中,能够用数学原理解释自然现象和社会现象 |

**2. 逻辑推理素养**

《课标》提出:"逻辑推理是指从一些事实和命题出发,依据规则推出其他命题的素养。主要包括两类:一类是从特殊到一般的推理,推理形式主要有归纳、类比;一类是从一般到特殊的推理,推理形式主要有演绎。"

在数学教育教学过程之中,要正确理解"逻辑推理素养"和"逻辑推理能力"之间的关系。"逻辑推理素养"包含思维主体推理所需的知识、方法、思想和能力的综合性思维品质与思维模式。逻辑推理的构成要素包括"逻辑的起点(事实、概念、公设、关系、命题)、推理的形式(归纳、类比、演绎)、结论(命题)"。我们通过类比,从一种特殊情境(或命题)想象到另一种情境(或命题);通过归纳,从若干个特殊情境(或命题)发现(或发明)一般性结论(或命题);通过演绎论证,从观察、实验、归纳与类比等推理得到数学结论的正确与否。

数学是按公理体系来建立自己的表述系统的,即追求从不证自明的少数几个前提(公理)出发,逻辑地演绎出整个系统,这种体系立论清晰、严密和极具理性,令人信服。① 人们通过实践活动获得的每一项知识,都希望有充足的理由来支撑、证明它,这就是逻辑。而科学是一种系统的知识,科学理论则是按逻辑原则构建的知识系统。任何一门科学在其发展过程中,当具备了一定数量的活动经验和理论知识以后,就需要给予整理,建构系统的理论。但是在一个数学学科理论系统中,对一切数学知识都加以证明是不可能的,会导致两种后果:一是无限逆推,二是循环论证,而无限逆推与循环论证在逻辑上是行不通的。然而,人们尽可能少地选取原始概念和不加证明的一组公理,以此作为知识推理的出发点,利用纯逻辑推理的法则,把该系统建立成一个演绎系统的方法,就是公理化方法。公理化方法以其显著的系统性特征而成为科学理论系统化的一种重要手段。运用公理化方法构造起来的演绎体系,称为公理系统。符号化的公理系统被称为形式公理系统。所谓基本概念和公理,必须反映该科学实体对象的最单纯的本质和客观关系,而并非人们自由意志的随意创造。公理化思想就是公理学内容在科学认识活动中的思维反映和运用,是一种关于整理科学理论知识结构的方法论,广泛应用于自然科学和社会科学等诸多独立学科知识系统化的过程中,因而带有很大的普遍性。

个体的逻辑推理素养主要表现形式有以下两种②:

1)形成严谨的数学思维品质和逻辑行为程序

《课标》指出:"逻辑推理是得到数学结论、构建数学体系的重要方式,是数学严谨性的基本保证,是人们在数学活动中进行交流的基本思维品质。"就个体而言,以已有数学素养为基础,以数学知识为载体,从基本的简单的事实、问题、概念、关系、公设以及命题出发,通过观察、比较、分析、综合、抽象等心智活动,归纳、概括其本质属性与非本质属性寻求一般性结论或一般性解决方法,并通过演绎推理形成科学形态的知识体系和严谨的逻辑思维行为程序(思考、分析、抽象、简明、演绎、推理、设计、应用、评价等),进而逐渐形成逻辑推理素养。

2)形成数学公理化知识和形式化思想体系

数学命题陈述及推理都依赖概念的符号化和过程的形式化,通过抽象概括、符号表示、形式演算、推理与证明使零散的知识逐渐构成相对完备而且逻辑

---

① 史宁中,王尚志.普通高中数学课程标准(2017 年版)解读[M].北京:高等教育出版社,2018:89 - 99.

② 史宁中,王尚志.普通高中数学课程标准(2017 年版)解读[M].北京:高等教育出版社,2018:77 - 80.

关系严密的公理化知识体系。

首先，就几何学公理化知识体系来说，最早的公理系统可以追溯到古希腊的欧几里得几何学体系。公元前 7 世纪以来，由于测量土地和建筑的需要，积累了大量关于各种几何图形的计算技术与计算规则，如何把它们整理为一个严密的逻辑系统呢？欧几里得选取了少数不加定义的原始概念和不需证明的几何命题作为公理、公设，使它们成为全部几何学的出发点和原始前提，然后应用亚里士多德的演绎逻辑，推演出一系列的几何定理，从而把关于几何的知识整理为一个严谨的几何学理论体系，这就是《几何原本》。欧几里得对公理化方法进行创造性运用，第一个在具体知识领域内实现了亚里士多德的"三段论产生科学知识"的愿望。

在数学公理化的发展过程中出现了实质公理化和形式公理化两个阶段，实质公理化的产生以欧几里得的《几何原本》为标志，《几何原本》从 25 个"定义"（原始概念）、5 个公设和 5 个公理出发，按照一定的逻辑规则演绎出 465 个命题，该公理系统（实质公理系统）具有特定的对象，且这些对象具有明显的直观背景——现实空间，同时对象先于公理给出，因此，实质公理系统是一种"对象—公理—演绎"系统。形式公理化的产生以希尔伯特的《几何基础》为标志，《几何基础》从基本概念（点、线、面、结合、顺序、合同）和五组公理（20 条）出发展开几何理论，该公理系统（形式公理系统）的对象的直观背景被舍弃，其中的公理只是用以作为演绎基础的假设，并且对象取决于公理，因此形式公理系统是一种"假设—演绎"系统。从欧几里得几何那里我们可以体会到，在本质上，几何研究的基础包括两个方面，一个方面是基本概念，一个方面是论证的出发点。基本概念包括几何研究的对象以及叙述这些对象之间关系的术语；论证的出发点包括一些最初的命题，比如公理和公设。因此，几何要进一步摆脱对于经验的依赖，就必须从这些基础开始。

其次，就概念符号化与过程形式化来说，几何学的基本概念应当包括两个方面：一方面是几何所要研究的对象，另一方面是叙述这些对象之间关系所要的术语。关于几何所研究的对象，希尔伯特认为应当是形式化的，他生动地解释说，欧几里得关于点、线、面的定义在数学上并不重要，它们之所以成为讨论的中心，仅仅是因为公理述说了它们之间的关系。换句话说，无论是称它们为点、线、面，还是称它们为桌子、椅子、啤酒杯，最终推理得到的结论都是一样的，这样，希尔伯特就形成了他的形式化公理体系的基本理念。

**定义** 设想有三组不同的对象:第一组的对象叫作点,用 $A,B,C,\cdots$ 表示;第二组的对象叫作直线,用 $a,b,c,\cdots$ 表示;第三组的对象叫作平面,用 $\alpha,\beta,$ $\gamma,\cdots$ 表示。点也叫作直线几何的元素;点和直线叫作平面几何的元素;点、直线和平面叫作空间几何的元素或空间元素。

可以看到,为了摆脱研究对象的物理属性,最好的方法就是将研究对象符号化。事实上,也只有通过对符号的计算或者推理,才可能真正地消除经验直觉,得到更为一般的结论。我们不知道中国古代四书之首的《周易·系辞传》中所说的"形而上者谓之道"所希望表达的是否就是这个意思。事实上,对于许多物理属性的对象,我们并不需要深究其原因、寻求清晰的定义,而只需要合理地描述对象之间的关联,就足以把握对象的本质。

在哲学上,希尔伯特显然是受到了康德(Kant,1724—1804)的影响。《几何基础》这部著作原本是希尔伯特 1898—1899 年给学生授课时的讲稿,后应 F. 克莱因之邀,为纪念高斯的文集编写成讲义,作为将要出版的著作的卷首题词,希尔伯特引用了康德的一段话:"人类的一切知识都是从直观开始,从那里进到概念,而以理念结束。"这段话出自康德的巨著《纯粹理性批判》。

希尔伯特并不一定完全赞同康德的观点,但是希尔伯特实现了康德,甚至实现了柏拉图的理想:在形式化的几何公理体系中,已经找不到直接经验的影子了。到了 20 世纪初,哲学家和数学家至少在一个基本点上达成了共识,即数学不能依赖经验。数学要摆脱经验,一方面要摆脱研究对象的具体内容,另一方面还要摆脱在论证过程中对于直观的依赖,因此,就必须进行我们所说的第二步抽象,即对象表达的符号化和论证过程的形式化。但是,我们也必须清晰地认识到,没有第一步抽象是不可能建立起第二步抽象的,可以设想,如果没有两千多年来欧几里得几何的熏陶,人们能深刻理解希尔伯特的这种形式化的几何体系吗?进一步讲,人们借助这种形式化了的几何体系来讨论问题时,头脑中思考的载体能不是欧几里得几何吗?更进一步讲,如果一个学者总是在这些形式化了的抽象符号中徘徊,有可能做出根本性的创新吗?

在处理了几何学所要研究的对象之后,希尔伯特非常智慧地通过公理的形式给出了描述对象之间关系的术语,事实上,要明晰地定义这些术语是非常困难的。这几个术语是这样被希尔伯特确定的:

第一组公理:关联公理

(1)对于两点 $A$ 和 $B$,恒有一直线 $a$,它同 $A$ 和 $B$ 这两点的每一点相关联。

(2)对于两点 $A$ 和 $B$,至多有一直线,它同 $A$ 和 $B$ 这两点的每一点相关联。

(3)在每条直线上至少有两个点;至少存在着三个点不在一条直线上。

(4)对于不在同一直线上的任意三点 $A,B$ 和 $C$,恒有一平面 $\alpha$,它同 $A,B$ 和 $C$ 这三点的每一点相关联。

(5)对于不在同一直线上的任意三点 $A,B$ 和 $C$,至多有一平面,它同 $A,B$ 和 $C$ 这三点的每一点相关联。

(6)若直线 $a$ 上的两点 $A$ 和 $B$ 在一平面 $\alpha$ 上,则 $a$ 的每一点都在平面 $\alpha$ 上。

(7)若两平面 $\alpha$ 和 $\beta$ 有一公共点 $A$,则它们至少还有一公共点 $B$。

(8)至少有四点不在同一平面上。

第二组公理:顺序公理

(1)若点 $B$ 在点 $A$ 和点 $C$ 之间,则 $A,B$ 和 $C$ 是同一直线上的不同的三点,这时,$B$ 也在 $C$ 和 $A$ 之间。

(2)对于两点 $A$ 和 $C$,直线 $AC$ 上至少有一点 $B$,使得 $C$ 在 $A$ 和 $B$ 之间。

(3)一直线上任意三点中,至多有一点在其他两点之间。

(4)设 $A,B$ 和 $C$ 是不在同一直线上的三点:设 $a$ 是平面 $ABC$ 上的一直线,但不通过 $A,B$ 和 $C$ 这三点中的任一点,若直线 $a$ 通过线段 $AB$ 的一点,则它必定也通过线段 $AC$ 的一点,或者线段 $BC$ 的一点。

第三组公理:合同公理

(1)设 $A$ 和 $B$ 是一直线 $a$ 上的两点,$A'$ 是这直线或另一直线 $a'$ 上的一点,而且给定了直线 $a'$ 在 $A'$ 的一侧,则在直线 $a'$ 上 $A'$ 的这一侧,恒有一点 $B'$,使得线段 $AB$ 和线段 $A'B'$ 合同或者相等;用记号表示,即 $AB \equiv A'B'$。

(2)若线段 $A'B'$ 和 $A''B''$ 都和另一线段 $AB$ 合同,则这两线段 $A'B'$ 和 $A''B''$ 也合同。简言之,若两线段都和第三线段合同,则它们彼此也合同。

(3)设线段 $AB$ 和 $BC$ 在同一直线 $a$ 上无公共点,而且线段 $A'B'$ 和 $B'C'$ 在同一直线 $a'$ 上亦无公共点。若 $AB \equiv A'B'$ 而且 $BC \equiv B'C'$,则 $AC \equiv A'C'$。

(4)设给定了一平面 $\alpha$ 上的一个角 $\angle(h,k)$,一平面 $\alpha'$ 上的一直线 $a'$,以及 $\alpha'$ 上 $a'$ 的一侧。设 $h'$ 是 $a'$ 上的从一点 $O'$ 起始的一条射线,则平面 $\alpha'$ 上恰有一条射线 $k'$,使 $\angle(h,k)$ 与 $\angle(h',k')$ 合同或相等,而且使 $\angle(h',k')$ 的内部在 $a'$ 的给定了的一侧,用记号表示,即 $\angle(h,k) \equiv \angle(h',k')$。每一个角与它自己合同,即 $\angle(h,k) \equiv \angle(h,k)$。

(5)若两个三角形 $ABC$ 和 $A'B'C'$ 有下列合同式:$AB \equiv A'B'$,$AC \equiv A'C'$,

$\angle BAC \equiv \angle B'A'C'$，则也有合同式 $\angle ABC \equiv \angle A'B'C'$。

第四组公理：平行公理（欧几里得公理）

设 $a$ 是任一直线，$A$ 是 $a$ 外的任一点。在 $a$ 和 $A$ 所决定的平面上，至多有一条直线通过 $A$，而且不和 $a$ 相交。

第五组公理：连续公理

（1）（阿基米德公理）若 $AB$ 和 $CD$ 是任意两线段，则必存在一个数 $n$ 使得沿 $A$ 到 $B$ 的射线上，自 $A$ 作首尾相接的 $n$ 个线段 $CD$，必将越过 $B$ 点。

（2）（直线完备公理）一直线上的点集连同其顺序关系与合同关系不可能再扩充，使得这直线上原来元素之间所具有的关系，从第一组公理到第三组公理所推出的直线顺序与合同的基本性质，以及第五组公理（1）都仍旧保持。

希尔伯特的这个公理体系要比欧几里得公理体系庞杂得多，但也完全弥补了两千多年来人们研究欧几里得公理体系时发现的漏洞。我们简单地分析一下这些公理。

第一组公理（关联公理）的核心是规定了研究对象之间的隶属关系，即规定了现代数学中最基本的概念"属于"，从而建立了已经定义了的点、直线、平面这三组对象之间的联系。在现代集合论中，首先要确定的概念也是"属于"，当然在集合论那里，最难处理的概念之一也是"属于"，正是因为这个概念引发了许多悖论。

第二组公理（顺序公理）的核心是规定了直线上点与点之间位置的顺序关系，这些公理来源于帕斯的《新几何讲义》。前三个公理是在说，在直线上三个不同的点，有且仅有一个点在其他两点之间；第四个公理在说，一条直线进到三角形的内部则必然还要出去，蕴涵着这条直线不能与三角形的三个边都相交，从而引入了平面结构。几乎在现代数学的各个分支，顺序关系（包括大小关系、前后关系）都是非常重要的，这是数学所研究对象之间的一个根本性的关系。

第三组公理（合同公理）的核心是规定了研究对象之间的相等关系，即欧几里得几何中所说的全等的概念。前三条公理是关于线段的全等，第四个公理是关于角度的全等，第五个公理是关于线段、角度全等关系的复合。通过这些公理可以证明出判定三角形全等的"边角边""角边角""边边边"定理。进一步，虽然不明确但合同公理中也规定了运动的概念，通过"存在"代替了欧几里得几何中重合的概念。

第四组公理（平行公理）的核心是规定了平行线的唯一性，并且只有这一个假设。如我们在前面所讨论过的,如果否定这个假设则可以构成罗巴切夫斯基几何。

第五组公理(连续公理)的核心是引进了无穷集合的概念。在这本著作的第一版中,只有阿基米德公理,后来在法国数学家庞加莱(Poincare,1854—1912)的建议下加上了直线完备公理。理由是这样的:如果利用笛卡尔直角坐标系 $x,y,z$ 来表示欧几里得几何,并且只保留 $x,y,z$ 取代数的那些点,于是得到了一个"多孔"的空间,显然在这个空间中希尔伯特的其余公理仍然成立,可是这个空间本身是不完备的,因此需要加上连续公理。虽然在希尔伯特这部著作的以后章节中,这个公理始终没有被用到,但希尔伯特解释说,但是加上了完备公理,就能证明相当于戴德金分割的确界的存在。正是因为这个公理没有被用到,这就说明希尔伯特是在庞加莱所说的"多孔"的空间上构建了他的几何,由此可以推断,"完备"这个概念完全是人为定义出来的,而不是现实世界中必然的"存在"。更有趣的事实是,在这里希尔伯特关于直线的完备依赖于实数的完备,可人们在证明实数的连续性(完备)时,又用到了直线连续的直观。

这样,希尔伯特就构建了一个形式化的几何公理体系,在这个公理体系中,我们能够体会出"形式化"的含义:不管我们讨论的对象的实质是什么,只要从已经定义了的、用符号表示的对象出发,依据上述几组公理以及认定的逻辑法则推导出的结论就一定是正确的,这或许就是理想中的、脱离了经验的数学。

显然,上面表述的形式适用于一般的修辞结构。比如,用 $a,b,c$ … 表示名词,用 $A,B,C$ … 表示形容词,用 → 表示"是"。那么,形式命题"$a{\to}b$"表示一个判断句,形式命题"$a{\to}A$"表示一个描述句;如果 $a$ 包含 $b$,那么,形式命题"$a{\to}A$"成立则必然有形式命题"$b{\to}A$"成立,这就构成了亚里士多德三段论的基本形式。

《课标》指出:"通过高中数学课程的学习,学生能掌握逻辑推理的基本形式,学会有逻辑地思考问题;能够在比较复杂的情境中把握事物之间的关联,把握事物发展的脉络;形成重论据、有条理、合乎逻辑的思维品质和理性精神,增强交流能力。"

总之,逻辑推理素养在形成人类的理性思维方面起着核心的作用。首先,数学逻辑推理素养在厘清数学知识、方法、思维与思想之间的关系,促使数学创新素养的形成,以及对整个学科理论的表述、分析和总结等方面都起着核心的作用。把零散的数学知识用逻辑链串联起来,使之形成完整的有机整体,这不但使人容易掌握,也便于应用。其次,数学逻辑推理素养对数学公理化思想形成和提升个体发现问题、提出问题、分析问题、解决问题、反思问题能力起着重要的作用。在学习数学的过程中,最后,在数学发展史上,利用公理化思想对数学公理化系统进行纯逻辑的推理演绎和进一步地抽象概括,从而对公理化系统进行改造,使其完备化和纯粹化,对推动数学学科发展起到了重大作用。(数学逻辑推理素养评价标准见表2-4)

表2-4 数学逻辑推理素养评价标准

| 等级 | 数学逻辑推理素养标准 |
|---|---|
| 水平一 | 1.能够在熟悉的情境中,用归纳或类比的方法,发现数量或图形的性质、数量关系或图形关系。<br>2.能够在熟悉的数学内容中,识别归纳推理、类比推理、演绎推理;知道通过归纳推理、类比推理得到的结论是或必然成立的,通过演绎推理得到的结论是必然成立的。<br>3.能够通过熟悉的例子理解归纳推理、类比推理和演绎推理的基本形式。了解熟悉的数学命题的条件与结论之间的逻辑关系;能够证明简单的数学命题并有条理地表述论证过程。<br>4.能够了解熟悉的概念、定理之间的逻辑关系。<br>5.能够在交流过程中,明确所讨论问题的内涵,有条理地表达观点 |
| 水平二 | 1.能够在关联的情境中,发现并提出数学问题,用数学语言予以表达;能够理解归纳、类比是发现和提出数学命题的重要途径。<br>2.能够对与学过的知识有关联的数学命题,通过对条件与结论的分析,探索论证的思路,选择合适的论证方法予以证明,并能用准确的数学语言表述论证过程;能够通过举反例说明某些数学结论不成立。<br>3.能够理解相关概念、命题、定理之间的逻辑关系,初步建立网状的知识结构。<br>4.能够在交流的过程中,始终围绕主题,观点明确,论述有理有据 |

| 等级 | 数学逻辑推理素养标准 |
|------|----------------------|
| 水平三 | 1. 能够在综合的情境中,用数学的眼光找到合适的研究对象,提出有意义的数学问题。<br>2. 能够掌握常用逻辑推理方法的规则,理解其中所蕴含的思想。对于新的数学问题,能够提出不同的假设前提,推断结论,形成数学命题。对于较复杂的数学问题,通过构建过渡性命题,探索论证的途径,解决问题,并会用严谨的数学语言表达论证过程。<br>3. 能够理解建构数学体系的公理化思想。<br>4. 能够合理地运用数学语言和思维进行跨学科的表达与交流 |

### 3. 数学建模

《课标》提出:"数学建模是对现实问题进行数学抽象,用数学语言表达问题、用数学方法构建模型解决问题的素养。数学建模过程主要包括:在实际情境中从数学的视角发现问题、提出问题,分析问题、建立模型,确定参数、计算求解,验证结果、改进模型,最终解决实际问题"。

人们在从发现问题到解决问题的过程中,需要从生活实际或实践之中抽象出相应的数量与数量关系、图形与图形关系,并运用数学工具以及合理的数学方法来发现问题、提出问题、分析问题、解决问题、反思问题。这一过程本质上是数学建模过程,其具体到抽象、抽象到抽象的过程蕴含着模型思想。模型思想的核心正是将现实事物抽象得出数学结构,找到结构要素之间的关系,用数学化的语言建立相应的数学模型,并通过数学方法来解决问题。

首先,在数学教育教学过程之中,要正确区分原型与模型之间的关系。原型指的是人们在现实生活与实践中所关注和考察的实际对象,而模型指的是更具有抽象性的模拟物。

其次,在数学教育教学过程之中,要正确区分数学模型和数学应用之间的关系。史宁中教授提出:"数学模型和数学应用之间的不同,数学应用可以泛指应用数学解决实际问题的所有事情,数学模型更侧重于用数学的概念、原理和思维方法描述现实世界中的那些规律性的东西。数学模型使数学走出数学的世界,构建了数学与现实世界的桥梁。通俗说,数学模型是用数学的语言讲述现实世界的故事。"[1]"模型是数学的三大基本思想之一,通过模型,创造出具有表现力的数学语言,构建了数学与外部世界的桥梁。"[2]

再次,在数学教育教学过程之中,要正确区分模型思想和数学建模之间的关系。徐利治教授提出:"数学模型有广义和狭义之分,从广义上讲,数学中各种基本概念,如实数、向量、集合、群、环、域、范畴、线性空间、拓扑空间等都可以称为数学模型;从狭义上讲,只有那些反映客观世界的特定问题或特定具体事物系统的数学关系结构才叫作数学模型。"[3]

数学建模是对现实问题进行数学抽象,用数学语言表达问题、用数学方法构建模型解决问题的素养。数学建模过程主要包括:在实际情境中从数学的视角发现问题、提出问题,分析问题、建立模型,确定参数、计算求解,检验结果、改进模型,最终解决实际问题。[4] 进而发展"四能"(发现、提出、分析、解决问题能力),达到"三会"(会用数学眼光看、会用数学思维想、会用数学语言表达现实世界)。

依据《课标》可知,数学建模主要分为六个步骤:

(1)发现问题。发现问题即对现实情境进行抽象,得出符合数学意义的问题。数学建模旨在解决生活中的实际问题,因此从生活中寻找问题并提出有效的问题是数学建模的第一步。

(2)提出问题。现实中的情境不一定都能成为数学问题,因为现实中有很多复杂情况,不利于直接进行数学建模。所以我们要将现实问题进行抽象,将其转化为数学问题。

(3)建立模型。这是数学建模的核心,也是数学建模的关键一步。当提出问题后,从数学问题的情境出发,建立符合问题的数学模型,从而更方便地解决问题。

(4)运算求解。建立模型后,我们应该运用数学计算方法对其进行运算求

---

解,得出符合数学意义的结果。

(5)检验结果。当我们通过数学建模方法得出一个结果后,我们应该去检验这一结果,从而修正模型,得出合理的结果。如果该结果不符合实际意义,那么我们要重新开始建立模型,从而计算出新的结果。

(6)实际应用。数学建模过程最后的落脚点一定在于实际应用上,只有符合实际意义的结果,才能真正地应用于实际之中。

史宁中教授将模型与抽象和推理并列,称为数学三大基本思想。对于模型,要强调其现实性,是一种用数学语言来表达现实情景的过程。因此在建立模型过程中,让学生感悟如何用数学的语言和方法描述一类现实生活中的问题。①

《课标》指出:"数学模型搭建了数学与外部世界联系的桥梁,是数学应用的重要形式。数学建模是应用数学解决实际问题的基本手段,也是推动数学发展的动力。"建立和求解模型的过程包括:从现实生活或具体情境中抽象出数学问题,用数学符号建立方程、不等式、函数等表示数学问题中的数量关系和变化规律,求出结果并讨论结果的意义。这些内容的学习有助于学生初步形成模型思想,提高学习数学的兴趣和应用意识。

总而言之,数学模型是借用数学的语言讲述现实世界中与数量、图形有关的故事。数学模型使数学走出了自我封闭的世界,构建了数学与现实世界的桥梁,其价值取向不仅促进数学自身的发展,对所描述学科又起到了实际作用。通过数学建模的学习和实践,给学生提供一个探究发现、合作学习、个性展示、协作支持、工具选择、信息挖掘、交流分享、归纳提升、反思拓展的机会和平台,激发学生兴趣,发展问题意识、应用意识和创新意识,积累数学基本活动经验,提升数学素养。(数学建模素养评价标准见表 2 - 5)

---

① 史宁中.基本概念与运算法则:小学数学教学中的核心问题[M].北京:高等教育出版社,2013:41.

表 2-5　数学建模素养评价标准

| 等级 | 数学建模素养标准 |
| --- | --- |
| 水平一 | 1. 了解熟悉的数学模型的实际背景及其数学描述,了解数学模型中的参数、结论的实际含义。<br>2. 知道数学建模的过程包括:提出问题、建立模型、求解模型、检验结果、完善模型。能够在熟悉的实际情境中,模仿学过的数学建模过程解决问题。<br>3. 对于学过的数学模型,能够举例说明建模的意义,体会其蕴含的数学思想;感悟数学表达对数学建模的重要性。<br>4. 在交流的过程中,能够借助或引用已有数学建模的结果说明问题 |
| 水平二 | 1. 能够在关联的情境中,发现并提出数学问题,知道数学问题的价值与作用。<br>2. 能够选择合适的数学模型表达所要解决的数学问题;理解模型中参数的意义,知道如何确定参数、建立模型、求解模型;能够根据问题的实际意义检验结果、完善模型、解决问题。<br>3. 能够在关联的情境中,经历数学建模的过程,理解数学建模的意义;能够运用数学语言,表述数学建模过程中的问题以及解决问题的过程和结果,形成研究报告,展示研究成果。<br>4. 在交流的过程中,能够用模型的思想说明问题 |
| 水平三 | 1. 能够在综合的情境中,运用数学思维进行分析,发现情境中的数学关系,提出数学问题。<br>2. 能够运用数学建模的一般方法和相关知识,创造性地建立数学模型,解决问题。<br>3. 能够理解数学建模的意义和作用;能够运用数学语言,清晰、准确地表达数学建模的过程和结果。<br>4. 在交流的过程中,能够通过数学建模的结论和思想阐释科学规律和社会现象 |

### 4. 直观想象

《课标》提出:"直观想象是指借助几何直观和空间想象感知事物的形态与变化,利用图形理解和解决数学问题的素养。主要包括:借助空间认识事物的位置关系、形态变化与运动规律;利用图形描述、分析数学问题;建立数与形的联系,构建数学问题的直观模型,探索解决问题的思路。"

在数学教育教学过程中,要有意识地创建良好的氛围与情境,结合数学思想文化与评价理念,以学科知识为载体,有计划有目标地逐渐培养直观思维力,促进个体数学素养的发展。

　　数学本质上是研究那些脱离具体内容的形式和关系,数学发展就是从直观到抽象、从粗糙到精致、从不严密到严密的过程。数学发展与客观世界有着紧密联系,它既可以是描述事实的直观模型,也可以反映不同层次概念或规律的数学抽象,遵循"直观—抽象—推理—直观"的螺旋式发展模式,通过形式化而实现精确性。从数学史料的很多典型范例可以了解到诸多数学家的洞察、联想和抽象能力对数学发现与发展所做出的杰出贡献,这些基于数学知识之上的看穿事实本质的"眼光"就是数学直观。例如,笛卡尔创造的颇具直观意义的数学工具,即直角坐标系;欧拉把哥尼斯堡七桥问题转化为简练的数学直观图,使解决问题过程达到以简驭繁的效果。数学家克莱因认为:数学的直观就是对概念、证明的直接把握[①]。

　　数学直观是对客观事物进行数学抽象之后所形成的对象概念与关系概念的直观理解之上的,以具体背景为载体,未经演绎推理而对问题做出的一种迅速的直接的识别、猜想、类比、联想、转化、估计或判断的思维能力。例如,把七桥问题转化成点与线的关系;把瞬时速度视为变化率的极限(即导数);还有微积分理论的建立、多维空间概念和虚数概念的引入、哥德巴赫猜想等等是一种个体数学直观水平的具体表现形式。数学直观思维就是体验与经验因素同数学问题的本质直接联系的个体判断力,体现了数学思维形式的整体性和综合性、思维过程的简约性和直接性、思维方式的自由性。数学直观是哲学中的康德主义,其核心思想是"存在必须是被构造";而笛卡儿认为,直观是纯粹理性的,理性并不能完全摆脱或无视某些经验,虽然直观不能保证普遍原理的确定性,但是具有发现真理功能。

　　依据数学研究的不同分支,数学直观相应分为诸如几何直观、代数直观等若干类别;还可以依据个体修养的高低,分为从低级到高级的不同层次的数学直观,各种著名的数学猜想就是高层次的数学直观。假设有若干个真命题 AB,BC,CD,DE,EF,FG,…,如果没提起结论 B 的前提下从条件 A 直接能想到 B 是最基本的数学直观的话,那么没提起 B,C,D,E,F 的前提下从条件 A 直接能想

---

① 克莱因.古今数学思想:第 4 册[M].北京大学数学系数学史翻译组,译.上海:上海科学技术出版社,1979:99.

到 G 就可称之为较高层次的数学直观。

直观与日常生活和工作学习等一系列人类活动也有着紧密联系。例如,詹姆斯·瓦特(James Watt,1736—1819)见壶盖在动萌发一种联想,发明了"瓦特蒸汽机",促进了工业大变革;人们相互交流不可能按照演绎模式,而是凭借个体直观所得观念进行的;又如各领域都存在不同需求的评价,不可能每种评价都要依据严格的标准进行测试,而是凭借个体的直观标准做出适当评价。

直观既然是依赖个体经验的一种判断,其结论就不是严格的,需要严格证明或举出反例来否定。直观有先天的、本能的,也有后天在成长环境中随着个体素养提升自然形成的。这里所谈论的数学直观,是指按照数学教育的总体目标与个体需要通过教育教学活动和情境有意识地培养的直观,是个体数学素养的重要组成部分。数学直观能力的形成与发展,依赖于个体的问题意识、知识结构、洞察力、联想能力、思维模式与专业实践经验。

1)数学直观来源于问题意识

个体数学直观来源于问题意识。教师既要关注提出问题的眼光,又要关注问题的来源与本质。人们在研习和运用数学的过程中总会遇到一些难以解决的、疑惑的实际问题或理论问题,产生一种怀疑、困惑、焦虑、探究的心理状态,并不断提出问题或寻求解决方法,唤起深入持久的思考,这就是数学问题意识。对个体来说,由于了解数学发展史与文化的程度、理解实践与理论前沿问题的程度以及个人养成的专业习惯、体验、经验的不同,问题意识的层次存在着很大差异,从而产生直观思维能力的差距。总之,个体问题意识的层次差异导致关注度的差异,从而影响数学直观的发展。

2)数学直观依赖于知识结构

数学发展的最基本形态是:借助推理把关系概念应用于对象概念,得到数学基本命题。由于有了概念,人类的思维才更为抽象,才能摆脱事物中零散的细枝末节的干扰。围绕概念所形成的知识结构是数学直观形成的载体,只有深入理解各种数学概念的本质与演变过程,并且整体把握学科知识,才能提高洞察事物的"眼光"。就像康德说的那样:缺乏概念的直观是空虚的,缺乏直观的概念是盲目的。每位个体数学直观依赖于头脑中的数学知识的数量和结构,是在形成知识结构的过程中逐步发展的。也就是说,从具体到抽象、抽象到具体的螺旋式上升过程中,人的知识从线性结构到网状结构、简单关系到复杂关系,进而深层次地理解和重建新的概念结构,生成更多的新概念,形成数学直观。

3)数学直观形成于训练过程

数学直观是多年的体验、经验与专业实践的结晶。要想很好地建立数学直观,那么在数学的教学实践中就要精心提炼、有意渗透、反思优劣、反复孕育、经常应用、逐步推进、达到分层。典型案例的收集和深究是训练数学直观的切入点和突破口。例如,几何、向量、估算和代数问题的数形结合以及概率统计中的直观图等教学内容就是训练直观的天然载体。当然,数学训练内容的计划、过程的设计、方法的选择是关键。

整个训练过程要将思想性、教育性、挑战性、实用性融为一体,使学生亲身经历或体验于情景之中,使受训学生的身心得到洗涤,改变心智模式,转换思维,转变观念,重塑自我,树立正确的人生观和价值观,改变原有的训练态度和方式。既要注重知识技能的训练,又要注重思维方法与综合实践能力的训练,避免单一刺激、主观偏见或盲目加强演绎思维训练,凸显主体的感觉体验、领悟和认知。在训练活动中,引导学生专题沙龙、资源共享、共建最有效的交流平台,指导学生收集和利用自身经验大胆做出直观推断,使学习过程变成学生解决问题的探索过程。

4)数学直观发展于专业实践

世界上一切事物都不是孤立存在的,彼此之间存在着千丝万缕的联系,我们对概念以及概念相关背景详加分析、考察、比较,调动大脑丰富的储备再进行判断,不断发展自身的直观能力。数学经过充分形式化后,有必要结合史料和典型案例进行理性重建,从而达到思维直观化的理想目标和应用要求(这依赖专业实践来逐渐发展)。

脑科学研究表明,人的左脑的功能是抽象概括思维、逻辑推理思维,掌管语言、概念、符号、分析等功能,而右脑的功能是感性直观思维、创造性思维,掌管空间、想象等功能。右半脑发达的人,在预知力、空间想象力和宏观思维力方面比较强,不拘泥于局部,整体意识强,具有预知变化或结论、大胆猜测跨越式发展的直觉思维。因此,发展数学直观又是认识论问题。也就是说,要按照符合认知理论和学习理论的要求合理设计学科知识学习计划与专业实践活动,积累丰富的专业经验,促使数学直观发展。

培养直观从简单、小范围、个案开始磨炼,养成刻意预测、猜想或判断的习惯,并且要记住或记录自己的结论,等到验证或实践检验,再做反思。

首先，数学思想是培养数学直观的灵魂。数学思想是人们对数学知识的本质的认识，是数学思维方法与实践方法的概括，是数学发展的内在动力，是知识化为素养的桥梁，是培养数学观念促成创造思维的关键。而数学教育则是传承数学思想文化并在传承中培养数学"眼光"的精神活动。浩瀚的数学史海洋里具有丰富而鲜活的思想方法，是一份宝贵的数学思想文化资源。数学教学就是数学发展史的一种缩影，也是培养数学直观的主要载体。结合数学的起源、产生与发展过程，渗透并揭示数学思想与方法，完善学生的认知结构，培养学生良好的思维习惯，促使学生站在一定高度挖掘所学知识的内在联系和规律，充分体验"知识再发现"过程中的乐趣，进而培养数学直观是广大数学教育工作者的共同目标和长远追求。当今世界上各种各样的激烈竞争，归根结底是人的智力和素质的竞争，而数学思想文化在培养人们数学直观的过程中发挥着独特的、不可替代的作用，已成为数学素养进步的重要标志。

其次，扎实的专业知识是培养数学直观的基石。数学知识是数学思想与方法的载体，只有扎实的知识才有可能形成解决问题的能力和操作规则或模式，才能够培养化繁为简、化隐为显、化难为易、化一般为特殊、化抽象为具体的数学"眼光"，即直觉思维。只有充分挖掘数学思想方法和核心概念的背景知识，通过选择整理指向培养目标核心的、极富穿透力和启发性的教与学的资料充实头脑，才能够提高专业"嗅觉"，使培养创新能力成为可能。个体只有从整体上把握专业知识，形成个性化认知网络，才能够优化思维模式和提高直观判断力。在数学教育教学与学习过程中所产生的偏差与误区并非仅仅是理念问题，更重要的是对学科知识理解不深刻，未能理解其概念本质，实际操作过程中做不到有效压缩和适度拓展，从而出现没有选择的题海战术，就题论题，陷入枯燥、单调、重复的数学解题程序。对于教师的学习与培训过分强调多元化、多样化、多维度化和综合化评价，忽略了专业知识的载体性、主线性和拓展性的地位与作用，是导致数学教育中数学直观培养缺失的一大因素。总之，专业知识的深厚、广博程度是促使个体数学直观发展的坚实基础。教师的专业知识不够，不可能一眼就看穿问题的本质，不可能准确、客观、真实地做出直观反映。

再次，良好的氛围与情境是培养数学直观的土壤。因此，创建必要的条件，用虚拟的和客观的情境来刺激感官，从观察、试验开始养成刨根问底、细心研究、冷静观察、大胆判断的习惯，通过归纳、抽象激起数学联想与猜测，继而上升为数学直观是符合认知发展规律的。对学生来说，学习数学的氛围有两种：一种是教师的人格魅力,一种是来自情境的心理氛围。数学本身的魅力是通过教师的数学素养和人格魅力来吸引学生的。数学教师自身具备良好的数学灵感与悟性,知识渊博,举一反三、触类旁通、返璞归真、一题多解与多题一解的教学能力,还具备善于沟通的人格魅力和科学的育人评价理念,是培养学生数学兴趣与养成理想的学习习惯的土壤。在现实与生活中搜集各种数学图形与图像、工程设计图,创设审美活动情境与交流平台,培养数学审美意识或美感。结合数形结合法应用案例或几何教学内容训练抽象复杂问题的直观解释与直观理解力。理想的数学教学则是创设宽松的研讨环境,建立使学生想猜、敢猜,想验证、敢验证的学习与探究氛围,相互沟通,互相激励,彼此促进。机会属于有准备的人,要有遇到困难之前做好充分准备的意识,有足够的底气才能增强预测、猜想的信心,形成主见,才会使人的头脑更清晰、思维更敏捷。

再其次,科学的评价是培养数学直观的导航。数学教育评价理念成为制约师生数学素养发展的瓶颈。数学教师只有充分了解数学教育发展的历史背景和趋势,确立人性化教育理念,净化个人心灵,陶冶个人情操,培养善良美德,提升人格境界,才能担负起培养具有人文精神的全面发展的人的神圣使命。每一位学生兴趣爱好、基础与追求目标都有差异,反对淘汰式的数学教育,追求发展性教育,不要把学生当作知识的容器、技能的工具、思想的奴隶、思维的框架,尊重学生的个性和身心发展规律,强调满足学生的发展需要,要改变那种千人一面的目标模式,改变那种整齐划一的评价理念。“随风潜入夜,润物细无声”。要注重培养数学能力的教学过程与各类活动中渗透着尊重的评价理念。既要关注数学活动结果,又要关注过程,因材施教;避免评价内容片面、评价方法单调、过于强调共性和一般,尊重个体差异和个性化发展,注重潜能的评价,发挥评价的导向、激励、改进功能;树立科学的评价理念,正确处理理论与实践、过程与目标、载体与渗透、知识与方法的关系,突出数学学科特色。

最后,典型案例是培养数学直观的切入点。个案研究对数学直观来说至关重要。一般来说,从典型案例出发,认清问题相关的事实、关系和解决方法,提出问题、收集解决问题所需条件、设计解决问题方案并选择方法,从而建立直观;另外,在解决多个个案过程中积累经验,利用概念、图形、符号和关系等描述一类问题,形成认知结构和思维模式,进而培养解决具有现实背景的一般性问题的数学能力,特别是数学判断力。

总之,数学教学不仅是符合认知发展规律的知识传授过程,还是提供适宜的数学活动与案例、优化思维、强化专业"眼光"的再探索、再发明和再创造的修正过程。《课标》提出："通过高中数学课程的学习,学生能提升数形结合的能力,发展几何直观和空间想象能力;增强运用几何直观和空间想象思考问题的意识;形成数学直观,在具体的情境中感悟事物的本质。"教师以概念理解和问题解决为主线,运用深入思考、自主探索、动手实践、合作交流、文本研究等方式不断完善知识结构,提高理论水平,培养促使创新思维发展的数学直观想象素养是数学教育的理想目标之一。(数学直观想象素养评价标准见表2-6)

表2-6 数学直观想象素养评价标准

| 评价 | 数学直观想象素养标准 |
| --- | --- |
| 水平一 | 1. 能够在熟悉的情境中,抽象出实物的几何图形,建立简单图形与实物之间的联系;体会图形与图形,图形与数量的关系。<br>2. 能够在熟悉的数学情境中,借助图形的性质和变换(平移、对称、旋转)发现数学规律;能够描述简单图形的位置关系和度量关系及其特有性质。<br>3. 能够通过图形直观认识数学问题;能够用图形描述和表达熟悉的数学问题,启迪解决这些问题的思路,体会数形结合。<br>4. 能够在日常生活中利用图形直观进行交流 |
| 水平二 | 1. 能够在关联的情境中,想象并构建相应的几何图形;能够借助图形提出数学问题,发现图形与图形、图形与数量的关系,探索图形的运动规律。<br>2. 能够掌握研究图形与图形、图形与数量之间关系的基本方法,能够借助图形性质探索数学规律,解决实际问题或数学问题。<br>3. 能够通过直观想象提出数学问题;能够用图形探索解决问题的思路;能够形成数形结合的思想,体会几何直观的作用和意义。<br>4. 在交流的过程中,能够利用直观想象探讨数学问题 |
| 水平三 | 1. 能够在综合的情境中,借助图形,通过直观想象提出数学问题。<br>2. 能够综合利用图形与图形、图形与数量的关系,理解数学各分支之间的联系;能够借助直观想象建立数学与其他学科的联系,并形成理论体系的直观模型。<br>3. 能够通过想象对复杂的数学问题进行直观表达,反映数学问题的本质,形成解决问题的思路。<br>4. 在交流的过程中,能够利用直观想象探讨问题的本质及其与数学的联系。 |

### 5. 数学运算素养

《课标》对"数学运算素养"的内涵的表述是:数学运算是指在明晰运算对象的基础上,依据运算法则解决数学问题的素养。主要包括:理解运算对象、掌握运算法则、探究运算思路、选择运算方法、设计运算程序、求得运算结果等。

培养学生数学运算素养是中小学数学教学工作中的基本任务,也是中小学学生数学学习过程中需要掌握的一项基础性技能。

中国古代数学以"算"著称,数与计算的成就辉煌。

公元前 221 年以前,即秦以前从几十万年前的远古时代起,人类的祖先在生活、生产实践中用"石子""绳子打结""划道"等方法计数,从而产生了一一对应的计数方法。从商代的甲骨文可知,那时已有十进制数字和计数法。

西周"数"作为"六艺"课程之一为贵族子弟学习的内容。春秋战国时期,筹算已广泛运用,筹算使用十进位值制,这种计数法对世界数学具有重要的意义,战国时期的百家争鸣也促进了数与计算的发展。

秦汉时期,中国古代数学体系基本形成,它的标志是《九章算术》的出现,算术已成为一个专门的学科,要求各级官吏具备计算能力,天文历法、星相占卜、水利工程、建筑、贸易、农耕等能力,而这些是都需要学习数学的。

魏晋南北朝时期,农业得到发展,并推动了历法、天文学的发展,历法的编算和天文学的测算都需要依赖计算技术。

宋元时期,科学技术、农业、手工业和商业的发展,促进了数学的繁荣,出现了一批著名的数学家和著作,十进制得到了广泛应用和发展,穿珠算盘和一套完整的算法、口诀完成于元代。

明代中央官学不设算学,地方官学取消试算,天文、历算传授受阻,数学教育质量下降,历算水平降低,鉴于此,徐光启引进西算。传统的理论数学处于衰退状态,而与商业有关的珠算得到了普及和推广。清代数学的发展有三个阶段,第一阶段是中西数学的会通时期,数学家和学者们在整理和研究传统数学过程中介绍、矫正和补充西方的数学。第二阶段是拒绝西方科学、整理和研究传统数学时期,出现了一个研究传统数学的高潮。第三阶段是 1840 年鸦片战争后,西方近代数学的传入。

1898 年戊戌变法后,光绪皇帝下令将书院改为学堂,并在学堂内设算学课程。1903 年清政府颁布了《奏定初等小学堂章程》(学制五年)和《奏定高等小学堂章程》(学制四年),两部章程规定的内容有:学习日常生活所需的计算知识,计算时要认真仔细,思维严谨;内容安排循序渐进,先学习十以内数的加、减、乘、除,熟练掌握以后,再逐渐扩展到万以内的数和学习小数;学习珠算,为将来工作做准备。高等小学堂四年,开"算术"课,课程的内容包括:整数、小数、分数及四则运算;度量衡、货币及时间的计算;比例、百分数、求积和日常记账的知识,还有珠算的加减乘除。①

1912 年教育部颁布《小学教则及课程表》,在计算能力培养上,明确提出了笔算、珠算与心算(即口算),提到了算理的教学和精讲、多练的教学方法,计算的内容可根据其他学科和地方实际灵活变动。

1923 年《新学制课程标准纲要·小学算术课程纲要》规定:一年级不正式学算术,仅仅在需要时教一点算术知识。教学内容包括整数、小数、量的计量、百分数、简易利息、比例、求积等。教学要求有所降低。

1932 年颁布《小学各科课程标准算术》,在计算能力的培养方面,强调能解决日常的生活问题。

1941 年公布《小学算术科课程标准》,提出的课程目标是:增进儿童日常生活中关于数量的常识和观念;培养儿童日常生活中的计算能力;养成计算敏捷和准确的习惯。

新中国成立后,我国小学计算教学在教学目的、教学内容、教学要求、教学方法上不断地调整,体现了不同时期国家对数学运算教学基本规定和社会对人才培养的要求。

1950 年颁发《小学算术课程暂行标准(草案)》第一次明确提出:在算术教学中要寓有思想品德教育;教学方法上"要尽可能利用实物计算,或指导儿童实地去做";"要使儿童彻底了解算理";"笔算和心算的材料,要从儿童生活中日常接触的事物里去找……以增加儿童的学习兴趣";"使儿童注意算式的清楚,簿籍的整洁和耐心地思考,以养成各种优良的习惯";"注意儿童个别的差异,给以不同的适当练习……对于程度特差的儿童,更须负起责任来细细地指导"。

1952 年颁布《小学算术教学大纲(草案)》,在计算教学方面,提出了"保证儿童自觉地和巩固地掌握算术知识","培养儿童计算的熟练技巧"。

1956 年公布《小学算术教学大纲(修订草案)》,提出的小学计算方面目的

---

① 张晓霞,马岷兴.小学生数学基本计算技能的测试及计算教学研究[M].南宁:广西教育出版社,2008:7-8.

是:使儿童能够自觉地、正确地和迅速地进行整数运算,能够运用已经获得的知识、技能和技巧去解答算术应用题和解决日常生活简单的计算问题。

1963 年颁布《全日制小学算术教学大纲(草案)》,提出"掌握珠算的基础知识,能够正确地、迅速地进行整数、小数的四则运算","能够进行比较简单的复数的四则运算"。

1978 年颁布《全日制十年制学校小学数学教学大纲(试行草案)》,将原"小学算术"改名为"小学数学",教学内容也有了重大变化,精选传统的算术内容,删去了过繁的四则计算;适当增加代数、几何的初步知识,渗透一些函数、集合、统计等数学思想。

1988 年颁布《九年义务教育全日制小学数学教学大纲(初审稿)》,降低了教学难度,减少了大数目的笔算和四则混合运算,删去了繁分数、扇形面积计算。四则运算的要求有所降低,不再笼统地要求"正确、迅速",而是有区别地、分层次地提出要求。

1992 年颁布《九年义务教育全日制小学数学教学大纲(试用)》,计算内容降低了难度,精简了数据过大的计算和比较复杂的四则混合运算,加减法一般不超过五位数;乘除法一般不超过三位数乘或除三位数;四则混合运算一般不超过四步。加强了中、高年级的口算,并增加了估算的内容。

2000 年《九年义务教育全日制小学教学教学大纲(试用修订版)》,在教育思想上做了重大转变,强调九年义务教育要面向全体学生,全面提高民族素质。从 1988 年到 2000 年陆续修订的几个教学大纲,不再对珠算作过多要求,把珠算作为一种计算工具介绍。

2001 年《全日制义务教育数学课程标准(实验稿)》与 2000 年《九年义务教育全日制小学数学教学大纲》比较,在教学目标上有些突出的特点:提出了过程性目标,强调数感的培养,降低笔算难度和明确估算教学目标。

2001 年《全日制义务教育数学课程标准(实验稿)》对小学第一、二学段的数的运算提出新的要求。

2001 年《全日制义务教育数学课程标准(实验稿)》加强了口算和估算,明确规定了各学段的口算、估算内容与达到的目标。

2001 年《全日制义务教育数学课程标准(实验稿)》强调:"把现代信息技术作为学生学习数学和解决问题的强有力工具,致力于改变学生的学习方式,使学生乐意并有更多的精力投入到现实的探索性的数学活动中去"。降低了笔算的繁难程度、数的整除内容的教学要求以及淡化计算法则和一些概念。①

运算:演算,根据数学法则计算出算题或算式的结果②。算术中有加、减、乘、除、乘方、开方六种运算,其中加、减、乘、除是从两个已知数得出第三个数的运算,称为二元运算;乘方、开方是从一个已知数得出另一个数的运算,称为一元运算。得出的数,称为运算结果。若已知运算结果,反求原数(一元运算)或两个原数之一(二元运算)的计算规则,称为原运算的逆运算,此时把原运算称为直接运算。③

计算:是根据已知数通过数学运算求得未知数。④ 计算可以用笔算,也可以用口算,还可以借助算盘、数表或电子计算机等计算工具辅助计算,计算的对象一般是数,可分为精算和估算。精算需要进行准确计算,而估算是对事物的数量或计算的结果做出粗略的推断或预测的过程。⑤

算法:算法一词出现于 12 世纪,英文 algorithm 来源于阿拉伯数学家阿尔·花拉子米(Al—khwarizmi,约 780—约 850)名字的拉丁译名 Algorithm。在中世纪的欧洲,算法是十进位值制及用它演算的技巧;中文的算法一词源于算术,算术方法是一个由已知推向未知的运算过程;在英文词典中,算法的解释为:以有限的步骤解决数学问题的程序。⑥

运算能力:主要是指能够根据法则和运算律正确地进行运算的能力。培养运算能力还有助于学生理解运算的算理,能够寻求合理简洁的运算途径解决问题。⑦

数学运算是解决数学问题的基本手段,是一种演绎推理,是计算机解决问题的基础。数学运算过程包括"理解运算对象,掌握运算法则,探究运算思路,选择运算方法,设计运算程序,求得运算结果等"。

运算对象是体现数学运算素养的载体,运算对象来自其他学科与实际的抽象,深入地理解运算对象,可以不断地开发应用的领域,体现数学应用的广泛

① 金成梁,刘久成.小学数学课程与教学[M].南京:南京大学出版社,2013:239.
② 吕叔湘.现代汉语规范词典[M].北京:外语教学与研究出版社,2004:616.
③《数学辞海》编辑委员会.《数学辞海》[M].太原:山西教育出版社,2002:35.
④《数学辞海》编辑委员会.《数学辞海》[M].太原:山西教育出版社,2002:35.
⑤ 马云鹏.小学数学教学论[M].2 版.北京:人民教育出版社,2011:295.
⑥ 鲍建中,周超.数学学习的心理基础与过程[M].上海:上海教育出版社,2009:256.
⑦ 中华人民共和国教育部.义务教育数学课程标准(2011 年版)[M].北京:北京师范大学出版社,2012:1.

性;运算法则能保障运算结果的唯一性,同时又有助于产生不同的思想方法,使得数学在广泛的应用中具有独特的位置;运算思路的产生是解决数学问题的关键,运算思路是在对运算对象深入分析,结合运算对象灵活使用运算法则的基础上产生的,是体现数学运算素养的精华;运算方法不仅是解决一个一个具体问题的过程,还需要不断地发掘这些具体问题的本质,拓展到解决一类问题、一大类问题,形式解决这些问题的通性通法;运算程序是运算方法的具体化,是解决一类问题可操作的步骤,也是借助计算机和外界力量解决问题的路线图;运算结果是运算程序实施的结果,可以是一个问题的结果,也可以是一类问题的结果。①
(数学运算素养评价标准见表 2 - 7)

表 2 - 7  数学运算素养评价标准

| 评价 | 数学运算素养标准 |
|------|------------------|
| 水平一 | 1. 能够在熟悉的数学情境中了解运算对象,提出运算问题。<br>2. 能够了解运算法则及其适用范围,正确进行运算;能够在熟悉的数学情境中,根据问题的特征形成合适的运算思路,解决问题。<br>3. 在运算过程中,能够体会运算法则的意义和作用,能够运用运算验证简单的数学结论。<br>4. 在交流的过程中,能够用运算的结果说明问题 |
| 水平二 | 1. 能够在关联的情境中确定运算对象,提出运算问题。<br>2. 能够针对运算问题,合理选择运算方法、设计运算程序,解决问题。<br>3. 能够理解运算是一种演绎推理;能够在综合运用运算方法解决问题的过程中,体会程序思想的意义和作用。<br>4. 在交流的过程中,能够借助运算探讨问题 |
| 水平三 | 1. 在综合的情境中,能够把问题转化为运算问题,确定运算对象和运算法则,明确运算方向。<br>2. 能够针对运算问题,构造运算程序,解决问题。<br>3. 能够用程序思想理解与表达问题,理解程序思想与计算机解决问题的联系。<br>4. 在交流的过程中,能够用程序思想理解和解释问题 |

① 史宁中,王尚志.普通高中数学课程标准(2017 年版)解读[M].北京:高等教育出版社,2018:127 - 129.

143

### 6. 数据分析素养

《课标》对"数据分析素养"的内涵表述是：数据分析是指针对研究对象获取数据，运用数学方法对数据进行整理、分析和推断，形成关于研究对象知识的素养。数据分析过程包括：收集数据，整理数据，提取信息，构建模型，进行推断，获得结论。

数据分析在生活实践及各类科学领域中的应用日益广泛，当今社会和科技的发展需要具备基本的统计观念、知识、思想与方法的公民。但是，由于教学观念和评价理念滞后，忽视了教学过程中有计划、有目的地培养统计观念、概率直觉、数据意识和数据处理等方面的素养，过分注重繁杂的计算，忽视和淡化统计概率模型的理解、建立和应用，缺乏问题意识，没有让个体充分参与实验、测试、调查活动，没有很好地经历数据的收集、整理、描述、分析的完整过程，教师以讲实验、说实验来代替学生的实践活动，很少利用生活情境、教学资源和计算机技术去做实验或者模拟实验，造成学生只会应试而不能运用数据做出推断或决策。为此，教师需要在教学过程中理清数学与统计学的区别：①

1) 研究问题的思维模式不同

数学是确定性的科学，而统计与概率属于"不确定"数学，要寻找随机中的规律性。数学思维模式具有确定性，也就是说，从同样的条件出发，就应当得到同样的结论，是不可或缺的重要专业素养之一；而统计的基本思维模式是归纳的，利用部分的数据来推测全体数据的性质，具有随机性，因而做出的结论不可能绝对准确，总带有一定程度的不确定性，这种不确定性可用概率来刻画，这一点与确定性思维不同。

2) 研究问题的出发点不同

数学研究问题的出发点是定义、公理或规则，是从现实生活中抽象出来的数和图形。而统计的出发点不是定义，也不是公理，甚至不是规则，而是数据，故又称其为数据分析。统计是在构建一些模型的基础上进行研究，可以说数学是进行统计分析的工具。

3) 研究问题的立论基础不同

数学是建立在概念和符号的基础上的，而统计学是建立在数据和模型的基

---

① 史宁中，数学思想概论：第 1 辑　数量与数量关系的抽象[M]. 长春：东北师范大学出版社，2008：142－143.

础上,虽然概念和符号对于统计学的发展也是重要的,但是统计学在本质上是通过数据和模型进行推断的。

4)研究问题的方法不同

数学的推理过程在本质上是演绎法,依赖公理和假设,是一个从一般到特殊的方法;而统计学的推断过程在本质上是归纳法,依赖数据和数据产生的背景,强调根据背景寻找合适的推断方法,是一个从特殊到一般的方法。

5)研究问题的判断原则不同

数学在本质上是确定性的,它对结果的判断标准是对与错;而统计学是通过数据来推断数据产生的背景,它对结果的判断标准是好与坏。

6)发展的路径不同

数学是依靠处理内部矛盾或关系的过程发展起来的,而统计则是依靠处理外部的联系或关系的过程发展起来的。

7)研究问题的来源不同

数学研究的问题主要来源于学科自身,而统计研究的问题主要来源于学科外部。

8)研究的关系不同

数学研究的是因果关系,而统计研究的是相关关系。

另外,我们还要正确理解数据分析的内涵。

1)要正确认识"数据"这个概念

数据是指对客观事物进行记录并可以鉴别的符号,是对客观事物的性质、状态以及相互关系等进行记载的可识别的、抽象的符号或这些符号的组合。可分为赋予客观事物某种属性的"数字型数据与非数字型数据",比如符号、文字、语音、图像、视频等。[①] 收集数据要依据研究目的和对象的随机特性和拟探讨的内在规律性来确定收集什么数据,要规定收集数据的方式,以确保收集到的数据的精确度和可信度。

2)要正确理解"分析"这个过程与方法

"分析"是针对数据而言的,是一个透过数据探索客观事物本质和规律的过程。

---

① 史宁中,王尚志.普通高中数学课程标准(2017 年版)解读[M].北京:高等教育出版社,2018:132 – 133.

3）要正确理解"学会用数据说话"这个理念

所谓"学会用数据说话"的意思是对客观事物进行评判时必须要调查、实验或测试并用"数据分析获取的结论"来说话。

4）要正确理解"统计模型"这个建构过程

所谓统计模型,就是指利用统计知识和方法得到的样本事件的随机现象的概率分布以及采用统计方法(如极大似然估计法或最小二乘估计法等)对统计模型中未知的参数进行估计,或者对依据现实情景提出的统计假设进行检验,或者基于已设定的概率或统计模型对未来进行预测。

5）要正确理解"统计知识"这个目的

依据《课标》相关"数据分析"素养内容要求可感知,若干个内容目标的真正目的在于提高学生的"四能"(发现、提出、分析、解决问题能力)、达到"三会"(会用数学眼光观察世界、会用数学思维思考世界、会用数学语言表达世界),能通过数据思维去洞察事物的本质,寻求问题解决的途径,须知这些是有利于提升学生思维品质、创新意识以及科学精神,进而服务于科学发现、技术创新和管理决策的。

数学分析素养评价标准见表 2 – 8。

表 2 – 8　数据分析素养评价标准

| 评价 | 数据分析素养标准 |
|------|------------------|
| 水平一 | 1. 能够结合熟悉的实例,体会概率是对随机现象发生可能性大小的度量,可以通过定义的方法得到,也可以通过统计的方法进行估计。<br>2. 能够用统计和概率的语言表达简单的随机现象。<br>3. 在交流的过程中,能够用统计图表和简单概率模型解释熟悉的随机现象 |
| 水平二 | 1. 能够在关联的情境中识别随机现象,知道随机现象与随机变量之间的关联,发现并提出统计或概率问题。<br>2. 能够针对具体问题,选择离散型随机变量或连续型随机变量刻画随机现象,理解抽样方法的统计意义,能够运用适当的统计或概率模型解决问题。<br>3. 能够在运用统计方法解决问题的过程中感悟归纳推理的思想,理解统计结论的意义;能够用统计或概率的思维来分析随机现象,用统计或概率模型表达随机现象的统计规律。<br>4. 在交流的过程中,能够用数据呈现的规律解释随机现象 |

| 评价 | 数据分析素养标准 |
|------|------------------|
| 水平三 | 1. 能够在综合的情境中,发现并提出随机问题。<br>2. 能够针对不同的问题,综合或创造性地运用统计概率知识,构造相应的统计或概率模型,解决问题;能够分析随机现象的本质,发现随机现象的统计规律,形成新的知识。<br>3. 能够理解数据分析在大数据时代的重要性;能够理解数据蕴含着信息,可以通过对信息的加工得到数据所提供的知识和规律,并用统计或概率的语言予以表达。<br>4. 在交流的过程中,能够辨明随机现象,并运用恰当的语言进行表述 |

# 第3章　数学课堂教学设计的理论基础

## 3.1　数学教学概念

依据数学教学活动之中扮演"主体"与"客体"角色的不同,可把教学分为教师"教"的活动和学生"学"的活动。因此,教学设计应由教师"教"的活动设计和学生"学"的活动设计构成。

对数学学科教学设计而言,依据课程标准、教学内容以及学生认知情况等因素的差异性,在课前准备(备课、说课)、课堂实施以及课后任务(评价与反思、训练与考核)过程之中要关注教与学的目标、思想、内容、过程、方法、技能、态度、组织、媒介、评价十个要素的组合方式与排序方式的灵活性和多样性。

### 3.1.1　"教"与"学"的概念

#### 1. "教"的概念

最早见于甲骨文,有两个含义:一是"教育、教令、指导"之意,把知识和技能传授给别人。二是"使、令、让"之意。《说文》:"上所施,下所效。"

"教"在《辞海》中也有两个含义:一是教育;训诲。《荀子·大略》:"《诗》曰'饮之食之,教之诲之'";《史记·苏秦列传》:"未尝得闻明教。"二是传授知识技能。古乐府《孔雀东南飞》:"十三教汝织。"①

#### 2. "学"的概念

最早见于甲骨文,有两个含义:一是"接受教育"之意,表示启蒙教育使之觉悟。《论语·为政》:"学而不思则罔,思而不学则殆。"二是"讨论、模仿、注释、讲述、知识"之意。

---

① 徐陵.玉台新咏[M].上海:上海古籍出版社,2013:45.

学习,是指通过阅读、听讲、思考、研究、实践等途径获得知识和技能的过程。学习分为狭义与广义两种。

狭义:通过阅读、听讲、研究、观察、理解、探索、实验、实践等手段获得知识或技能的过程,是一种使个体可以得到持续变化(知识和技能、方法与过程、情感与价值的改善和升华)的行为方式。例如通过学校教育获得知识的过程。

广义:是人在生活过程中,通过获得经验而产生的行为或行为潜能的相对持久的行为方式。

### 3.教学概念

通过教学不仅使学生获得知识技能,也能发展他们的认识能力,同时培养他们的思想品德。在这里强调教学是一个教师与学生的双边活动,其目的是促进学生增长知识、全面发展。

教、学两个字连用,在我国见于《尚书·说命》:"教学半。"后《礼记·学记》也说:"建国军民,教学为先","教学相长"。现代意义上的"教学"始见于宋代,宋代大文学家欧阳修撰写宋初教育家胡瑗的墓志铭说:"先生之徒最盛,其在湖州学,弟子来去常数百人,各以其经相传授,其教学之法最备,行之数年,东南之士,莫不以仁义礼乐为学。"这里的"教学"才具有了现代通常意义上教学的含义,指由教师的教授和学生的学习相结合而构成的统一的实践活动过程。[①] 教、学连用,意味着教与学是密不可分的,同时强调教师主导与学生主体是相辅相成的。

西方教学论者史密斯(Smith. B. O. )对"教学"给出了五种定义[②]:

(1)教学即传授知识技能;(2)教学即成功;(3)教学即有意识的活动;(4)教即规范性行为;(5)教学即有成效。史密斯对教学的特点进行了阐述,从不同的方面解释了教学的定义。

教以学为旨。可以看出,教学是教育学中十分重要的一个概念,也是学校教育最常见的方式。它的概念对于我们理解教与学的关系,以及我们之后研究的教学原则和教学策略,起着重要的基础作用。

---

① 陈理宣.教育学原理:理论与实践[M].北京:北京师范大学出版社,2010:267 - 268.
② 陈理宣.教育学原理:理论与实践[M].北京:北京师范大学出版社,2010:268.

### 3.1.2　数学教师"教"的设计与实施

**1. "教"的准备**

教的准备主要包括资料库建设、课件制作、教材分析、学情调研、思维探索、学科思想研读、教学模式设计、教学方法选择、评价指标体系研制等研究性活动和课堂教学的目标、思想、内容、过程、方法、技能、态度、组织、媒介、评价等操作性活动设计。具体来说,其实施的步骤包括:

(1)条件创建,即收集、整理、分类教学相关资料,形成单元专题。

(2)技能训练,即教师实施教学活动所必备的基本教学技能训练和专业素养提升。

(3)活动设计,即借助创建的教学条件设计课前、课堂和课后师生双边活动的方案及实施过程。

(4)学情调查,即教师依据教学目标要求,对学生"四基""四能""三会"实际状况进行调查,并对调查结果进行整理和分析,为备课提供参考资料。

(5)课件制作,即根据教学内容和课程标准的具体目标要求,做好技术准备,熟悉数学教学专业软件,研制课程所必需的教学课件。

(6)评价设计,即教师熟悉评价理论与理念,正确利用评价功能,熟悉评价指标体系与方法,对师生双边活动进行科学合理的评价。美国学者丹尼尔·斯塔费尔比姆斯曾经说过:"评价的最重要的意图不是为了证明,而是为了改进。"①教学评价是以教学目标为依据,按照科学的标准,运用一切有效的技术手段,对教学过程及结果进行测量,并给予价值判断的过程。

(7)修订方案,即教师通过教育教学实践对以往的教师"教"的设计方案进行检验,并对各个环节的优缺点进行全面剖析,依据相关理论对具体的活动模式做出修正。

(8)熟悉方法,即教师应该熟悉并掌握常用的教学方法,科学、合理地选择教学方法,并在教学过程中有效地运用教学方法。苏联著名教育家尤·康·巴班斯基(苏联著名教育家,教育学博士,1927—1987)曾指出:"不存在教学方法

---

① 斯塔费尔比姆,陈玉琨.方案评价的 CIPP 模式[M]//瞿保奎.教育文集:第 16 卷.北京:人民教育出版社,1989:297－324.

上的'百宝箱'。"①美国著名的心理学家费兰克尔也提出:"不存在任何情况下,对任何学生都行之有效的唯一的'最佳方法'。"②中学数学教学中常用的教学方法有讲解法、谈话法、练习法、讲练结合教学法、教具演示法、启发式教学法、发现式教学法、探究教学法等。

**2."教"的实施**

"教"的实施主要包括课前、课堂、课后三段实施环节。教师"教"的实施过程要达到以下七个层次的教学目标要求:

(1)文化层面:要了解数学知识点的来源与发展史,能够正确解释数学知识和兴趣、习惯、方法、思维之间的关系。就概念教学或问题教学而言,要是没有背景知识或发展过程的引入方法,就会显得苍白无力。

(2)知识层面:要正确、清晰、全面、深入、广泛理解每一个数学知识的内涵与外延,能够正确回答"是什么"(概念型教学)、"怎么做"(问题型教学)等问题。

(3)方法层面:要会恰当选择数学解题或解决问题的方法,能够了解宏观数学方法与微观数学方法之间的关系,能够举例说明常用数学方法的使用方法与范围,并且能够顺畅地解答"为什么""理由是什么"等问题。

(4)思维层面:要准确理解数学思维的内涵与外延以及形成过程,能够合理地解释解决问题的方法,回答出你是"怎么想到的""如何找到的""从哪里切入的""怎么思考的"等等问题。

(5)能力层面:要准确理解数学学科能力的内涵与外延以及形成过程,能够科学地设计数学教学知识、方法与思维的练习或实践过程,这一循环过程要遵循个体认知的螺旋式发展规律。

(6)理论层面:要合理地归纳、总结教学过程,能够探索出数学知识之中的形式特点、本质属性、变化规律、问题类型以及关系,形成"专题"或找到"通过一道题解决一类问题"的一般方法。

(7)思想层面:要准确理解数学基本思想的内涵与外延以及形成过程,能够从数学教学"四基""四能""三会"以及"核心素养"基本理念与目的出发,对数学教学过程与内容进行宏观分析,领悟数学知识的来源与本质,进而上升到数

---

① 马云鹏.小学数学教学论[M].北京:人民教育出版社,2006:174.
② 马云鹏.小学数学教学论[M].北京:人民教育出版社,2006:174.

学学科基本思想的高度。

但是,教师"教"的过程中不要拘泥于教学设计,而应该从教学活动具体情况出发,灵活变通,对课堂上发生的各种情况做出正确的判断并采取有效的措施。

**3."教"的反思**

"教"的反思主要包括教学实施全过程的科学反思、适度训练和合理评价,是课堂教学的必要补充与延伸,也是下一步教学设计的参考内容。

科学反思:是指对自身的专业实践多维度、多层次批判地进行回顾、诊断、思考,进一步提炼和升华,改进不足,以获取新概念、新知识和新方法的认知过程。既要搞清楚教学宏观目标与微观目标是否达成、教学目的与任务是否达到、教学方法与策略是否得当、教学媒介与资源是否缺乏、教学设计与结构是否合理、教学主体与客体关系是否突出,又要总结教学经验、摸索教学规律、改进教学方法与手段、探索存在的问题及提高教学质量的有效途径。

适度训练:依据《课标》要求和教学内容特点适度安排例题、练习题、作业题及测试题,不能搞"题海战术",训练的目标与目的要清晰。

合理评价:依据教学活动各环节实施过程之中获取的信息,结合数学六个核心素养评价标准,对教学活动各环节行为表现进行价值判断,充分发挥评价的各类功能。

### 3.1.3 数学学习者"学"的设计与实施

**1."学"的准备**

"学"的准备是指学习新知识或从事实践活动之前的系列准备工作,主要包括收集使用资料、准备学具、明确任务目标、策划学习方案、熟悉学习方法、查缺补漏以及预习等。

**2."学"的实施**

"学"的实施是指教师"教"的实施阶段所对应的课前、课堂、课后三段学习环节。学生"学"的认知过程目标要奠定"四基"(基础知识、基本技能、基本数学活动经验、基本数学思想方法),培养问题意识以及发现问题、提出问题、分析问题、解决问题及反思问题的能力,引导学生逐渐提高"会用数学眼光观察世界、会用数学思维思考世界、会用数学语言表达世界"(简称"三会")的技能,进而逐步发展学生的数学核心素养。因此,对学生要有与教师"教"的七层次目标要求所对应的"5＋1"行为规范,即以符合生理特征、学科特点、认知规律方式组织或引导学生积极主动"动眼观察、动耳倾听、动口表述、动手操作、动身参与＋动脑思考",这就是学生全身心地投入学习过程的行为表现。

动眼观察:观察数学教学内容的特点、形式、关系、属性、规律,提高主体的直观想象力。

动耳倾听:倾听属于有效沟通的必要部分,是指凭借听觉器官接受学习信息,进而通过动脑思考达到学习目标,以求理解达成一致。其中,倾听者是主体,而讲授者是客体。

动口表述:在数学认知过程中,思维主体开口阐释、交流、提问、举例、评判等行为有利于理解客体原意,是学生知识建构的必要环节,也有利于巩固记忆、加深理解。例如,就以举例来说,数学思想方法蕴藏于一个个生动的数学案例和故事之中,它是抽象与现实的天然桥梁,能够举例,说明想到了抽象知识的原形或现实中的存在方式。又如,数学歌诀也是中国数学的一种表达方式,是数学内容和诗歌相结合的结果。中国古人认为,牢固记忆可以通向理解。

动手操作:数学教学内容当中不仅包括关于客观事物的数量关系与空间位置关系相关的显性知识,也包括实践中所获得的技能与经验等隐性知识(即实践知识)。数学教学实践告知人们,有时候只有动手去运算、推理、实验、调查才能使得理解效果最佳。

动身参与:个体认知水平总有个性特色和局限性,有些认知只有亲身感受、体验、经历、操作过才能真正达到理解水平。

动脑思考:思维主体的以上行为表现都是大脑指挥下的行为表现。我们要依据脑科学和教学理论,从生理基础和数学学科特点出发,科学、合理地设计数学教育教学认知活动,培养个体所需的数学思维品质。

**3."学"的反思**

"学"的反思是指对课前预习和课堂双边活动效果与收获进行认真反思——反思知识来源与本质、方法选择与使用、思维过程与规律以及存在的问题,并对自己的行为表现进行合理的评价。

查缺补漏,对"学"的过程进行自我反省和自我调控,对存在的问题情境进行深入分析,审视学习计划的执行情况,客观评价自己学习计划和所选用的学习方法的有效性。也就是说,"学"的反思是一个螺旋式循环发展过程,通过全面反思能够总结经验、提炼方法、优化探索、深化延拓,并通过这些方法优化自己的思维品质,完善数学学科能力结构。

联合国教科文组织在《学会生存》的报告中指出:"未来的文盲将不再是不识字的人,也不是我们所说的不懂电脑的人,而是不会学习的人。"所谓的学习方法,是指提高学习效率所使用的一切掌握知识的方法,即学生用在编码、储存、提取、运用等认知过程中的认知方式。常用的学习方法有记忆法、预习法、阅读法、复习法、操作法、反思法等等。

### 3.1.4 教师专业成长与学生学业成就

众所周知,提高教育教学质量的关键因素是教师专业素养。因此,要想科学合理地发展数学教师的专业水平,首先要正确理解相关概念的内涵。

**1.理解专业概念**

1)职业

从"职业"的词义来看,"职"即职责、天职、权利与义务;"业"即事业、行业。

美国塞尔兹指出:职业是一个人为了不断地取得收入而连续从事的具有市场价值的特殊活动,这种活动决定着从事它的那个人的社会地位。杜威指出:职业不是别的,是可以从中得到利益的一种活动。日本保谷六郎指出:职业是有劳动能力的人为了生活而发挥个人能力,向社会贡献而连续从事的活动。

国内学者指出:职业是劳动者能够稳定从事的有酬工作或是劳动者能够稳定地从事某项有酬工作而获得的劳动角色。

总之,全面、深入地分析国内外学者的观点,为了方便今后研究,对"职业"可以界定如下:

职业是随着社会分工而产生的相对稳定的,具有符合需要的知识技能的劳动者为获得回报或经济收入而承担的,能够促进社会或行业发展的连续从事的工作方式。

2)专业

"专业"一词最早从拉丁语演化而来,原始的意思是公开地表达自己的观点或信仰。德语中"专业"一词是 beruf,其含义是指具备学术的、自由的、文明的特征的社会职业。①

---

① 教育部师范司.教师专业化的理论与实践[M].2 版.北京:人民教育出版社,2003:32.

随着社会、经济、政治和科学技术的发展，尤其是经济水平和科技水平的不断提高，职业分化日益精密、复杂，而专业正是职业分化的结果，即某一职业专门化以后，它就逐渐具有了"专业"的意蕴而被称为专业。职业是专业的基础，但是它们是有区别的：第一，专业必须是以系统的理论为基础，在其范围内有明显的内行和外行之分；而一般职业无须以系统理论为基础，只要按照行业规矩办事，在其范围内没有内行和外行之别。第二，专业技能需要长期得到专业化训练；而职业技能主要通过实践传授或相互交流。第三，专业是为社会提供高于报酬的个性化的、明确的、必要的服务或贡献；而一般职业只是人们谋生的一种手段。第四，专业关注研究，强调不断改进、完善和创新；而一般职业关注继承，强调基本操作程序实施和重复。

卡尔·桑德斯说："专业是指一群人在从事一种需要专门技术的职业。专业是一种需要特殊智力来培养和完成的职业，其目的在于提供专门性的服务。"①日本学者石村善助说："专业职业，是指通过特殊的教育或训练掌握了已经证实的认识（科学的或高深的知识），具有一定的基础理论的特殊技能，从而按照来自非特定的大多数公民自发表达出来的每个委托者的具体要求，从事具体的服务工作，借以为全社会利益效力的职业。"②在社会学概念里，专业是指"一群人经过专门教育或训练，具有较高深和独特的专门知识与技术，按照一定专业标准进行专门化的处理活动，从而解决人生和社会问题，促进社会进步并获得相应报酬待遇和社会地位的专门职业"③。

对于专业的本质特征，刘捷指出：作为一种专业具有专门的知识与技能；服务的理念和职业伦理；经过长期的培养与训练；需要不断地学习进修；享有有效的专业自治；形成坚强的专业团体④六个方面的特征。

1984 年，中科院教授曾荣光综合了韦伦斯基和古德的研究，提出了专业的七条核心特质和十条衍生特质。核心特质是：一套有学术地位的理论系统；一套与理论系统相适应的专业技术；理论与技术的效能获得证实与认可；专业知识具有不可或缺的社会功能；专业人员服务具有忘我主义；专业人员具备客观

①　刘捷.专业化：挑战 21 世纪的教师[M].北京：教育科学出版社,2002:51.

②　教育部师范教育司.教师专业化的理论与实践 [M].2 版.北京：人民教育出版社,2003:32 - 33.

③　刘捷.专业化：挑战 21 世纪的教师[M].北京：教育科学出版社,2002:50.

④　刘捷.专业化：挑战 21 世纪的教师[M].北京：教育科学出版社,2002:62 - 64.

的服务态度;专业人员的服务公正不偏。衍生特质是:受过长期的专业训练;专业知识是大学中的一门学科;专业形成了垄断的专业知识系统;有管理控制职业群体的自主权;有制裁成员权力的专业组织;专业人员对当事人有极高的权威;对与其合作的群体有支配权;专业人员对职业投入感强;有一套制度化的道德守则;获得社会及当事人的信任。[①]

舒尔曼认为,当代专业原则上至少有六个特点:服务的理念和职业道德;对学术与理论知识有充分的掌握;能在一定的专业范围内进行熟练操作和实践;运用理论对实际情况做出判断;从经验中学习;形成一个专业学习与人员管理的专业团体。

综合起来看,一种职业要被认可为专业,应该具备三个特征:一是专业具有不可或缺的社会功能;二是专业具有完善的理论和成熟的技能;三是专业具有高度的专业自主权和权威性的专业组织。[②]

3)教师专业化

从"专业化"的词义来看,"化"即变化、转化、规范化、深化、自主化、净化、习得和提高。我国在第15次中国教育学会学术讨论会上提出"教师专业化"这个概念,并界定为"教师在整个专业生涯中,通过终身专业训练,习得教育专业技能,实施专业自主,表现专业道德,并逐步提高自身从教素质,成为一个良好的教育专业工作者的专业成长过程"。

专业化是指一种职业经过一段时间后成功地满足某一专业性职业标准的过程。弗雷德·霍伊尔(Sirfred Hoyle,1915—2001)提出了专业化过程的十四个特点:清楚地定义专业的功能;掌握理论知识;解决问题的能力;实际知识的运用;为维护前途而进行超越专业的自我提高;在基本知识和技术方面的正规教育;对能胜任实践工作的人授予证书或其他称号;专业亚文化群的创建;用法律手段强化专业特权;公众承认的独特作用;处理道德问题的道德实践和程序;对不符合标准的行为的惩处;与其他职业的关系;对用户的服务

---

① 曾荣光.教学专业与教师专业化:一个社会学的阐释[J].香港中文大学教育学报,1984(1):23-41.

② 教育部师范教育司.教师专业化的理论与实践[M].2版.北京:人民教育出版社,2003:35-37.

关系。①

教师专业化是指教师职业具有自己独特的职业条件和培养体制,有专门的培养制度和管理制度。其专业性表现在:国家规定的学历标准,必要的教育知识和教育能力,职业道德,教师资格的管理制度等。教师专业化的基本含义是:教师专业化是指教师职业具有自己独特的职业要求和职业条件,有专门的培养制度和管理制度。第一,教师专业既包括学科专业性,也包括教育专业性,国家对教师任职既有规定的学历标准,也有必要的教育知识、教育能力和职业道德的要求。第二,国家有教师教育的专门机构、专门教育内容和措施。第三,国家有对教师资格和教师教育机构的认定制度和管理制度。第四,教师专业化发展是一个持续不断的过程,教师专业化也是一个发展的概念,既是一种状态,又是一个不断深化的过程。②

4) 教师专业发展

随着我国教师教育改革的进一步深入开展,“教师专业发展”成为当前教育理论界探究的热门话题之一。于是,不同层次、不同形式和不同目标的“骨干教师培训”“校本培训”“校长培训”“教学活动设计与反思”等培训或交流便如同雨后春笋般开展起来了。

国际上关于“教师专业发展”的观点不一致,总的来说国外有以下三种观点:第一种观点是指教师的专业成长过程,代表人物有:霍伊尔、佩里、富兰和哈格里夫斯、利伯曼等;第二种观点是指促进教师教育发展的过程,代表人物有:利特尔、斯帕克斯和赫什等;第三种观点是指以上两种含义兼而有之,代表人物有:威迪恩(Wideen M.)等。而我国学者倾向于把教师专业发展理解为教师的专业成长或教师内在专业结构不断更新、演进和丰富的过程。③

我国学者赵玉生指出:“教师专业发展”包含两个层次的含义,即“教师专业”的发展和教师的“专业发展”。前者主要涉及教育制度和教育体系方面,后者主要涉及教师内在的专业素养和意识水平的提高。而后者又可分为两个层次:一是把教师看作是一个被“规范”了的客体,老师应如何使自己的一生有益于他人和社会,其价值倾向是"社会本位论",其操作范式是"认知范式"—"能力范式"—"情感范式"—"研究范式"—"反思范式";二是把教师看作是一个积极向上的主体,切实维护教师的需要和尊严,尊重教师人格价值,其价值趋向是"个人本位论"。

教师专业发展从教师专业结构来看,"涉及观念、知识、能力、专业态度和动机、自我专业发展需要意识等不同侧面。教师专业性发展的具体内容是:专业理想的建立、专业知识的拓展、专业能力的发展和专业自我的形成"①。

教师专业化和教师专业发展,"就广义而言,两个概念是相通的,均用以指加强教师专业性的过程;当将它们对照使用时,主要可以从个体、群体与内在、外在两个维度上加以区分,教师专业化主要强调教师群体的、外在的专业性提升,而教师专业发展则是指教师个体的、内在的专业性的提高。"②

总之,教师的专业发展是指教师作为专业人员,在专业思想、专业知识与方法、专业技能、专业心理品质等诸多方面的素养从初级阶段到高深阶段的螺旋式发展过程,即由一个专业新手发展成为研究型教师或教育家型教师的发展过程。

**2. 教师专业成长与学生学业成就的关系**

学生数学素养的形成与发展,和教师的问题意识、知识结构、数学素养、思维模式与专业实践经验显著相关。

就教师影响力而言,理解数学发展史与文化的程度、了解实践与理论前沿问题的程度以及个人养成的专业习惯、体验、经验的不同,学生学业发展路径便存在着很大的差异,从而产生学生数学素养发展程度的差距。在教学实践中,数学教师如果有精心提炼、有意渗透、反思优劣、反复孕育、经常应用、逐步推进、分层达到的教学智慧,并经常能够使数学教学过程融思想性、教育性、挑战性、实用性为一体,使学生体验于数学学习情境,那么不仅能够转变学生的怀疑、困惑、焦虑等心理状态,又能够使学生的身心得到洗涤,从而改变心智模式、转换思维、转变观念、重塑自我,树立正确的人生观和价值观,改变原有的学习态度和方式。

---

① 全国十二所重点师范大学联合编写.教育学基础[M].北京:教育科学出版社,2002:118.

② 叶澜,等.教师角色与教师发展新探[M].北京:教育科学出版社,2001:208.

就学生数学兴趣而言,其来源有两种:一种是教师的人格魅力,一种是来自情境的心理氛围。数学本身的魅力是通过教师的数学素养和人格魅力来吸引学生。数学教师自身应具备良好的数学灵感与悟性,以及举一反三、触类旁通、返璞归真、一题多解与多题一解的教学能力,还应具备善于沟通的人格魅力和科学的育人评价理念,这是培养学生数学兴趣与学生养成理想学习习惯的土壤。在现实生活中,要搜集各种数学图形与图像、工程设计图,创设审美活动情境与交流平台,培养数学审美意识或美感。结合数形结合法应用案例或几何教学内容可以训练抽象复杂问题的直观解释与直观理解力。

总而言之,理想的数学教师能够创设宽松的研讨环境与探究氛围,使学生想猜、敢猜,想验证、敢验证地学习,相互沟通,互相激励,彼此促进。机会属于有准备的人,遇到困难之前能够做好充分准备,有足够的底气增强预测、猜想的信心,形成主见,这样才会使人的头脑更清晰、思维更敏捷。

# 3.2　数学教学相关概念界定

## 3.2.1　数学教学方法

教学方法是指教与学的方法总和,即教学设计实施过程之中所选择的巧妙或有效教与学应遵循的条理、方式、程序、途径及手段的一种组合工具,是教师的教授方法与学生的学习方法的相互融合。

数学教师的教授方法是依据认知建构理论,通过数学语言、直观演示、示范操作等方式,系统地指导学生学习新的数学知识与数学方法和习得实践知识(即获得间接经验和直接经验)的方式方法。

而学生的学习方法是指个体通过"动耳"聆听教师讲解,"动眼"观察形式表象或特点、形式、关系、属性、规律,"动手"实践并获得的基本知识与技能、方法与活动经验,"动口"阐释、交流、提问、举例、评判并加深理解、巩固记忆,"动身"参与、感受、体验、经历、操作过程,"动脑"思考认知形成各环节之间的相互关系 。"六动"方式去理解间接知识本质与来源并获得直接经验的建构认知的方法。

教师的教授法在教学过程中处于主导地位,学生的学习方法在教学过程中处于主体地位,教的是学习的方法,培养的是学习的能力,是同一个活动过程的两个方面,缺一不可。在数学教育教学过程中,选择哪些教学方法完全由教学内容和学情来确定。从"教授法"到"教学法",一字之变相差万里,强调了教师"教"的是"学"法,明确主体与客体关系,变单向的传授为双向互动,充分体现教师的主导作用与学生的主体作用的统一。

那么,常用的教学方法到底有哪些呢? 学术界众说纷纭,目前常提及的有目标教学法、合作教学法、发现教学法、创新教学法、程序教学法、暗示教学法、有意义学习教学法、尝试教学法、导读教学法、反馈教学法、差异教学法、迁移教学法,等等。下面举几个国内外较有影响力的教学法例子。

第一,美国著名哲学家、教育家、现代教育学创始人约翰·杜威(John Dewey,1859—1952)提出唤起学生思维的"五步教学法":创设情境,提出问题,思考与假设,整理或分析,检验或修改假设。

第二,刺激反应理论(stimulate response theory)是基于行为主义心理学观的一种学习理论,主要代表人物有桑代克、华生、格斯里、斯金纳、赫尔等。依据斯金纳新行为主义心理学,教学方法可分为呈现方法、实践方法、发现方法、强化方法。

第三,苏联著名教育家巴班斯基把教学划分为三大类:第一类,组织和自我组织学习认识活动的方法;第二类,激发学习和形成学习动机的方法;第三类,检查和自我检查教学效果的方法。

第四,著名教育家李秉德(1912—2005,字至纯,河南洛阳人,当代著名教育家)根据教学方法的外部形态下的个体认知特点,把常用的教学方法分为五类:第一类是以语言传递信息为主的方法(讲授法、谈话法、讨论法、读书指导法);第二类是以直接感知为主的方法(演示法、参观法);第三类是以实际训练为主的方法(练习法、实验法、实习作业法);第四类是以欣赏活动为主的教学方法(陶冶法、观察法);第五类是以引导探究为主的方法(发现法、探究法)。

第五,黄甫全(1957—    ),广东教育学会课程与教学论专业委员会理事长)提出:教学方法是由三个层次构成的,即原理性教学方法(启发式、发现式、设计式、注入式方法)、技术性教学方法(讲授法、谈话法、演示法、参观法、实验法、练习法、讨论法、读书指导法、实习作业法)、操作性教学方法(识字法、听说法、写生法、视唱法、工序法)。

对于日常数学教育教学设计而言,我们选择什么方法较好呢? 一般来说首先,要正确、清晰、全面、深入理解各类教学方法的内涵;其次,了解各类教学方法的使用案例与实践效果;最后,依据数学教学内容、目标要求与学情,在广泛讨论的基础上合理筛选,并进行科学组合。通过各类教学方法的灵活组合使用,带动非智力因素对智力活动的积极作用,使学生尽可能地全身心地投入教学活动之中。为给广大数学教师提供方便,下面对常用教学法进行了分类归纳,见表 3 - 1,仅供参考。

表 3 - 1　常见教学方法分类及举例

| 一级指标 | 具体内容 |
| --- | --- |
| 以教授为的主教学法 | 讲述法、讲解法、讲评法、讲练法、复述法、研讨法、导读法、启发法、示范法、推理法、访谈法、暗示法 |
| 以直观为主的教学法 | 演示法、参与法、角色法、情境法、体验法、模仿法、归纳法、图表法、观察法 |
| 以操作为主的教学法 | 练习法、实验法、实习法、项目法、案例法、模拟法、回忆法、阅读法、问题驱动法、分析法、问答法、谈话法、讨论法、辩解法、调查法、研习法、作业法、尝试法、迁移法 |
| 以探究为主的教学法 | 抽象→建模、问题→解决、课题→模式、故事→认知、实验→论证、有限→无限、意识→发现 |
| 以熏陶为主的教学法 | 参观法、展示法、故事法、欣赏法、游戏法 |

### 3.2.2　数学教学模式

美国教育家埃根等人在其所著的《教师的策略》一书中指出:“教学中不存在,也不可能存在一种可以适合于所有教学情境的模式或结构,不同的教学目标、教学内容需要有不同的教学方法与教学的策略相适应,世界上不存在一种万能的教学模式或结构。”

#### 1. 数学模式的内涵及其意义

数学作为一门抽象性科学,主要研究理想化的“量化模式”。模式或模型往往是借助于数学符号、数学概念、形式语言和一定的推理规则表现出来的,甚至可以做成数学软件交付计算机处理,但它们都带有不同程度的理想化特征,并具有一定范围内的“普适性”。一般说来,数学模式( mathematical pattern )指的就是,按照某种理想化的要求(或实际可应用的标准)来反映(或概括地表现)一类或一种事物关系结构的数学形式。当然,凡是数学模式,在概念上都必须具有精确性、一定条件下的普适性及逻辑上的演绎性。

数学模式的含义是极其广泛的,每一数学分支理论(包括按公理化方法表述的各种数学理论结构体系),都可看作是大型的数学模式。小而言之,即使是一个数学公式、一条数学定理、一种计算方法、一类数学问题的合理提法和一般处理方式,甚至按科学抽象法则概括出来的每一个数学概念,也都应视之为一个小型的数学模式。但是,必须注意"普适性"是构成模式的必要条件,就像只适用于解单个题目的由独特技巧构成的特殊算式,不能称其为"公式"一样,数学中处理极特殊或个别问题的特殊方法或特殊模型,虽然也有独特的意义和价值,却不属于数学模式之列。当然,特殊问题和特殊技巧经过拓广之后也还是有可能成为数学模式的。

模式按使用范围的大小,可以分为三个层次(或种类):

第一层次是用来指一个数学系统的模式,如欧氏几何、群论等。

第二层次是用来解决一类实际问题的数学关系结构,叫作数学模型(mathematical model)。常说的"数学建模",建的就是这种模式,"普适性"适中。

第三层次是指用于解题的模式,叫作数学模块(mathematical mould),也叫数学思维模式或思维反映块,它相当于从日常解题中通过反思、概括等方式筛选出来的解题范例等。

**2. 数学教学模式的内涵及其意义**

课程内容决定教学形式,教学设计不能按照某种固定的模式来进行。通过区分课型进而建构不同的教学模式,是开展课程教学实践,将认知理论合理运用于教学全过程的有效途径之一。为此,首先,应根据不同的课程性质、目标、内容、组织或方式对课型进行分类,并结合学科特点和课型结构设计不同的教学模式;其次,通过文献分析、课堂观摩和教师访谈等方法,提出基于课型区分的数学教学模式;最后,探索数学教学的目标实现、知识理解、方法掌握、思维形成、能力提升以及规律发现所对应的教学问题,不断修正、完善教学模式。

20 世纪 70 年代,为了提高课堂教学质量,发达国家有些学者开始研究课堂教学模式,从而为教师较好地完成教学任务和学生有效学习提供了理论指导。教学研究领域,最早美国学者乔伊斯和玛莎·威尔在 1972 年出版的《教学模式》一书中提出"教学模式"这一概念,并将其界定为构成课程和作业、选择教材、提示教师活动的一种范式或计划。例如:赫尔巴特学派的五段教学法、布卢姆的掌握学习教学模式、斯金纳的程序教学模式、罗杰斯的非指导性教学模式、塔巴的归纳教学模式、奥苏贝尔的先行组织者教学模式、巴班斯基的最优化教学模式、加涅的信息加工教学模式、皮亚杰的认知发展教学模式、布鲁纳等人的探索发现式教学模式、约翰逊兄弟的合作教学模式、瓦根舍因和克拉夫基等人的范例教学理论、巴特勒的自主学习模式、夸美纽斯学派的"观察—记忆—理解—练习"的教学模式和杜威的"发现困难—确定问题—提出假设—推论—验证"的"五步教学法"等。

在国内,随着素质教育的实施和课程改革的推行,出现了诸多课堂教学改革模式。20 世纪 80 年代中期,钟启泉发表文章介绍了国外教学模式研究状况并于 1988 年编译出版了《现代教学论发展》,从此人们开始关注国外教学理论与实践相结合的教学改革问题,掀起了教育教学模式研究热潮。20 世纪 90 年代,学者们对从前的教学改革与实践经验进行梳理和思索,涌现出了多种效果显著、操作性强、影响力广的教学理论与模式。例如:卢仲衡的自学辅导法(1981 年)、黎世法的异步教学法(1981 年)、顾泠沅的青浦教改经验(1992 年)、魏书生的六步教学法(1993 年)、邱学华的尝试教学法(2000 年)、李吉林的情境教学法(2007 年)等。

所谓的教学模式,是指依据教与学理论和实践经验,结合教学目标与学科内容特点建构的相对稳定的课型结构框架与教学活动程序设计及其实施办法。教学模式由理论、结构、方法、计划、程序、策略、要领等要素构成,具有系统化、简约化、个性化、结构化和操作化的特征,要体现观察、思考、表达、管控、操作以及培养合作力的目标意识。

所谓数学教学模式,是指根据教学论与学习论以及数学课程标准,结合数学内容所对应的不同形式需要和数学教学目标与目的,对不同课型的教学过程进行抽象和概括而形成的稳定、简明的课堂教学结构框架,是不同课型的设计思路和实施过程的模板。

数学教学模式的基本要素是指数学教学活动过程之中不可或缺、不可替代的诸要素以及相互关系,即教学观(育人观、数学观、学习观、主体观)、目标与目的(目的是通过实现若干个目标才能够到达)、操作程序、教学媒介、评价指标体系以及相互关系。

简而言之,数学教学模式设计即是依据教学内容与目标,从"预习、复习、导入、新知(新的知识、方法、思维)、教授、示范、导学、演示、操作、互动、假设、实验、巩固、检验、总结、反思、评价、提示"等活动环节之中选择所需模块进行组合排序。例如:斯丁格勒和赫伯特在《教学的差距》一书中介绍了美国、德国和日本三种不同的数学课堂教学模式。美国的数学课堂教学模式是:复习已有的知识;示范如何解决当天的问题;练习;订正课堂作业、布置家庭作业。德国的数学课堂教学模式是:复习已有的知识;展示当天的主题或问题;解决问题;实践。日本的数学课堂教学模式是:复习已有的知识;展示当天的问题;学生独立或在小组进行讨论解决的方法;强调重点和要点总结。①

总之,无论是什么目的或是任务,数学教育教学活动都要以内容为载体,而内容决定形式。因此,要想提升数学课堂教学质量,就要依据相关理论深入研究教学活动形式,即区分课型进而建构不同的教学模式。课程改革倡导"人人都能获得必需的数学,不同的人在数学上得到不同的发展",这充分说明了分类方法对数学教学的重要性。分课型建构教学模式,其意义是指根据不同的教学目标、内容和要求而创设出相对稳定的教学设计或教学程序,从而满足不同的教学实践需要,满足学生不同需求,有效提高数学教学质量,进而使学生获得良好的发展。

### 3.2.3　数学教学原则与策略

数学教学原则是依据数学教育教学总目标与目的及学生认知规律而制定的,是设计与实施数学教学双边活动应遵循的基本行为准则与规范,又是有效地开展数学教学活动的理论与实践概括。

#### 1.抽象与具体相结合原则

数学中的"抽象"来源于具体"情境",需要人们对现实情境当中事物本质属性进行抽象之后再用数学语言建构关系模型。从具体到抽象是人类认知过程的最基本的规律,而从抽象到具体则是人类理解的基本表现(即意义复原),是建立在思维主体基本活动经验之后的感知,是理性思维的载体。每位个体数学素养都依赖于头脑中数学知识的数量和结构,是在形成数学认知过程中逐步发展的,即抽象具体。也就是说,从具体到抽象、抽象到具体的螺旋式上升过程中,人的知识从线性结构到网状结构、简单关系到复杂关系,进而深层次地理解和重建新的概念结构,生成更多的新概念,形成数学素养。总之,数学教学过程应遵循抽象与具体相结合原则,使学生养成"理念世界和客观世界相互转化"的

---

① STIGLER, HIEBERT. The teacher gap[M]. New York: Simon & Schuster,1999:80.

思维习惯。

### 2. 理论与实践相结合原则

理论来自实践,既是对实践经验的概括和总结,又是对实践经验的一种超越。显然,数学理论也来自"利用已有数学认知对客观事物数量关系与空间形式进行刻画"的实践过程,是基于实践经验的理念世界、思维方式、价值观念及心智模式。就以数学知识的理解而言,个体经历或体验了思考、观察、分析、抽象、推理、应用、梳理、综合、分类、对比、转化等实践活动过程,才能够真正领悟知识本质与来源,并能够把新知识融合到已有认知结构中去。例如,数学教师经常举例来回答问题或解释方法、思维来源,其原因在于"数学知识与技能、思想与方法、思维与规律都蕴藏在一个个生动的数学案例和故事之中"。数学教师条理清晰、详略得当、措辞精当、结构合理、层次分明、过程流畅的数学化讲授技能也是积累、形成、发展于实践过程。总之,数学教学过程应遵循理论与实践相结合的原则,使学生懂得"动眼观察、动耳聆听、动手操作、动身参与、动脑思考"。

### 3. 直观与推理相结合原则

该原则也可称为感性与理性相结合原则。在数学教学过程中,教师通过演示法、参与法、角色法、情境法、体验法、模仿法、归纳法、图表法、观察法等直观教学法,引导学生形成清晰的表象,在感性认识的基础上对数学内容进行理解,发展学生的理性思维。在教学中,教师要将教授为主的教学法和以直观为主的教学法相结合,用文字语言、图表语言、符号语言相互转化的方式训练理性思维,这样更有利于学生对知识的系统理解。世界上一切事物都不是孤立存在的,彼此之间存在着千丝万缕的联系,我们要对概念以及概念相关背景详加分析、考察、比较,调动大脑丰富的储备再进行判断,不断发展自身的直观能力。通过直观发现问题或大胆猜测、假设,通过推理找到规律或证明结论真伪。总之,数学教学过程应遵循直观与推理相结合原则,对学生掌握"问题意识、发现问题、提出问题、分析问题、解决问题、反思问题"的再创造过程有着重要作用与意义。

### 4. 应然与或然相结合原则

应然是指应该的、理想的状态,理性的演变,应该能够达到的目标或状态;而或然是指或许可能的状态。就以数学推理而言,归纳推理的前提和结论之间的关系都是或然的,类比推理属于或然性推理。在某种条件下,必定发生的事件称为必然事件,概率为100%;在某种条件下,不可能发生的事件称为不可能事件,概率为0;在某种条件下,有可能发生也有可能不发生的事件称为随机事件,又称或然事件,概率在0到100%之间。统计学之中,对某些数据的整理分析后得出事件的或然率是多少,就是中小学数学教学内容当中的概率。概率论是从数量上研究必然性与偶然性的学科,其使用的方法主要是确定性的数学方法。教师在数学教学设计与实施过程中,一定要关注培养学生的统计思想与数据分析能力,通过观察偶然性因素或影响,寻找必然的、本质的数量规律。总之,数学教学过程应遵循应然与或然相结合的原则,使学生提高随机意识和数据分析能力。

### 5. 内容与形式相结合原则

内容与形式是一对基本哲学范畴概念。内容是事物存在的基础,是事物的内在诸要素的总和;而形式则是内容的存在方式,是内容的结构和组织。任何事物既有其内容,也有其形式,不存在无内容的形式,也没有无形式的内容,内容决定形式,形式依赖于内容,并随着内容的发展而改变。当形式适合内容时,它对内容的发展起着有力的促进作用,反之,就起严重的阻碍作用。内容和形式的关系又是相对的,作为一定内容的形式,可以成为另一形式的内容。内容是经常变化的,形式相对比较稳定,形式往往落后于内容,从而造成新内容与旧形式之间的矛盾。数学方法的重要性在于"提供简明精确的形式化语言"。有时候,自然语言表述的内容,用形式化的符号语言、图形、表格演示出来便于理解,便于推理,更便于观察。就以数学运算而言,观察其形式本质上就是"二对一"的关系,而且只有"加法"和"极限"两种运算,其他运算都是从中生成的。例如,若$(2,3)$对应的数是$5,1,6,1.5,8,\cdots\cdots$,则分别表示加、减、乘、除、乘方等运算。就以数学公式为例,通常等号左边是已知条件、右边是结论:$1-\cos\alpha=2\sin^2\dfrac{\alpha}{2}$,等号左边到右边是因式分解公式,等号右边到左边是降幂公式;用$\lg N+\lg M=\lg NM$时已知$N,M$是正数,但是用$\lg NM=\lg N+\lg M$时,必须明确$N,M$是正数。总之,数学教学过程应遵循内容与形式相结合原则,符合《课标》相关目标要求,能够很好地发展学生的直观想象和逻辑推理素养。

### 6. 深度与广度相结合原则

该原则也可称为适度原则。质,是指区别事物的内在规定性,是认识事物的起点和基础;量,是指事物存在和发展的规模、程度、速度等数量规定。任何事物都是质和量的统一体,在一定范围内,量的变化不会引发质的变化。作为质和量统一的度,就是保持事物本身"质"的量的限度、幅度和范围。从数学发展过程看,量不是静止的概念,它是随着人类认识的深化而不断发展和演变的。例如,"数"和"形"曾是"量"这一概念的两个基本意义。自然数的意义是基数和序数,基数表示多少个,而序数表示所处位置。不论是数学课程标准的研制还是具体的教育教学内容的设计与实施,都要注重认知规律,遵循适度原则,不能太难,也不能太多。例如,高中必修 5 本、必选 3 本(或 2 本),再加上任选两大模块、十几项专题内容以及中学教师布置的"题海战术",过分加强"一题多解""解题技巧",这些都是违背适度原则地盲目追求"广度与深度"的一种行为表现。总之,数学教学过程应遵循深度与广度相结合原则,符合学生身心健康发展和认知规律,促进不同学习阶段有所差异地全面发展。

### 7. 离散与连续相结合原则

自然界都是连续的存在,而个体所感知的都是离散的。数学研究问题的起点是定义,将要研究的对象离散化,再用"极限思想"从离散到连续。简而言之,数学是通过"有限"去研究"无限"的科学。例如,微积分学本质就是离散化的有限量之和求极限,进而达到解决连续性问题的目的。就以数学学科知识而言,都是以科学语言阐述的"零散"形式存在的,教师只有精心梳理知识之间的关系,正确、清晰、全面、深入理解数学知识的本质与演变过程,清晰地认识纵横关系,清除概念理解上的误区,不断地把新知识纳入已有的认知结构中,形成以概念和概念关系为"主线"的专题知识,再从"线"到知识"面",才能够整体把握学科知识与方法,提高数学学科素养。总之,数学教学过程应遵循离散与连续相结合原则,按照课程标准相关要求,从数学知识"点""线""面"到"体"(即知识深度)的认知规律,不断发展数学基本思想与方法。

### 8. 静态与动态相结合原则

数学又是研究事物运动的数学特性(即线性、周期性、极值性、对称性、连续性、光滑性等)的科学,在微积分理论创立过程中,用极限方法求得无限运动过程的有限转化,即有限和无限之间转化起着关键作用,用一个常量(即极限值)来把握变量的变化。例如,路长 $s$ 关于时间 $t$ 的函数 $s=f(t)$ 的瞬间变化率即是速度 $h=f'(t)=v(t)$,导数等于零即是静态;而速度的瞬间变化率则是加速度 $a=f''(t)=v'(t)=a(t)$。这种静态与动态互相转化的演示方式与方法在数学教学设计与实施过程中也是常用的。例如,利用几何画板制作动态演示文稿,就可以非常形象地解释函数 $y = ax^2 + bx + c$ 中的参数 $a, b, c$ 的几何意义。总之,数学教学过程应遵循静态与动态相结合原则,按照课程标准相关要求和数学知识之间的逻辑关系,从直观演示到精讲精练要突出数学"变式教学"特点,不断深入理解数学基本思想与方法的奥秘。

### 9. 同一与差异相结合原则

对立和同一是一对哲学范畴概念,数学上称之为同一与差异。例如,康托(G. Cantor)集合论就是描述同一与差异的数学方法。对立是从差异开始的,当差异发生到极点的时候就会出现对立。人的语言具有模糊性,模糊法是从数量上刻画"对立"规律的一种学问。例如,正与负、微分与积分、加与减,等等。数学教育教学之中,同一性主要表现在目标要求、规范化要求以及学习进度计划方面;而差异性主要表现在个性化发展和不同发展方向的需求方面。总之,数学教学过程应遵循同一与差异相结合原则,按照课程目标要求和人才发展需要,既要保证知识的正确性、逻辑性、系统性、广泛性,又要保证现实事物的联系,使学生个性化发展,达到差异化需求所对应的数学"四基、四能、三会"目标要求。

总之,概括起来讲,数学教学策略就是指有效激发非智力因素对数学智力发展的积极影响力的一切策略的总和。因此,遵照教学原则激发学生非智力因素,不断提升数学核心素养的策略就是具体的数学教学策略。

# 3.3 数学课型分类标准及其分类

关于课型及其分类,学术界众说纷纭,各类学科领域中的界定也有所差异。所谓课型,是指依据教学理论和认知发展理论,结合学科内容特点和教学目标要求,对课堂教与学的思想与方法、内容与形式、过程与结构、程序与时空进行选配或设计,设计出具体的、可操作的课堂教学形式,即课程的类型。课型不同,则教学目标、内容、结构、程序、方法、特点和实施要求不同,教学设计与模式选择也随之不同。

## 3.3.1 数学课型分类目的与意义

课程理论的发展和课程体系的形成,与社会的生产力发展水平有着密切联系。原始社会,由于人类生存和生理(年龄、性别、体质等)基本条件有一定的差异,存在着本性型学习和自然的原始分工。随着社会化程度的提高和生产力的发展,又出现了体力劳动和脑力劳动的分工,促进了人类物质生活和精神生活的变化与发展。到了原始社会后期,教育内容和过程也逐渐从社会生活和生产实践中分化出来并往专业化方向发展,加之学习内容的变化,便形成了原始形态的课程。到了古代,我国出现"六艺""四书五经"等课程,西方出现"七艺"或"骑士七艺"等课程。

到了近代,随着西方工业和科技进步逐渐形成中小学学科课程体系,后来发展成以各类学科内容为载体的课程体系。英国哲学家赫伯特·斯宾塞(Herbert Spencer,1820—1903)提出"课程"这一概念之后,人们从哲学、社会学、教育学、心理学等多视角研究课程理论,逐渐形成现代学科、综合、活动课程体系,主要研究课程原理、管理、设置、内容、实施、评价等方面。其中,学科课程实施主要以课前、课堂、课后教学活动形式完成。

随着教育教学理论发展和实践经验的丰富,课堂教学已成为课程实施与评价、学科思想与文化教育的渗透、知识的传授与技能训练的主渠道,历次课程改革的实施都是通过学科课堂教学的改进来实现的。因此,从课程理论角度研究课堂教学类型与模式、内容与方法、途径与手段、设计与实施、反思与评价等内容,就显得非常重要。但课堂教学不能按照某种固定的模式来进行,而应该依据不同的课程性质、教学目标、教学内容、组织形式或教学方式对课型进行分类,并结合学科特点和课型结构设计不同的教学模式。若要避免课堂教学模式与过程出现乱象,就应依据合理的分类标准对课型进行分类,并研究制定各类课型结构要素和对应的教学模式,规范教师教学行为,进而提升学科教育教学质量。

### 3.3.2　数学课型分类标准及其分类

课堂教学效果与活动经验积累受多种因素影响,分类能够避免乱象,使教学过程清晰、教学思路明了。也就是说,首先要认清课堂教学结构要素及其本源,继而合理设计操作程序与实施办法。不同学科有其不同特征,不同课型有其不同结构,故数学教学设计应以课型分类为前提条件,基于这种分课型教学模式研究观,对数学课堂教学给出以下六种分类。

**1. 以教学目标为标准分类**

以教学目标为标准可分为传授知识课、方法训练课、思维导学课、技能提升课、理论探究课

1)传授知识课

按照因材施教原则,根据课程标准和培养目标,在规定的时间内,以讲授或操作为主,有计划、有目的地传授数学知识或解题技能的一种课型。主要以数学学科知识为载体,系统地讲授数学基本的概念形成过程与技能训练途径、思想与方法、思维与评价相关知识,即数学知识本源、概念的内涵与外延、性质与表示法、法则与规则、公理与原理、公式与定理、公理体系、思想与方法、信息与数据、符号化与形式化以及实践知识,等等。其基本目标是:能够正确回答"从何而来、是什么、有哪些、怎么做、怎么用、范围是什么、如何操作"等问题。传授知识可根据学情和内容选择多种方式,巧妙设疑,引发思考,激发兴趣,关注知识、方法、思维、能力、理论、思想的形成与发展过程之中的逻辑线索,继承传统数学教学智慧,避免盲目、偏见或模式化。

2)方法训练课

在数学思想指引下,根据课程标准和培养目标,以心智操作和思维引导为主,结合教学内容,选择和组织针对运用数学方法解决具体问题的一种课型。主要以数学关系为依据,使学习者在知识形成过程中学会合理地选择或组织解决问题的恰当方式、科学手段、有效途径、合理程序或缜密思路,并且从整体和局部的视角为其发现、发明、发展数学关系与规律奠定基础。其基本目标是:能够正确回答"为什么、依据是什么、本质是什么、用何方式、选何手段、经何途径、找何思路"等一系列问题。数学方法包括宏观和微观两方面。所谓宏观方法,是指从整体或发展过程的视角做出选择的、脱离具体内容的方法。例如,逻辑法、微分法、概率法、几何法、拓扑法、模糊法等,用于研究因果关系以及运动与静止、偶然与必然、时间与空间、整体与局部、同一与差异的关系等问题。而所谓微观方法,是指依据具体的数学内容或问题做出选择的解决问题的方法。例如,分析法、比较法、反证法、转化法、归纳法等具体的各类解题方法。

3)思维导学课

依据数学思维及其形成过程相关理论,围绕概念的本质特征与相互关系,以启发与训练为主,结合具体的数学知识形成与方法训练过程,倾向于提升概括、逻辑、联想、批判、直观思维能力的一种课型。主要以正确、清晰、全面、深入理解概念的来源与本质、特征与相互关系为基础,探究知识生成与方法选择的根基和发展规律。其基本目标是:能够正确回答"怎么想到的、关系是什么、先知是什么、基础有哪些、目标的是什么、联想到什么、需要是什么、如何持续"等一系列问题。

4）技能提升课

依据数学技能结构及其形成过程,合理设计"5＋1"动(动脑思索、动眼观察、动耳倾听、动口交流、动手操作、动身参与)形式,以知识、方法与思维之螺旋式循环训练(难度逐渐提升)为主,结合数学"四基"(基本知识、基本技能、基本思想、基本活动经验)之特征,在实践中加强问题意识和提高发现、提出、分析与解决问题能力的一种课型。曹才翰、蔡金法认为:数学技能是顺利完成教学任务的一种活动方式或心智活动方式①。主要以抽象、推理、建模、运算、直观和数据分析能力为主,利用概念、图形、符号、关系使繁杂问题简单化、条理化,能够用数学语言描述抽象、概括、简化所得出的过程与结果。其基本目标是:培养数学阅读、表征、记忆、联想、观察、运算、空间想象、推理、抽象、数据处理等能力。

5）理论探究课

依据素质教育和数学教学总目标,沿着某个思想或问题主线,以类化或专题探究为主,利用知识、方法与思维之间的螺旋式发展关系,深入探究数学认知结构和学科核心素养形成过程之中的衔接性问题的一种课型。以整体观视角探究局部特征与共有属性为主,凸显"再创造"过程,归纳总结一般化结论或发展规律,建构数学模型或解决问题的操作模式。其基本目标为:培养学生数学整体思维,提升整理所学知识和问题类型的能力。

**2. 以教学内容为标准分类**

以教学内容为标准可分为概念课、原理课、命题课、问题课、练习课、复习课、总结课、讲评课(作业讲评、试卷分析、易错问题分析、衔接知识)、实验课、实践课、综合课、专题课。

1）概念课

依据认知理论和数学课程标准,借助已学知识,以理解新概念为主的一种课型。

**基本内容**:数学思想引领、概念来源与衔接性知识、定义与结构要素界定、符号引入与约定、表示方法、性质、分类以及易错细节分析。

**基本目标**:概念理解与形成。

---

① 曹才翰,蔡全法.数学教育学概论[M].南京:江苏教育出版社,1989:195.

基本要求:正确、清晰、全面、深入理解(意义复原与视界融合)概念,注重概念形成过程,建立概念关系(线性关系、树形关系、网状关系)。

2)原理课

在概念相关知识理解基础上,以数学原理学习和运用方法训练为主的一种课型。正确性已被公认或证明的数学命题通常以公理、法则、规则、定理、公式等形式纳入知识系统并作为推理之依据,被称为数学原理,是建构数学逻辑体系或公理体系的基础。

基本内容:正确理解公理、法则、规则、定理、公式等的内涵以及推导过程。

基本目标:掌握数学原理运用方法与变化规律。

基本要求:要正确区分公理、法则、规则、定理、公式,认清数学规定、约定和逻辑推理获得的知识之间的区别,从整体与局部的视角练习思想与方法。

3)命题课

从概念定义出发,以数学命题为主要形式,探究判定方法、生成过程、变化规律和解决方法的一种课型。

基本内容:从概念定义推导出判定方法与性质,继而结合规则与法则推导出公式与定理,然后针对教学内容的每一个关注点选择典型题例、编造命题或设计变式训练内容与方法。

基本目标:感悟知识生成过程,体验"再创造"基本思想与思维。

基本要求:注重数学表达方式,学会发现问题、提出问题,理解新命题与原认知之间的关系,掌握数学发展心智过程与变化规律。

4)问题课

依据培养数学核心素养的目标要求,围绕概念理解、方法运用、思维形成与能力提高等实际所设计或选择的问题进行分析、求解、迁移、变式或探索的一种课型。

基本内容:概念型、方法型、思维型问题的意识、发现、提出、分析和解决过程为基本线索进行教学活动。

基本目标:培养抽象、推理、建模、运算、直观能力和数据分析能力。

基本要求:要充分发挥动手操作、动眼观察、动口表达、动耳倾听、动身参与和动脑思考对持久发展的影响力。

5)练习课

在明确训练目的的前提下,依据夯实"四基"的具体要求,在教师指导下有效利用时空与资源,针对性地设计练习内容和题目并实施的一种课型。

基本内容:围绕概念理解、方法运用、思维拓展练习题目。

基本目标:加深理解,巩固记忆,熟悉方法,链接思维,完善认知,养成习惯。

基本要求:要明确目的,形式多样,容量适当,层次分明,夯实基础,难易适度。

6)复习课

依据个体认知发展规律和数学学科特点,围绕夯实"四基"的基本理念,以梳理知识、巩固记忆、加深理解、掌握方法为教学任务的"再学习"所学知识的一种课型。

基本内容:通过梳理基本知识与方法,强化和完善认知结构,并以知识之间逻辑关系或问题类型为主线训练学生基本知识与技能以及思维能力。

基本目标:通过复习使学生完善认知结构、规范过程、堵漏补缺、矫正偏差、防止误解、串联问题类型等行为,培养独立思考、举一反三、触类旁通的数学习惯与能力。

基本要求:复习课非简单重复所学内容,而是在学习知识、方法、思维的循环过程中不断巩固记忆、加深理解的螺旋式发展过程,为学生学习新知做铺垫。古人云:"学而时习之","温故而知新",这正强调了复习课的重要地位。

7)总结课

依据认知规律和教学内容特点,结合学情与教学过程中出现的问题,从整体视角对某一节课或某一单元的知识点、思想与方法、思维过程按照一定的逻辑顺序进行全面归纳、总结的一种课型。

基本内容:加深学生理解、巩固一节课或几节课所学的基础知识、基本技能、基本思想与方法和基本活动经验。

基本目标:掌握数学知识体系中的一般性规律,明确各知识之间的关系,提升宏观思维能力和解决问题能力。

基本要求:通过对所学知识相关的概念、性质、定理、公式、法则、方法或题例等内容的回忆,归纳、总结教学内容的特征与逻辑关系,使学生形成规律性的认识,并强调易错问题与认真习惯之间的关系。

8)讲评课

教师依据学生学习过程中的行为表现和完成练习、作业、考试状况对其分析、讲解和评点的一种课型,是其他课型的补充或延续,对学习内容起着巩固、加深、完善和矫正的重要作用。

基本内容:依据评价理论,针对教学活动全过程所涉及的知识、方法与思维进行讲解、评析、补充和纠正。

基本目标:在全面了解学情基础上对学习内容全面回顾 并纠正错误、分析得失、巩固提高。

基本要求:要有计划、有目的、科学地讲评作业与练习题、分析试卷、找准易错问题、衔接知识点。纠正错误是讲评课重要内容之一,要探明错因与错源,滤清思路,举一反三,触类旁通。

9) 实验课

利用一些工具或技术手段,结合已学数学知识去解决实际问题的过程中获得实践性知识的一种课型。

基本内容:数学实验课不仅指大学数学专业课程里的数学实验课,也包括与中小学课程内容相关的数学实验课。工具或技术手段同时包括计算机和数学软件以外的实用工具或技术手段。

基本目标:预测、猜想、判断;验证预测:创设情境→提出问题→启发引导→分组研讨→设计方案→实验验证→总结报告→总结实验。

基本要求:智力发展与非智力因素相互作用;理论与实践相结合;开放性问题;情境知识与实践知识相结合;围绕教学目标;以学生为主体;具有探究性;设计新颖并能引发学生强烈的好奇心和求知欲的问题情境。

10) 实践课

在教师的组织与指导下,利用已学数学知识与方法,以获得直接经验和发展实践能力为目的的学生自主进行操作的一种课型。

基本内容:通过测量、设计、运算、推理、实验、模拟、预测、变式或调查等具体操作方式,在解决实际问题过程中获得直接经验、提高实践知识(即隐性知识)、发展操作技能。

基本目标:加强问题意识与创新意识,使学生发展数学个性品质,提高获取知识、应用知识、解决问题的能力,为培养创新素质奠定基础。

基本要求:组织引导学生主动合作、交流、操作、联想、应用,使学生学会自主学习、自主实践、自主建构、自主反思,懂得数学知识本源与能力形成过程之间的关系。

11）综合课

整合相互关联的学科知识,以具体的综合性问题为载体,在知识、方法、思维螺旋式循环应用过程中探究解决一类问题的一般方法或规律的一种课型。

基本内容:整合若干个知识的数学综合题,用数学知识与方法去解决其他学科问题或建构数学模型。

基本目标:协调发展学生的宏观数学思维和微观数学思维,突破学科视阈,探索如何用多点切入法解决问题。

基本要求:学会梳理零散的学科知识并转化为专题性知识体系,弄清知识点与知识主线、整体与局部之间的关系对提升学科素养的作用,培养学生发现问题、提出问题、分析问题和解决问题的能力。

12）专题课

沿着某一思想主线或围绕某一主题进行的一种课型。

基本内容:以某一类知识、方法或思想为主线,或围绕某一主题进行探究解决问题的规律,归纳、总结通解通法。

基本目标:学会通过一个问题解决一类问题的方法。

基本要求：掌握知识之间的内在联系,养成抽象、概括、联想与反思习惯。

**3. 以组织形式为标准分类**

以组织形式为标准可分为讲授课、研讨课、导学课、练习课、实践课、考核课、见习课(或参观课)

1）讲授课

包括讲述课和讲解课。讲述课：以用正确、清晰、完整、深入、简要的数学语言表述教学内容为主的一种课型。讲解课:依据学情,结合技术手段、科学实验、直观演示、情境导入或专业术语,以系统地解释数学概念内涵或数学关系(因果关系、等价关系、概念关系、隶属关系、大小关系等的简称)为主的一种课型。

基本内容:概念引入与内涵外延、表征与方法、过程与技能、思维与思想、共性与规律之间的关系。

基本目标:学会抽象、推理与建立模型之间的关系,探索问题主线与应用。

基本要求:要从知识、方法、思维、能力和理论视角分层施教。

2)研讨课

在教师的组织与管理下,结合已学数学知识,把想法、预测、猜想或问题带入课堂,通过适合学情与目标的活动程序,对教学内容与关系进行研究讨论的一种课型。

基本内容:以与教学内容紧密相关的想法、预测、猜想或问题为载体,提升学生运用批判性思维和逻辑思维能力,探讨知识、方法与思维之间的各类关系。

基本目标:培养问题类化解决、举一反三和再创造能力,提升思维品质和理论水平。

基本要求:有计划、有目的地组织学生观察、分类、预测、操作、交流,解决疑惑和易错问题,关注研讨过程的实际效果。

3)导学课

依据认知发展规律和思维发展特点,以已学数学知识为基础,通过引导、合作、讨论、操作等组织形式,训练学生自主学习能力的一种课型。

基本内容:以教学内容为载体,适当融入数学发展史、方法、思维和思想,培养自主学习能力和习惯。

基本目标:学会自我发展和自主学习的基本方法与技能,形成良好的学习与思维习惯。

基本要求:从教学活动宏观目标出发,结合学情和教学条件,关注每一个学生的认知能力和思维品质的发展,充分发挥主观能动性。

4)见习课

遵照理论联系实际原则,在教师的组织与管理下,结合生活实际或生产实践,采用操练、见习或参观等组织形式,有针对性地积累数学基本活动经验的一种课型。

基本内容:以数学应用知识与方法为载体,体验或经历发现问题、提出问题、分析问题、解决问题的过程,培养运用所学知识解决实际问题的能力。

基本目标:掌握数学基础知识和基本技能,体验数学的实用性,培养数学的兴趣,学会合作学习,丰富感性认识。

基本要求:师生要有充分的准备,做好思想动员工作,把学生分成若干个小组,注意过程管理和指导,及时总结,写好实践报告。

5）考核课

依据教学活动的总目标或阶段性目标，通过考试、操作、演示、展览、探讨等多种方式，考核学生认知水平或了解学情的一种课型。

基本内容：重点考核对数学知识、方法、思维、能力和规律的实际掌握水平，或学习过程中存在的具体问题。

基本目标：查找与数学教学总目标或阶段性目标要求的差距和存在的问题，为今后教育教学活动和个别指导提供依据。

基本要求：依据对常规教学过程的观察了解，结合教学目标和学生实际，采取合理的考核方式进行考核，完善认知结构，查漏补缺，避免造成心理压力。

**4. 以教学方式为标准分类**

以教学方式为标准可分为讲授课、探究课（或研讨课）、自习课、合作课、讨论课（或对话课）、实践课。

1）自习课

通过阅读、交流、探究、观察、操练等方式，在完全自主管控时空与条件的前提下，学生自主发展学习潜能的一种课型。

基本内容：自主预习新课、巩固已学知识、查漏补缺、完成作业或合作探究学习内容。

基本目标：形成自我完善的知识体系，发展潜能，巩固记忆，加深理解，提升学科素养。

基本要求：教师适当提供相关学习资料，同时将时间、空间、条件管控权利交给学生，以促进学生自主开发潜能。

2）合作课

在教师的指导和组织下，依据具体教学内容或问题，课前把学生分成若干个小组并在进行合理分工后分头去准备、收集或调查，在此基础上利用课堂师生合作完成教学目标的一种课型。

基本内容：主要以课堂专题和课外任务为基本目标，在课前分头去收集信息、分散难点或分工完成子问题的基础上，课堂或课后合作完成学习目标。

基本目标：主要以一题多解、多题通解通法、综合应用、专题探究、建模、发现规律为目标，培养创新能力和团队精神。

基本要求：明确对团队的责任与义务，通过营造宽松、自主、质疑、互动、探索的时空环境,有利于师师互动、师生互动、生生互动,充分发挥思维潜能,张扬个性,追求均衡达成目标。

基本模型:创设情境→提出问题→自主探究→合作交流→得出结论→学以致用。

3)讨论课

在教师的策划和组织引导下,依据教学目标和内容特点,围绕某一主题或问题主线,采用讨论(或对话)方式进行的一种课型。

基本内容:以教学目标或内容问题为主题或主线,采用设疑、质疑、释疑、解疑方式组织策划讨论内容和程序,加深理解、巩固记忆、纠正错误、完善认知结构。

基本目标:达到整理已学知识、理清思路、查漏补缺、疏通关系和发现规律的教学目的。

基本要求:在精心策划讨论问题的前提下,师生共同参与、主动探究、亲历过程、探讨生成关系、自主设疑、倾听异同解疑表述,营造师与生、组与组、生与生之间的自由互动的学习氛围,避免形式主义,注重培养学生表达思维的批判性、敏捷性、层次性、创造性。

**5. 以教学任务为标准分类**

以教学任务为标准可分为优质课(或示范课或汇报课)、展示课(或演示课)、录像课、观摩课、微视频课、讲座课。

1)优质课

按照科学(或被认可)的数学课堂教学评价指标体系与实施办法,由专家型数学教学评委组评选出的各项指标都达到优良效果的一种课型。

基本内容:主要以教材分析与教学设计、教学经验与手段、教学方法改革与创新、学科知识技能与思维品质培养以及教学规律与认知规律探究为示范和观摩内容。

基本目标:通过展示数学教师教学个体基本素质和团队教学智慧,使观摩者达到学习、交流或探究师生教与学双边活动设计与实施、评价与反思最佳效果的途径与方法。

基本要求:优质课应是评选出来的效果最佳课,要发挥团队集体备课的优势,由各项教学基本功最好的教师承担教授,以研究制定科学合理的课堂教学评价指标体系与实施方法为前提条件。

2）展示课

依据教学目标要求和内容特征，为了培养学生动手操作、实验、收集或制作能力由教师展示或演示关键技术与步骤的一种课型。

基本内容：主要以数学规范化操作步骤与示范、课件制作与动画设计、模型制作、调查研究设计与数据分析、案例设计与展示、数学实验设计与报告、数学应用与操作过程为演示内容。

基本目标：培养"5 动"能力和实践性知识的积累途径。

基本要求：要关注展示过程的细节与启发、节奏与效果，避免过程包办。

3）录像课

依据教学目标要求和内容特征，为了便于交流与学习、评价与反思，运用现代教育技术设备和软件技术，录制课堂教学全过程或研制视频课程的一种新型课。

基本内容：作为学习、模仿、研究资料的课堂实录（优质课）；作为教学问题形成因素查找资料的日常课堂教学实录；作为考核教师教学质量资料的课堂实录。还有，作为资料引进的名校名师录像课。

基本目标：主要目的在于有效提升教师专业素养和实践能力，科学、合理地查找教学过程中存在的问题，取长补短，及时改进。

基本要求：主要作为教师业务素质提升和经验交流、研讨教学的资料，应避免损害教师信心和积极性。

4）观摩课

依据教师专业发展理论和教学实践经验，结合不同教学水平的教师专业发展状况，通过课堂教学过程与效果的观摩进行相互交流、学习和探究教学问题的一种课型。语出《礼记·学记》："相观而善之谓摩。"郑玄注："摩，相切磋也。"

基本内容：主要以分析数学知识本源与思想、探究知识脉络与逻辑关系、积累教学经验与方法为交流或学习内容。

基本目标：促进数学教师专业发展，有效提升师资队伍整体素质和年轻教师成长速度，探究教学问题与规律，改进教学手段和管理模式。

基本要求：课堂观摩要常态化，注重效果，理论学习与观摩教学相结合，课堂与课前、课后教学活动相结合,目标要明确,形式要多样,准备要充分,强调教师专业成长与学生认知水平共同发展。

5)微视频课

依据认知形成与发展理论和教学设计理论,结合数学教学内容特点,利用现代技术手段设计制作的视频形式的一种课型。

基本内容:以讲述、解答、探究、演示、实验、展览为形式设计制作的知识点讲述、过程与方法展示、练习与操作示范等相关的学习片段视频。

基本目标:为教师提供教学设计、课件制作、教学反思与评价以及经验交流等资源,为学生提供自主、自由、便捷学习资源。

基本要求:针对性强、时间短、内容少、简单明了、使用方便、主题突出、趣味创作、传播多样、反馈及时。

6)讲座课

教师依据数学主修内容拓展和补充的需要或实现情感、态度、价值观目标的需要,以教师讲解为主,围绕某一个主题开展学习活动的一种课型。

基本内容:主要由数学趣闻、思想、文化、发展趋势、应用、方法与技巧、心智等有助于发展学生数学综合素质的内容构成。

基本目标:为全面提升师生数学综合素质,由学校或教师不定期地向师生讲授与数学相关的拓展性内容,培养学生的数学学科观和价值观(科学价值、应用价值、文化价值、艺术价值、教育价值、思想价值),提升数学思维品质。

基本要求:采取灵活多样的教学形式,即研讨、交流、操作、实验、报告、调查、评价等形式,注重培养问题意识和创新意识。

## 6. 以课程性质为标准分类

以课程性质为标准可分为必修课(公共必修课、专业必修课、基础必修课)、选修课、通识课(学科文化与发展史)、实践课(这些课型界定请参考课程理论)。

依据素质教育总目标和社会生产力发展阶段性需求以及各类学科基本素养形成之间的纵横关系,从宏观视角对课程内容与性质进行区分并研究制定与之相应的课程标准,由此产生了必修、选修、通识和实践课程体系,为学校具体的教育教学确立行动指南。

1)必修课

是指在不同的发展阶段中以必须学习、掌握的且持续发展所必备的基础性数学内容为载体的一种课型。

基本内容：主要由运算、抽象、推理、建模和数据分析相关知识体系构成，不同学习阶段必修课的内容和权重有所差别。

基本目标：为培养数学核心素养（即抽象、推理、建模、运算、直观、数据分析能力）奠定必要的共同的基础。

基本要求：完全按照课程标准的相关要求来实施，注重数学知识之间的衔接性问题。

2）选修课

是指由课程设置资质机构设定的，在不同的发展阶段中学生可以按照培养方案相关规则自由（或限定）选择的一种课型，这是相对于必修课提出的课型。

基本内容：主要由培养方案设定的数学知识模块构成。

基本目标：要符合课程标准相关要求和可持续发展需要，使学生发展兴趣爱好和思维品质。

基本要求：要致力于发展个性，突出基础性、新颖性。将实用性和创造性相结合，避免降低标准和地位，是课程体系的主要内容之一。

3）通识课

是指以数学文化与发展史相关知识为载体的一种课型。

基本内容：主要由数学某一个知识点、模块或公理体系相关的来源、背景知识、代表人物、涉及领域、发展史以及与之相应的文化知识构成。

基本目标：感悟数学知识形成与发展的规律，提升学生数学文化素养。

基本要求：要根据课程标准的相关目标要求和教学内容特点适度渗透数学思想与文化内容，要选择多种教学方式去实施或渗透，对教师素养有较高的要求，以避免误导或出现乱象。

### 3.3.3　基于课型选择教学模式

众所周知，教学研究经历了追求统一模式到多种模式交叉应用的发展过程，对我国基础教育改革产生了深远的影响，值得深入学习。避免将同一种教学模式用于所有学科或整个学校，要以融合数学史料、思想、方法、思维于一体的数学教学理念为活动指南，结合学科内容特点和学生实际，对不同的课型设计出不同的教学程序。

第一，深入研究课程标准和教材，完善教师自身的认知结构，分类、组织、整理教学内容，探索思维路线，为"再创造"活动过程奠定基础。曹才翰认为，所谓数学认知结构，就是学生头脑里的数学知识按照自己的理解深度、广度，结合着自己的感觉、知觉、记忆、思维、联想等认知特点，组合成的一个具有内部规律的整体结构。[1]

第二，教师要熟练掌握常用的教学方法和学习方法，不要盲目否定传统，避免思维定式和抽象化学习习惯对双边活动产生负面影响。

第三，教师要正确理解课型分类和教学设计之间的关系，避免出现教学过程的随意性。

第四，教师要熟练掌握专业软件和技术手段使用方法，为学生提供更有效的时空条件和各类资料。

第五，教学模式的设计或选择要灵活多样，结合具体内容和课型，实行"再创造"所需的"5+1"动。官能心理学认为："人的心智这个实体生来就有，由注意、意志、记忆、知觉、想象、推理、判断等官能组成，这些官能是各自分开的实体，分别从事不同的活动。"[2]

第六，教师要正确、全面、清晰、深入地学习掌握数学教学评价的理念、原则、方法与功能，通过教学反思与评价正确引领教与学的双边活动。

总之，通过区分课型进而建构不同的教学模式，是开展课程教学实践，将认知理论运用于教学全过程的有效途径之一。课程内容决定教学形式，课堂教学不能按照某种固定的模式来进行，应根据不同的课程性质、目标、内容、组织或方式对课型进行分类，并结合学科特点和课型结构设计不同的教学模式。

# 3.4　数学教学设计

## 3.4.1　数学教学设计的内涵与外延

数学教学设计作为专门的学问，以提高数学教师的教学设计能力与水平为宗旨，建立在数学课程论、教学论与学习论的研究工作基础之上，是纯数学和教

---

[1] 曹才翰，蔡金法．数学教育学概论[M]．南京：江苏教育出版社，1989:52.
[2] 喻平．学科关键能力的生成与评价[J]．教育学报，2018,14(2):34-40.

育与心理学科交叉研究、有机结合的数学教学形态知识体系,它按照合乎思维发展的逻辑顺序或数学学科发展的历史顺序设计师生教与学双边活动的实施方案。作为一门理论性与实践性相结合的交叉性、综合性、系统性数学教学活动,可以说,有多种的方案可供选择。教学设计与教学模式不同,教学设计是结合学科教学内容和目标要求,从整体的视角设计课前、课堂、课后教与学双边活动的实施方案及其相关要求;而教学模式则是从局部视角针对课堂教学而设计的活动方案,是教学设计的组成部分。

数学教师通过研究学习教学设计理论与实践经验,掌握数学教学设计的目标与目的、原则与策略、内容与分析、思路与程序、组织与管理、思想与方法、反思与评价等内容,从而获得系统的数学设计理论知识,掌握数学教学设计的基本技能与基本方法,提高数学教学设计水平与教学设计实践能力,并能运用所学的理论和方法解决数学教学中的实际问题,使之能够适应当前基础教育改革对数学教师的要求。

下面简单介绍一下数学教学设计的目标与目的、原则与策略、内容与分析等相关内容,其余诸如思路与程序、组织与管理、思想与方法、反思与评价等内容可参照前面各章节介绍的相关内容。

### 3.4.2　数学教学设计的目标与目的

数学教学设计的目标与目的可以总结为以下几个方面。

第一,正确、清晰、全面、深入、广泛理解数学教学设计的内涵与外延,明确数学教学设计与传统的课前、课堂(备课与说课)、课后(反思与评价)之间的区别与联系。

第二,掌握数学教学设计应遵循的基本原则、基本策略和基本组织形式以及掌握数学理论分析和学情分析的一般方法。

第三,明确掌握数学教学宏观目标与微观目标以及相关要求,理解数学教学重点、难点、关键,掌握以数学知识为载体的常用教学设计基本技能和基本活动经验,合理设计教学重点、难点,避免产生理解上的误区。

第四,领悟数学教学过程之中的现代基本课程与教学理念,明确"主体与客体"的教学意蕴,领会主体性教学思想与过程性教学思想,能运用情境式、启发式等常用的教学方法,并能将其渗透和运用到数学教学设计当中。

第五,掌握课型分类方法,了解国内外各类教学设计模式,熟练掌握数学教学所需的课件制作、教具学具制作技术手段,学会展现动态的数学认知与思维形成过程,并能将其有效地应用到数学教学设计当中。

第六,学会教材分析的一般方法,结合课程标准目标要求和学情合理设计认知形成过程与实施程序;掌握问题链的设计策略与专题研究方法,能熟练构建问题链进行教学过程设计。

第七,学会处理教与学内容之间的衔接性问题,掌握多种教学知识、思想与方法以及思维的导入方法,掌握课堂教学各环节相互衔接与思维过渡的基本实践经验,并能结合具体内容进行教学设计。

### 3.4.3　数学教学设计的原则与策略

数学教学设计是教学理论、学习理论、课程理论、系统理论和数学知识体系相互整合的认知活动方案。精心准备是保质保量完成教学目标与任务的前提条件,是教学工作的重要环节,是提高教学质量的根本保障。数学教学原则依据数学教育教学总目标与目的及学生认知规律制定,是设计与实施数学教学双边活动应遵循的基本行为准则与规范,又是有效地开展数学教学活动的理论与实践概括。为此,数学教学设计与实施过程一定要遵循课程标准的具体要求以及数学教学与学习的基本理论和基本规律,运用系统的观点和方法整合课程资源、制定教学活动的基本原则与实施策略,并对所设计的教学方案进行必要的反思、修改和完善。研制数学教学设计原则与策略,除参照 3.2.3 节几个要求以外还要遵循以下几条原则与策略:

第一,以全面发展观与立德树人为宗旨,以数学基本思想为指导,充分体现数学课程标准的基本理念,培养学习者的数学核心素养。

第二,要注重理论研究及实践经验的积累,发扬团队精神,重视课程资源的合作开发与利用,建设数学教学案例库和教学资料库。

第三,正确理解数学教学相关基本概念,避免误导学生发展思路与方向。例如,正确理解"预设与生成、主体与客体、教案与学案、思想与方法、原则与策略、素质与素养"等概念的内涵、外延及相互之间的区别与联系。

### 3.4.4　数学教学设计的内容与分析

教学内容设计是依据教科书和课程标准,结合数学教学基本要求(科学性、系统性、可行性、实践性、应用性以及教育性),既要对教材中的概念内涵与外延、符号化与表示方法、公理与原理、规则与法则、性质与算理、定理与公式、例题与练习题等内容做细致的推敲,又要搞清彼此之间的逻辑结构。另外还要从整体上把握教学内容,明确知识之间的衔接关系,搞清知识、方法、思维之间的发展关系,掌握教学目标与知识结构,突出重点,解决难点,抓住关键,努力做到课容量适当,例题、练习、作业及测试题配备合理。

# 3.5　数学教学设计的理论

## 3.5.1　行为主义学习理论

行为主义学习理论(又称为学习的联结理论)是当今学习理论的主要流派之一,该理论的核心观念为:"人类的思维是与外界环境相互作用的结果,即形成'刺激—反应'的联结。"行为主义学习理论主要有:巴甫洛夫的经典性条件反射理论、华生的经典性条件作用理论、桑代克的联结—试误说、斯金纳的操作性条件作用说和班杜拉的社会学习理论。

### 1. 经典性条件反射理论

由俄国生理学家、心理学家、医师、高级神经活动学说的创始人伊万·彼德罗维奇·巴甫洛夫创建。巴甫洛夫通过"狗的唾液分泌实验"得出经典性条件反射理论。所谓经典性条件反射,其实质就是一种刺激的代替过程,即由一个新的、中性的刺激(称为条件刺激)代替原先自然引发反应的无条件刺激。其中经典性条件作用的主要规律是:习得、消退、泛化、分化。

### 2. 经典性条件作用理论

以巴甫洛夫的学习理论为基础,由美国行为主义心理学的创始人约翰·华生(John Broadus Watson,1878—1958)提出,他的主要研究领域包括行为主义心理学理论和实践、情绪条件作用和动物心理学。华生认为,学习即是以一种刺激代替另一种刺激建立条件反射的过程,由此提出了刺激—反应学说。刺激是指外界环境中的任何东西以及各组织所起的种种变化,反应是指有机体所做的任何动作。除了天生的反射和情绪反应外,人类所有的行为都是通过条件反射建立新的刺激—反应的联结(即 S—R 联结)(S 代表刺激,R代表反应)而形成。主张学习的实质就是形成习惯,习惯就是刺激与反应间的联结。学习是刺激与反应的联结,有何种的刺激就有何种的反应,行为是学习者对环境刺激所做出的反应。该理论把环境看成是刺激,把伴而随之的有机体行为看作是反应,认为所有行为都是习得的。刺激和反应之间的联结称之为强化,任何行为都能被创造、设计、塑造和改变,强化是学习成功的关键。

### 3. 联结—试误说

联结—试误说由美国动物心理学、联结主义心理学、教育心理学创始人爱德华·李·桑代克(Edward Lee Thorndike,1874—1949)提出。桑代克提出了一系列学习的定律,把动物和人类的学习过程定义为刺激与反应(S—R)之间的联结,认为知识和技能的获得必须通过尝试—错误—再尝试这样一个过程。他明确了学习的含义、过程与规律,即学习的实质在于形成一定的联结(无须观念做媒介),学习的过程是盲目的尝试与错误的过程,在试误的过程中应遵循一定的规律(即学习的三大定律:准备率、练习率、效果率),并提出"奖励"是影响学习的主因。虽然桑代克的联结—试误说还存在不完善的方面,但是它是教育心理学发展史上第一个比较完整的学习理论。

### 4. 操作性条件作用说

美国新行为主义学习理论的创始人斯金纳通过"小白鼠压杆取食实验"的结果提出了操作性条件反射理论。他认为:"有机体学习获得经验的主要途径是操作性条件反射。有机体在刺激情境中可以自发地做出多种行为,如果其中某个行为得到强化,该行为在这种情境中发生的概率就会提高。不断强化的结果会形成在该情境中采用该行为的一种趋势,从而形成了情境与反应之间的练习,这就是有机体的学习。这种由于行动的结果得到强化而形成情境与反应之间联系的过程被称为操作性条件反射。个体获得经验的过程主要是操作性条件反射建立的过程。"

### 5. 社会学习理论

社会学习理论由美国当代著名心理学家、新行为主义的主要代表阿尔伯特·班杜拉(Albert Bandura,1925—2021)提出,又称为"观察学习理论"(包括观察学习、自我效能、行为适应与治疗等内容)。班杜拉指出:"人类活动是特定行为与控制它们的条件之间的相互作用,强调作为行为决定者的替代、符号和自我调节过程。人类后天的学习可分为直接经验学习和间接经验学习,人们许多知识、技能、社会规范等的学习都来自间接经验。人们可以通过观察他人的行为以及行为的后果而间接地产生学习,引导学习者做出与之相对应行为的过程,这种学习称为观察学习。"人类多种行为都是在"注意、保持、动作再现和动机"等过程中通过观察、模仿习得的。该理论认为,行为的多次愉快或痛苦的后果改变了个体的行为或者个体模仿他人的行为。行为主义学习理论把个体行为改变的过程视为条件反射的形成过程,而影响这一过程的重要条件是强化。

行为主义学习理论在实际教学和教育工作中有着非常广泛的应用,程序教学影响最大的就是程序教学和行为矫正。

1)程序教学

具体过程:以课本和教学机器的形式向学生呈现程序化教材,以使学生按规定的程序自学教材内容。程序教学要遵循四大原则:小步子原则、自定步调原则、及时强化原则、积极反应原则。

操作方法:把一门课程的教学目标分为许多小步骤,学习者每完成一步课业后,都会及时得到强化,然后进入下一步骤的学习。学习过程中,学生可以自定步调,自主进行反应,逐步达到总目标。

2)行为矫正

有机体自发做出的操作性行为与其随后出现的行为结果之间的相倚关系,控制该行为在以后发生的概率,即通过操作性条件反射或消退的原理来消除个体在某种情境下的不适当行为或不良习惯。也就是说,惩罚不能使行为发生永久性的改变,只能暂时抑制行为的发生;只能让学生明白什么不能做,而不明白怎么做才对。消退在减少不良行为上比惩罚有效。在教育过程中,教师应该多用正强化来塑造学生的良性行为,用不予强化的方法来消除消极行为,并慎重使用惩罚。

基本程序:(1)确定目标行为;(2)建立目标行为的基线水平;(3)选择强化物;(4)必要时,确定惩罚与惩罚标准;(5)实施行为矫正程序,观察目标行为并与基线水平做比较;(6)减少强化频率。

行为主义的基本特点是重视知识、技能的学习;注重外部行为的研究,强调知识来源于外部,并可通过行为目标来检查、控制学习效果。在许多技能性训练、作业操练、行为矫正中确实有明显的作用,对早期教育技术的发展有很大的影响。可以说,程序教学理论产生了深远的影响,尤其对于今天的CAI(计算机辅助教学)教学有很大影响。另外,行为主义学派最突出的特点在于坚持用实验的方法去研究学习的本质和条件并取得有影响的成果,对现代教育产生了一些积极作用。

行为主义学者只强调外部性刺激而完全忽视学习者内部心理过程,否定意识,片面强调环境和教育的作用,忽视了人的主观能动性。没有考虑动物和人类学习的本质区别,从根本上忽视了学习者的理解及心理过程,刻板、缺乏灵活性的教学不利于学生提高独立思考和独立解决问题的能力。

总之,行为主义学习理论可以用"刺激—反应"来概括,认为学习的起因在于对外部刺激的反应,认为学习与内部心理过程无关。根据这种观点,人类的学习过程可归结为被动地接受外界刺激的过程,教师的任务只是向学生传授知识,学生的任务则是接受和消化。行为主义学习理论的代表主要有:巴甫洛夫和华生为代表的经典性条件作用、桑代克和斯金纳为代表的操作性条件反射学说、班杜拉的社会学习理论。应用到教学中,经典性条件作用是要给学生一个良好的学习氛围,以使学生去掉焦虑的学习情绪;操作性条件作用是要给学生一个正向强化作用;而社会学习理论则是给学生一个良好的榜样。行为主义学习理论对教学有着重要的意义。

### 3.5.2 认知主义学习理论

认知主义学习理论认为,学习是主体主动作用于环境,人与环境是一个复杂的交互过程。认知主义学习理论的发展包括两个阶段:萌芽阶段(主要是格式塔心理学的早期研究)和成熟阶段(主要是现代认知心理学的研究)。格式塔心理学是产生于德国的一种心理学流派,被誉为现代认知心理学的先驱。现代认知心理学具有两个方面:一是以理论角度对学习进行的研究,以布鲁纳、奥苏伯尔为代表;二是以现代信息加工论的研究为代表,主要是加涅的信息加工模式。

**1.萌芽阶段——早期的认知学习理论**

1)格式塔学派的完形—顿悟说

完形—顿悟说是由德国格式塔心理学派提出的一种学习理论。格式塔心理学又称完形心理学,诞生于 1912 年,沃尔夫冈·柯勒(Wolfgang Kohler, 1987—1967)、库尔特·考夫卡(Kurt Koffka,1886—1941)、马克斯·魏特海默(Max Wertheimer,1880—1943)是其重要的代表人物。1913—1917 年,柯勒在德国对黑猩猩的学习和解决问题进行了许多研究,由此认为,学习是通过顿悟实现的,以此与桑代克的尝试错误说相对抗。

(1)顿悟说主要观点。

①学习是通过顿悟实现的。格式塔心理学派创始人、德裔美国心理学家柯勒认为:"学习是一个顿悟的过程,是个体利用自身的智慧与理解力对情境与自身的关系的顿悟,而不是尝试错误的过程。"①顿悟往往跟随在一个阶段的尝试与错误之后发生,但这种行为不像桑代克所描述的那样,而更似于一种"行为"假设的程序,动物在试验了这些假设后,便会抛弃它们,这往往是顿悟的前奏。所谓顿悟,就是动物突然察觉到问题解决的办法,是动物领会到自己的动作该怎么进行,领会到自己的动作和情景,特别是与目的物之间的关系。动物只有在清楚地认识到整个问题情境中各种成分之间的关系时,顿悟才可能发生。顿悟的过程也是一个知觉重组的过程,从模糊的、无组织的状态到有意义、有结构、有组织的状态,这就是知觉的重组,也是顿悟产生的基础。

②学习的实质在于构造完形。格式塔心理学既反对行为主义,也反对结构主义,认为行为处在一个整体当中,提出了"整体不等于各部分之和,而大于各部分之和"②的著名论断。在关于学习的看法上,强调学习在于构造完形,认为人心对环境提供着一种组织或完形作用,而这种组织和完形作用就是学习。当环境发生变化、人遇到困难或问题时,有机体头脑中已经形成的形就出现了"缺口""缺陷",就会有一种渡过这种缺口、弥补缺陷从而形成完形的趋向,即组织或构造新的完形,这种活动就是学习。柯勒认为:"学习过程中问题的解决,都是由于对情境中事物关系的理解而构成一种'完形'来实现的。"③

---

① 杜尚荣.感悟教学论[M].福州:福建教育出版社,2016:91.
② 张忠仁,胡珊,李丹.心理学[M].沈阳:辽宁大学出版社,2009:228.
③ 叶样佳,杨乐.阳光引悟教育实践[M].武汉:华中科技大学出版社,2016:60.

③刺激与反应之间的联系不是直接的,而需以意识为中介。对于刺激与反应或环境与行为之间的关系,格式塔与构造主义或行为主义的理解都是不同的。格式塔心理学派认为:他们的关系是间接的,是以意识为中介的,用公式表示为S—O—R。

(2)评价。作为现代认知心理学先驱的格式塔心理学是在批判构造主义、行为主义的过程中发展起来的,他们看到了这些学派的还原主义、机械主义的不足,从而把研究的对象确定为知觉、思维等心理现象,主张研究意识,这在当时是难能可贵的,为现代认知心理学的研究提供了心理学的来源。但是他们企图用顿悟说明人类的学习是不妥当的。同样,他们否认尝试错误的学习方式,过分夸大顿悟学习的作用与意义,也不符合学习的实际。

2)托尔曼的认知—目的说

(1)基本观点。受格式塔学派的影响,20 世纪心理学家、新行为主义学派代表人物托尔曼强调行为的整体性,认为整体行为是指向一定目的的,而有机体对环境的认知是达到目的的手段。他不同意把刺激与反应之间看成是直接的联系,即S—R①。他提出"中介变量"的概念,认为中介变量是介于实验变量和行为变量之间并把二者联系起来的因素。具体说,中介变量就是心理过程,由心理过程把刺激与反应联结起来。因此,S—R 的公式应为 S—O—R,O 即为中介变量。他从该观点出发,提出以下学习理论:第一,学习是有目的的行为,而不是盲目的;第二,学习是对"符号—完形"的认知,是对情境整体的领悟,从而形成情境的"认知地图";第三,学习的结果不是 S—R 的直接联结,而是 S—O—R 的过程,O 为中间变量。

(2)评价。托尔曼重视行为的整体性、目的性,提出中介变量的概念,重视刺激与反应之间的心理过程,强调认知、目的、期望等在学习中的作用,是一种进步,应给予肯定。托尔曼理论中的一些术语,如"认知地图"没有明确的界定;对人类的学习与动物的学习也没有从本质上进行区分,因而是机械主义的,这使得他的理论不能成为一个完整的合理的体系。

3)早期认知学习理论的启示

格式塔学派的完形—顿悟说强调学习的认知过程,肯定了主体的能动作用

---

① 史忠植.认知科学[M].合肥:中国科学技术大学出版社,2008:320.

和目的性,他们提出学习过程最主要的是顿悟,是观察和理解过程,避免单纯的、盲目的练习和重复,他们强调意识的重要性,对行为主义提出批判,是一定意义的进步,但他们将人类和动物没有进行本质上的区分,具有简单化和机械化倾向。

**2. 成熟阶段——现代认知学习理论**

1)布鲁纳的认知—发现说

美国教育心理学家、认知心理学家布鲁纳的认知学习理论受完形说、托尔曼思想的影响,但是布鲁纳的认知学习理论与完形说及托尔曼的理论又是有区别的,其中最大的区别在于托尔曼的学习理论是建立在对动物学习进行研究的基础上的,所谈的认知是知觉水平上的认知,而布鲁纳的认知学习理论是建立在对人类学习进行研究的基础上的,所谈认知是抽象思维水平上的认知。他反对以强化为主的程序教学,认为那只能使学生呆读死记;他倡导发现学习,强调学科结构在学生认知结构中的重要作用,从认知心理学的观点出发,对学生的学习、动机以及教学等方面进行了全面阐述。

(1)认知学习观认为学习的本质不是被动地形成刺激—反应的联结,而是使学生主动地形成认知结构。学习者不是被动地接受知识,而是主动地获取知识,学习者通过把新信息和已有的认知结构联系起来,进而积极地构成他的知识体系。认知结构在学习过程中起着重要的作用,它可以给经验中的规律性以意义和组织,并形成一种模式。

布鲁纳认为,构建良好的认知结构常常需要经过获得、转化和评价三个过程。学习是一个认知的过程,学习活动首先是新知识的获得过程,然后以不同的方式把新获得的知识转化为另外的形式,以适应新的任务,从而学到更多的知识,最后对知识转化进行检查,核对我们处理知识的方法是否适合新的任务,运用得是否合理。

(2)结构教学观。布鲁纳强调学生学习的积极性和主动性,强调认知结构的重要性。在教学观点中,他主张教学的最终目标是促进对学科结构的一般理解。他认为"不论我们选什么学科,务必使学生理解该学科的基本结构"[①],即学生理解了学科的基本结构,就容易掌握整个学习的基本内容,容易

---

① 岳志刚,王顺堂,于业成.现代教育技术[M].沈阳:辽宁大学出版社,2010:24.

记忆学科知识,就能促进学习迁移,提高学习兴趣,并促进儿童智力和创造力的发展。为了掌握学科的基本结构,布鲁纳提出了掌握学科基本结构的教学原则:动机原则、结构原则、序列原则、强化原则。

(3)发现学习。布鲁纳认为"发现是教育儿童的主要手段",学生掌握学科基本结构的最好方法是发现法。发现就是"用自己的头脑亲自获得知识的一切形式"。学生获得的知识尽管都是人类已经知晓的事物,但如果这些知识是依靠学生自己的力量引发出来的,那么对学生来说仍然是一种"发现"。

发现法的一般步骤是:(a)创设问题情境,提出和明确使学生感兴趣的问题;(b)激发探究的欲望,提供解决问题的各种假设;(c)检验假设;(d)引导学生运用分析思维去验证结论,最终使问题得到解决。在这个过程中,教师提供资料,学生亲自发现结论和规律。

发现学习有利于激发学生的好奇心,调动学生的内部动机和学习的积极性,有利于学生批判思维和创造力的发展。但是布鲁纳歪曲了接受学习的本意,没有对发现学习有明确的界定,并且发现学习费时耗力,夸大学生的能力,不易实施。

2)奥苏伯尔的有意义接受说

美国发展心理学家、精神病理学家戴维·保罗·奥苏伯尔(David Pawl Ausubel,1918—2008)根据学习的进行方式,把学习分为接受学习和发现学习,又根据学习材料和学习者原有认知结构的关系把学习分为机械学习和有意义学习,并认为学生的学习主要是有意义的接受学习。

有意义学习是指将符号所代表的新知识和学生认知结构中已有的适当观念建立非人为的和实质性的联系。接受学习是教师通过直接呈现要传授的知识及意义,学生通过新旧知识之间的相互作用来获得新知识。与布鲁纳所倡导的发现学习的观点相反,奥苏伯尔认为:"学生的学习主要表现为接受学习,学生的学习是通过教师的传授来接受事物意义的过程,它是一种有意义的接受,完全可以是有意义的学习。"[①]在接受学习中,教师所呈现的新知识大多是现成的、已有定论的、科学的基础知识,包括一些抽象的概念、命题、规则等,学生主要通过利用和这些新知识有关的、认知结构中已经具有的旧知识去同化它们,

---

① 张忠仁,胡珊,李丹.心理学[M].沈阳:辽宁大学出版社,2009:232.

通过这种同化去理解新知识的意义。

奥苏伯尔的接受学习强调原有认知结构和同化作用,学生同化新知识不是被动接受教师所传授的知识,而是通过自己的头脑积极主动地反应来实现的。接受学习是学习者掌握人类文化遗产和先进科学技术的主要途径,学习者可以在较短的时间内接受大量的间接知识,这对反对布鲁纳的不问学生实际的发现学习是有积极意义的。总之,接受学习和发现学习都重视学生认知结构的构建。

3)加涅的信息加工学习理论

(1)学习的信息加工模式。美国教育心理学家加涅提出的学习模式是依据信息加工的原理,并结合人对信息加工的特点提出来的,信息加工的学习模式由三大系统构成,即信息的三级加工系统、执行控制系统和期望系统,它主要用来说明人的学习的结构和过程(如图 3 - 1 所示):

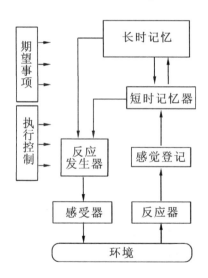

图 3 - 1　加涅的信息加工模型图

(2)学习阶段和教学设计。加涅认为,学习的过程就是一个信息加工的过程,学习是学生与环境之间相互作用的结果,学习过程是由一系列事件构成的,主要表现为内部过程,而这种内部过程与构成教学的外部事件是紧密地联系在一起的,通过教学和教学设计就能够有效地促进学习事件的发生,促进学习的内部过程。加涅把学习过程分为 8 个阶段,根据这些阶段进行相应的教学设

计,安排相应的教学事件(如图3-2所示):

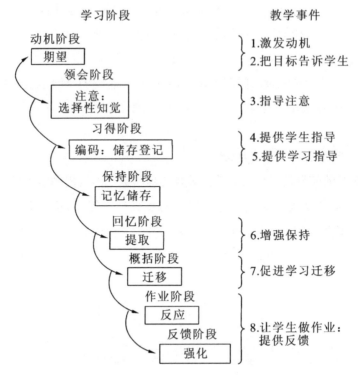

图3-2  学习过程的8个阶段

### 3.认知主义学习理论的评价

认知派学习理论为教学论提供了理论依据,丰富了教育心理学的内容,推动了教育心理学的发展。认知派学习理论的主要贡献是:重视人在学习活动中的主体价值,充分肯定了学习者的自觉能动性;强调认知、意义理解、独立思考等意识活动在学习中的重要地位和作用;重视了人在学习活动中的准备状态。即一个人学习的效果,不仅取决于外部刺激和个体的主观努力,还取决于一个人已有的知识水平、认知结构、非认知因素;认知学习理论由于把人的学习看成是一种积极主动的过程,因而很重视内在的动机与学习活动本身带来的内在强化的作用。

认知学习理论的不足之处,是没有揭示学习过程的心理结构。我们认为学习心理是由学习过程中的心理结构,即智力因素与非智力因素两大部分组成的。智力因素是学习过程的心理基础,对学习起直接作用;非智力因素是学习过程的心理条件,对学习起间接作用。只有使智力因素与非智力因素紧密结合,才能使学习达到预期的目的。而认知学习理论对非智力因素的研究是不够重视的。

认知主义起源于格式塔顿悟说,后经过布鲁纳、奥苏伯尔为代表的结构论,以加涅为代表的信息论,日趋完善,对行为主义的观点进行抨击,强调了人的主动性,认知理论认为学习不是被动的,不是在外界环境支配下通过练习、强化所形成的刺激——反应联结,而是获得知识、形成认知结构的过程。学习者是一个积极的参与者,在学习过程中,学习者是信息的主动加工者,学习者必须选择、组织相关信息,通过自己已有的知识对信息进行解释,从而理解信息。学习过程是学习者主动理解知识结构的过程。认知主义学习理论是教育心理学的一大进步,对教育心理学的发展起到了促进作用,对教育在理论和实践上都有重要意义。

### 3.5.3　建构主义学习理论

建构主义是以皮亚杰、维果斯基等人的思想为基础而发展起来一种新的认知理论,被称为当代教育心理学中所发生的一场革命。建构主义者主张学习是认知主体的一个意义建构的过程,教学是引导学生从原有的知识经验中生长出新的知识经验的过程,教师应是学生主动建构意义的促进者、合作者和指导者。建构主义学习理论对教学理论和实践具有重大意义。

**1. 建构主义渊源**

1)哲学渊源

建构主义作为一种学习的哲学,其思想渊源可以追溯到 18 世纪的意大利伟大的哲学家、语文学家、美学家和法学家维柯(Giovami Battista Vico,1668—1744)的"新科学"以及 19 世纪德国古典哲学创始人伊曼努尔·康德(德文:Immanuel Kant,1724—1804)的"哲学革命"。维柯是"第一位清楚明确地描述建构主义的人",他认为:"人们只能清晰地理解他们自己建构的一切。"①康德创建了以主体能动性为中心的批判哲学,全面提出了"主体性"问题,揭示了认识的双向性运动:人在认识世界的同时认识了人类自身,人在建构与创造世界的同时建构与创造了自身,康德哲学达到了西方哲学的巅峰,他本人也被大多数建

---

① 徐辉.现代西方教育理论[M].重庆:重庆出版社,2006:104.

构主义者奉为鼻祖之一。

2)心理学渊源

建构主义学习论是学习理论从行为主义到认知主义以后的进一步发展。在皮亚杰、布鲁纳和维果斯基的思想中已经有了建构的思想。

瑞士近代著名的儿童心理学家皮亚杰认为:学习是一种"自我建构",学习的过程就是认知结构不断变化和重新组织的过程,而人的认知结构始终处于变化和建构之中,环境和个体特征是影响它的两个决定性因素,而建构的基本心理机制就是同化和顺应(或称双向建构)。

美国教育心理学家、认知心理学家布鲁纳是发现学习论的倡导者,是认知主义学习理论的代表人物,他的建构思想体现在两个方面:一是通过儿童心理发展过程中对客观世界表征形式的不同,讨论了不同时期的儿童如何对客观世界进行建构;二是通过讨论学科结构、知识结构和认知结构,阐明了认知结构的来源和知识建构的问题,他认为学习是一个积极主动的过程,学习者依靠自己现在和过去的知识建构新的思想和概念,应该做出更多的努力去激发学生的学习动机,使学生对学习产生兴趣,从而主动地参加到学习中去,并且从个人方面体验到有能力来对待外部世界。

苏联心理学家、"文化-历史"理论的创始人维果斯基论述了教学与发展的关系并提出了"最近发展区""教学必须走在发展的前面"等观点,指出人的发展过程主要是一个历史的、文化的发展过程,个体的学习是在一定的历史、社会文化背景下进行的,社会可以为个体的学习发展起到重要的支持和促进作用,也改变着人的心理[①]。

**2. 建构主义**

建构主义本身并不是一种学习理论流派,而是一种理论思潮,并且目前还处于发展过程中,尚未达成一致意见,存在不同取向,对教育实践具有一定影响的,主要有以下四种理论。

1)认知建构主义

认知建构主义是以皮亚杰的思想为基础发展起来的,与布鲁纳、奥苏伯尔等的认知学习理论有较大的连续性。它的基本观点是:学习是一个意义建构的过程,是一个通过新旧经验的相互作用而形成、丰富和调整自己认知结构的过

---

① 张忠仁,胡珊,李丹.心理学[M].沈阳:辽宁大学出版社,2009:233.

程。就其实质而言,意义建构是同化和顺应统一的结果。一方面,新经验要获得意义需要以原来的经验为基础,从而融入原来的经验结构中;另一方面,新经验的进入又会使原来的经验发生一定的改变,使它得到丰富、调整和改造。换言之,认知建构主义强调意义的双向建构过程。

2)社会建构主义

社会建构主义是认知建构主义的进一步发展,是以维果斯基的思想为基础发展起来的,以鲍尔斯菲尔德和库伯为代表。社会建构主义认为,虽然知识是个体主动建构的,而且知识是个人经验的合理化,但这种建构也不是随意的建构,而是需要与他人磋商并达成一致来不断地加以调整和修正,并且不可避免地受到当时社会文化因素的影响。也就是说,学习是一个文化参与的过程,学习者只有借助一定的文化支持来参与某一学习共同体的实践活动,才能内化有关的知识。

3)社会文化取向

与社会建构主义很相似,也受维果斯基的影响,也把学习看成是建构的过程,关注学习的社会性,但与后者有所不同,认为心理活动是与一定的文化、历史和风俗习惯背景密切联系的。知识与学习都存在于一定的文化背景中,所以它着重研究不同文化、不同时代和不同背景下个体的学习和问题解决等活动的差别。个体以自己原有的知识经验为基础,通过一系列活动,解决所出现的各种问题,最终达到活动的目标。他们认为,学习应该像这些实际活动一样展开,在为某种目标而进行的实际活动中,解决遇到的实际问题,从而学习某种知识。学生在问题的提出及解决中都处于主动地位,而且在其中可以获得一定的支持,这种观点提倡师徒式的教学。

4)信息加工建构主义

在学习理论学派中,信息加工并不属于严格的建构主义,因为尽管它认为认知是一个积极的心理加工过程,比行为主义大大地进了一步,但是,它只强调原有知识经验在新信息的编码表征中的作用,而忽略了新经验对原有知识的影响。信息加工的建构主义比信息加工理论进了一步。虽然它仍然坚持信息加工的基本范式,但完全接受了"知识是由个体建构而成的"观点,强调外部信息与已有信息之间存在双向的、反复的相互作用。新经验意义的获得要以原有的知识经验为基础,从而超越所给的信息。而原有经验又会在此过程中被调整或改造,但又不认为是完全地适应新经验,完全被动地改造,所以信息加工建构主义也往往被称为"温和的建构主义"。其代表有斯皮罗等人针对结构不良知识的习得与迁移而提出的"认知灵活性理论"。

### 3. 建构主义学习理论的基本观点

#### 1）知识观

在知识的意义上,建构主义认为:人类知识具有主观性,人类知识只是对客观世界的一种解释、一种假设,并不是对客观世界的准确表征,它不是最终的答案,而是会随着人类认识的进步而不断地被新的解释和假设所推翻、所取代的。人类知识具有高度的不确定性、相对性,教科书知识就是对现实世界较为可靠的假设,而不是最可靠的解释。

在知识的应用上,建构主义强调知识应用的情境性,人面临现实问题时,不可能仅靠提取已有的知识就能解决好问题,而是需要针对具体情境中的具体问题,对已有的知识进行改组、重组甚至创造才能更好地解决问题。

在知识的学习上,不同的学习者对同一命题会有不同的理解,理解只能由个体基于自己的经验背景建构起来,它取决于特定情境下的学习历程。

#### 2）学生观

学生是信息加工的主体,是意义的主动建构者,而不是外部刺激的被动接受者和被灌输的对象。学生被看成形成有关现实理论的"思想家",学习是学习者内部控制的过程。学生是教学活动的积极参与者和知识的积极建构者,建构主义要求在教学活动中尊重学生的主体地位,发挥学生的自觉性、主动性和创造性,不断提高学生的主体意识和创造力,最终使学生成为能自我教育的社会主体。

#### 3）学习观

建构主义认为,学习不是知识由教师向学生的传递,而是学生构建自己知识的过程。学习者的知识建构过程有以下三个重要特征:

学习的主动构建性:面对新信息、新概念、新命题,每个学生都在以自己原有的知识经验为基础构建自己的理解。学习是个体建构自己知识的过程,这意味着学习是主动的,要对外部的信息做主动的选择和加工。

学习的社会互动性:学习任务是通过各成员在学习过程中的沟通交流、共同分享学习资源完成的。

学习的情境性:建构者认为知识并不是脱离活动情境抽象的存在,知识只有通过实际情境的应用活动才能真正被人理解。因而,学习应该与情景化的社会实践活动结合起来。

4）教师观

建构主义者对传统的教师角色提出了挑战,认为教师的职责不应该是"给予",教师不应该把自己视为"掌握知识和仲裁知识正确性的唯一权威"[①]。教师不是知识的传授者与灌输者,而应该是意义建构的帮助者和促进者,是学生学习的辅导者和学习环境的设计者,是学生学习过程的理解者和学生学习的合作者。教师要成为学生建构知识的积极帮助者和引导者,要激发学生的学习兴趣,引发和保持学生的学习动机。通过创设符合教学内容要求的情境和揭示新旧知识之间联系的线索,帮助学生建构当前所学知识的意义。同时,教师要尽可能组织协作学习,展开讨论和交流,促进学生的意义建构。

5）教学观

建构主义者强调,学生并不是空着脑袋走进教室的,他们在日常生活与学习中已经形成了丰富的经验。所以,教学不能无视学生的过往经验,而是要把学生现有的知识经验作为新知识的生长点,引导学生从原有的知识经验中"生长"出新的知识经验。教学要为学生创设理想的学习情境,增进学生之间的合作,激发学生的推理和分析等高级思维活动,促进学生积极的意义建构。我国学者把与建构主义学习理论相适应的教学模式概括为:"以学生为中心,教师起组织、指导、帮助和促进作用;利用情境、协作、会话等学习环境要素,充分发挥学生的主动性、积极性和首创精神;使学生有效地实现对当前所学知识的意义建构。"[②]

**4. 建构主义学习理论与应用**

1）探究性学习

探究性学习是指学习者通过发现问题和解决问题而建构知识的过程。探究性学习中广泛采用的具体模式是"项目式学习",其基本步骤是:针对课程内容设计出一个个学习单元——项目,每个项目围绕着一个发现的问题而展开,学习者以合作的方式来分析问题、搜集资料、确定方案直到解决问题。基本环节可概括为:提出驱动性问题—形成具体探究问题和探究计划—实施探究过程—形成和交流探究结果—反思评价。以问题为中心的探究性学习有利于帮助学生提高灵活运用知识的能力,形成有效的问题解决和推理策略,发展他们的自主学习能力。

---

① 霍涌泉,李越.教育心理学[M].西安:西北大学出版社,2007:67.

② 成杰.基础教育实践与研究[M].北京:线装书局,2010:81.

2）随机通达教学

随机通达教学是斯皮罗在认知灵活性理论中提出的适合于高级学习的教学模式，重点阐述了如何通过理解的深化促进知识的灵活迁移应用。在学习过程中，由于可以从多个角度对信息进行建构，获得不同的理解，同时也有利于把学习与具体情境联系起来，形成背景性经验，促进知识的迁移。所以对同一内容的学习要在不同时间多次进行，每次的情境都是经过改组的，而且目的不同，分别着眼于问题的不同侧面。

3）情境性教学

情境性教学强调与实际情境相类似的教学，强调以事例、问题为基础。要求教学过程中要使学生的学习与具体情境结合起来，完成真实的任务，加深学习对知识的理解和应用。首先，应使学习在与现实情境相类似的情境中发现，以解决学生在现实生活中的问题为目标；其次，教学过程与现实问题解决过程类似，所需的工具隐含在情境中，教学展示与现实中专家解决问题相类似的探索过程；最后，不需要测验，采用融洽式测试在学习中对具体问题的解决过程本身就反映了学习的效果。

4）抛锚式教学

抛锚式教学有时也被称为"实例式教学"或"基于问题的教学"。这种教学要求学生到实际的环境中去感受和体验问题，而不是听这种经验的间接介绍和讲解。在实际情境中一旦确立一个问题，整个的教学内容和教学进程就被确定了（就像轮船被锚固定一样）。抛锚式教学与情境性教学、情境认知以及认知的弹性理论有着极其密切的关系，不同的是，该理论主要强调以技术学习为基础的学习。

5）支架式教学

教师或者其他助学者通过和学习者共同完成某项学习任务，为学习者提供某种外部支持，以帮助他们完成自己无法独立完成的学习任务，随着活动的进行，逐步减少外部支持，直到最后完全由学生独立完成任务为止，把学生的"最近发展区"转化为现实。支架式教学包括预热、探索和独立探索三个环节。

6）合作学习

合作学习是一种教学策略，同一小组的学生通过合作共事，共同完成小组的学习目标。合作学习的目的不仅培养学生主动求知的能力，而且发展学生在合作过程中的人际交往能力。

7）认知学徒制

认知学徒制是指经验较少的学生在专家指导下参加某种真实性的活动,从而获得与该活动有关的知识技能。例如,在手工作坊中小徒弟进行的学习是一种学徒制的学习方式

8）交互式教学

交互式教学是指教师通过示范传授知识与技能的一种方法。交互式教学重视学习者之间的相互支持与促进,它有两个特点:着眼于培养学生以特定的、具体的用于促进理解的策略;以教师和学生之间的对话为背景。

**5. 建构主义学习理论的评价**

建构主义学习理论提出了许多富有创新意义的教学思想,对以往的教学理论产生了极大的冲击,对我们的教学活动具有重要的指导意义,也将对我们当前的教育教学改革产生深远的影响。

1）**强调学生的主体地位**

建构主义认为,学生是知识的主动建构者和教学的积极参与者,教师则是学生意义建构的组织者、帮助者和促进者。因此,要改变传统的师生角色,教师在教学过程中要充分尊重学生在学习中的主体地位,调动学生的积极性和主动性,学生在学习活动中是主人,一切从学生出发。这一观点促使学生学习方式的转变,促进了学生学习动机的最大限度地激发;它提出的学生观有利于培养学习者的创新思维和创新能力。

2）**强调学习情境的创设**

建构主义学习理论要求在真实或类似真实的情境中学习,注重非结构性知识和学生已有的经验。而传统的教学只注重结构性知识的传授,重视教材讲授内容,忽视学生已有的知识经验。在教学过程中,不太重视引导学生在原有的知识经验中去生成新的知识。因此,在教学中,教师应该给学生创造交互式的学习环境,以利于学生的主动探索、主动发现,以利于发展联想思维和建立新旧概念之间的联系;尽量由学生自己尝试解决问题,在学科结构与学生内在的知识结构当中架起桥梁,这样有助于提高学生把知识运用于解决具体问题的能力;启发学生通过自己的思考对事物做出自己的解释、假设与创造。

3）**提倡合作学习**

建构主义学习理论注重学习过程中的交流与合作。学习是在一定的情景即社会环境背景下,借助其他人的帮助即通过人际间的协作活动而实现的意义

建构,因此,在教学中要加强合作与交流:教师在学生与学生、小组与小组、学生与小组的交流和活动中要加强协调,而学习者通过合作学习使问题理解能够做到更加丰富和全面。

建构主义理论的优点在当今已为许多人所熟知,是无可争议的。但是,它仍存在着一些缺陷,主要有:过于强调知识的相对性,认为不要去追求"真理",过于强调世界的不确定性和变化性,甚至完全否认本质、否认规律、否认一般,有一定的相对主义色彩;建构主义在理论上重视的是学生的" 学",而这又往往会导致忽视教师的作用,因而不利于系统知识的传授,甚至可能偏离教学目标;虽然建构主义提出了一系列的教学模式、教学方法,但它过于理想化,未考虑实际因素,不易于实施操作。

建构主义学习理论向传统的教学理念提出了挑战,它对知识、学习和教学做了新的解释,它正在并将继续对我们的教育改革与发展产生深远的影响。支架式教学、随机通达教学、抛锚式情景教学等教学模式都给我们的教学提供了很好的启示。尽管建构主义的某些观点具有明显的主观主义和相对主义的色彩, 它也不能解决所有的教学问题,不可能完全取代传统的教学理论和学习理论,但它所阐释的知识的建构性原则,却有效地揭示了认识的能动性,是为改革传统教学而进行的一次大胆尝试,也为教育改革提供了可借鉴的思路。

# 3.6 数学教学"理解"之理解

课程改革以来,随着教师教育理论研究和专业实践研究的深入,诸多学科的教学问题凸显出来,尤其是教学评价指标体系与标准的情况较为复杂,有必要从多视角、多维度深入细致地进行理论研究。就以数学学科而言,数学认知维度的确立是编制数学教师专业标准的关键一环。我们不但需要知道学生掌握了哪些知识技能,更需要知道学生对这些知识技能掌握到什么程度,能否利用已有的数学知识技能解决实际问题。依据哲学解释学和认知心理学理论观点,可将数学认知维度划分为五个子维度,即了解、理解、操作(即技能操作)、应用和推理(即演绎推理和归纳推理)。其中"理解"是核心,了解是"前理解",操作、应用和推理是"后理解",通过"后理解"更进一步理解、完善认知结构。前与后是相对概念,"前"是"后"的基础或条件,"后"又是"前"的深入或发展,理解正是这种循环过程中的不断完善和提升。

### 3.6.1 "理解"的含义

"理解"是教育学和心理学中普遍使用的一个词。在不同的学术范畴内,对理解有不同的解释。对"理解"这一概念含义的不同认识,导致与其相关的标准、要求与评价指标等方面问题的解释不同。就数学课程与教学而言,其主要目的之一就是促进学生对数学知识的深入、全面理解,进而不断丰富和完善学习者的认知结构,培养数学理解能力和思维能力。在数学教学实践中,人们通常把"理解"看成一种认知方式、一种获得知识的手段。而以理解为核心的哲学解释学的兴起与发展极大地丰富了教学中"理解"的内涵,也导致教育教学理念的变革。然而,数学学科之中的"理解"究竟是什么含义,人们有不同的理解与认识。正确理解与把握"理解"的含义,对研究确定数学质量标准、数学教师专业标准以及提高数学教学质量起着关键性的作用。

**1. 辞典中对"理解"的不同解释**

在我国,"理解"一词,最早见于元朝末年编撰的《宋史》:"心通理解",是指从内心上明白,从道理上了解。理解,从字面上分析,"理"是指事物的缘由,"解"是指剖开、解释、解答、分析、破解或通达、推敲或推理,就是理性的思考和解读,领悟事理,依理而解。

《辞海》中将"理解"解释为了解,领会,是通过事物间联系的揭露而认识新事物的过程①。《马克思主义百科要览》(上卷)中指出"理解是辩证唯物主义认识论的一个范畴,指对事物的相互联系及其本质规律的逐渐认识过程。……所谓间接理解,是人们借用前人的经验和自身的以往经验,通过一系列的分析、综合、抽象、概括,从模糊笼统、没有分化的理解逐渐过渡到明确、清晰、分化的理解。"《马克思主义哲学大辞典》中将"理解"解释为"理性认识活动。是认识借助概念,通过分析、比较、概括以及联想、直觉等逻辑或非逻辑的思维活动"。《伦理学大辞典》中将理解解释为一般指对人的行为、思想以及理论、观点、概念的深刻了解,懂得其含义和价值②。《外国哲学大辞典》中对"理解"的理解是指解释者透过生命的各种"表现"形式(如语言、表情、艺术作品、自传等)去把握其中所展现的生命的意义。"理解"这一范畴有两个层次:一是对个体的理解;

---

① 辞海编辑委员会.辞海[M].香港:中华书局香港分局,1979:2312.

② 宋希仁,陈劳志,赵仁光.伦理学大辞典[M].长春:吉林人民出版社,1989:891.

二是在前者的基础上对"客观精神"(包括语言、生活方式、价值体系等)的理解①。《社会科学大词典》中将"理解"解释为"是逐步认识事物的联系、关系,进而明确其本质和规律的思维活动"②。《黑格尔辞典》中将理解解释为"运用理性能力,以概念的形式,达到对象的真实内容的把握或理解"③。

从认知层面上讲,认识得越全面,了解得越透彻,理解得就越深刻,使主体对客体有更准确的认识和把握,是了解、理解、操作、应用和推理等认知维度的核心。认知心理学认为,"理解实质上就是一个学习者以信息的传输、编码为基础,根据已有信息建构内部的心理表征并进而获得心理意义的过程"④。换句话说,"理解"是主体以已有知识、经验或体验为基础,获取新的知识、经验或体验并把它融入已有认知网络系统之中,建构意义和新的认知结构的过程。理解者的理解过程是由选择、信息编码、意义重构与融合三个阶段构成。

**2. 解释学关于"理解"的解释**

在国外,关于理解的研究甚多,"理解"是当代西方一种重要的哲学学说——解释学的研究对象,即解释学的核心概念。解释学最早诞生于古希腊,是关于古典文献的注解和解释的技术,是古希腊教育的重要组成部分,主要包含修辞学和诗学两部分。⑤ 解释学的"理解"有下面的两种含义。

一是"复原"说。这是一般解释学的理解观,其代表人物是弗里德里希·丹尼尔·恩施特·施莱尔马赫(德文原名:Friedrich Daniel Ernst Schleier macher,1768—1834)和威廉·狄尔泰(Wilhelm Dilthey,1833—1911)。理解是意义"复原"的认知过程,是主体通过语言分析和心理移情在心理上重新体验、复制和重构文本、作品的意义或作者心理背景的过程。施莱尔马赫将"理解"概括为"避免误解的艺术",理解就是消除"误解",理解的对象是人类及其生

---

① 冯契,徐孝通.外国哲学大辞典[M].上海:上海辞书出版社,2000:745.

② 彭克宏.社会科学大词典[M].北京:中国国际广播出版社,1989:225.

③ 张世英.黑格尔辞典[M].长春:吉林人民出版社,1991:645.

④ 李新成.现代认知心理学关于理解过程的研究[J].山西:教育理论与实践,1997,17(2):45-49.

⑤ 金生鈜.理解与教育:走向哲学解释学的教育哲学导论[M].北京:教育科学出版社,1997:31-39.

活史。① 狄尔泰更加完善了"复原说",并提出用移情的方法进行复原,认为理解就是从文本、作品、行为记载出发,通过语言分析和心理移情,把握作者本意、意图、情感和价值观,进而更好地构建新的认知结构,达到理解与作者原意的一致。

二是"视界融合"说。这是哲学解释学的理解观,其代表人物是海德格尔和他的学生汉斯－格奥尔格·伽达默尔(Hans－Georg Gadamer,1900—2002)。在海德格尔看来,"理解"并不是一种认知方式,它既不是主观意识的认识活动和功能,也不是获取知识的心理工具,而是所有心理活动的基础和条件,是一种存在方式。伽达默尔在继承老师的基本观点的基础上提出了"理解"的"视界融合"说。他认为,理解不是一种简单意义的"复原",而是主体"视界"和客体(文本或作品)"视界"通过观察、对话、交流,不断沟通和交融,不断生成和创造,不断丰富和拓展,进而提升为更高层次的"视界"。②

纵观国内外关于理解的研究不难发现,几乎都倾向于宏观理解,这就需要适应学科特点的微观理解即学科属性的研究,与此同时,对理解的研究在应用性、可测性和可行性方面存在诸多问题。哲学解释学对理解内涵进行宏观与抽象辨析,而认知心理学把理解纳入主体的心理与认知活动过程中进行研究。然而,学科教育教学改革,要以哲学和心理学理解观为理论依据,深入细致地研究学科认知规律,抓住学科内容的本质,正确把握其基本特征,清晰地认识理解的形成过程、表现形式、方法与途径,以学科核心要素为切入点进行理解。

### 3.6.2 "理解"的基本特征

对于理解而言,只有正确把握其基本特征,才能够结合具体的学科内容有效地指导专业实践活动。基于哲学解释学和认知心理学的理论认识,理解具有以下几个基本特征。

---

① 加达默尔.真理与方法:哲学诠释学的基本特征[M].洪汉鼎,译.上海:上海译文出版社,1999:380－385.
② 廖青.解释学视野下的"理解"及其对教学的启示[J].成都大学学报(教育科学版),2008(10):8－10.

### 1. 主体性

哲学解释学宣称,一切理解都是自我理解。理解是人的存在方式,人在理解中存在,在存在中理解[1]。理解的目的不仅是为了获取对文本、作品、行为记载的原意,更是为了在已有认知的基础上理解自我、认识自我,因此要理解必须有主体的存在,理解具有鲜明的个性化特征。

### 2. 相对性

主体理解与现实生活和客体相关联,都是在特定的时空的某种条件下发生。由于主体存在的状态即前理解(传统、先知、先见、成见、偏见)、语言(理解是以主体语言去理解客体语言)、间距(时空、思想、语言的间距)具有一定的历史局限性,理解都是相对的,但是相对理解也包含着绝对的成分。例如,同一个人,在初中、高中、大学学习过程中,关于函数的理解是有很大差距的。

### 3. 差异性

在理解过程中,由于主体所处的历史时代、传统与文化背景、思想与语言等基本条件存在着差异,主体的现实理解绝对"复原"客体原意是几乎不可能的,或者超越原意(即作者没想到的或当时根本没想过的意义),或者缺失原意(未能完全理解或根本无法想到的意义),这都是有可能的,称之为理解的差异性。要想创新和发展,缩小理解差异的范围,就要理解主体之间进行广泛的交流和对话。

### 4. 循环性

从理解的发展视角分析,理解是在局部与整体、特殊与一般、文本与现实的循环中不断发生、生成和重构的过程。随着理解的基本条件的不断变化和理解者的自我反思、自我超越、自我完善,人的认知结构不断变化,进而提升理解的程度,这种循环是永无止境的动态过程,称之为理解的循环性。

总而言之,"理解"是解释学的核心概念。基于哲学解释学的理解观,我们认为,理解本质上是以概念和关系为核心的意义复原、生成过程和存在方式,而存在方式就是认知过程与结果的相互融合,它具有主体性、相对性、差异性、循环性等基本特征。关于"理解"含义的认识与把握,对研究确定数学质量标准,数学教师专业标准以及提高数学教学质量起着关键性的作用。

---

[1] 王金福. 解释学:对理解的理解[J]. 赣南师范学院学报,2001(2):6-10.

### 3.6.3　数学"理解"的本质与内容特征

关于数学理解,不论是认知方式还是存在方式的观点,本质上是以概念和关系为核心的意义复原、生成过程和存在方式,而存在方式就是认知过程与结果的相互融合。也就是说,数学理解对象的核心就是概念和关系,是指主体在已有的认知水平和对数学的概念与关系把握的基础上,通过某种方式或途径获取新的数学知识、思想方法、经验或体验并把它融入已有认知网络系统之中,建构意义和新的认知结构的过程。真正理解了概念和关系才能够找到最经济和简单的数学表述和论证。因此,数学学科之中理解的内容主要由以下两个部分构成。

**1. 围绕概念的内容**

围绕概念的内容即数学概念的定义、性质(概念本质的剖析)、证明、定理(从定义和性质得出的真命题),证明、法则与公式及其推导过程,分类与分类标准,概念的来源与背景知识等,都属于理解范畴。概念是思维的细胞,因此对概念的清晰理解是正确思维和生成意义的前提和基础。数学概念的理解包含内涵的理解(如,从定义出发准确找出概念的特征或性质)和外延的理解(如利用确定的标准进行正确分类以及对每一个子概念的种差有清晰的认识)两个方面。就集合而言,美丽的图案、优秀学生、有用的工具、健康人、长线或短线等模糊的对象构不成集合,与集合的确定性矛盾。

**2. 围绕关系的内容**

围绕关系的内容即已有认知结构之中的概念和新概念之间线性关系、树形关系以及简单应用、简单操作、简单推理等都属于理解范畴,而网状关系则是应用。其中,线性关系是指头脑中的关于概念与概念、概念与故事的一对一结构;树形关系是指头脑中的关于概念与概念、概念与故事的一对多结构;网状关系是指头脑中的关于概念与概念、概念与故事的多对多结构。史宁中教授指出,数学就是研究对象之间的关系,包括数量关系、图形关系、随机关系。而简单应用、简单操作、简单推理是指不超过两个步骤的应用、操作、推理。所谓步骤,假设有若干个简单命题 $A \Rightarrow B$、$B \Rightarrow C$、$C \Rightarrow D$、$D \Rightarrow E$……从 $A$ 出发经过 $B$ 得出 $C$ 的过程称为两个步骤。例如,从三角形的内角和为 $180°$ 这一性质得出,三角形的外角和为 $360°$、四边形可看成两个三角形所以外角和为 $360°$,五边形等等都是理解,但是,得出所有多边形的外角和都为 $360°$ 是三角形性质的应用。

张奠宙教授指出：数学教育，自然是以"数学内容"为核心①。然而，数学内容的核心要素就是概念和关系，概念的形成和关系的疏通都具有层次性。教师在具体教学内容设计过程中，要关注各阶段的理解水平。依据布鲁姆分类、SO-LO分类、加涅学习阶段和范希尔理论，我们认为，数学理解是具有阶段性的，是有一种合理的循环次序存在，这是由数学学科的抽象性、逻辑性、应用性等特性和理解者内在心理活动、具体的学科内容、所处的客观环境与心理环境所决定的。就以数学实例来讲，是以已有实例、正反实例、典型实例、自编实例、概括性实例等不同层次的例子为思维载体，展示抽象过程、逻辑关系、应用价值，分析特征，才能够加深理解，逐步提高认知水平。

### 3.6.4 数学"理解"的表现形式

以数学的理解而言，清晰地认识其表现形式是理解者形成逻辑行为程序（思考、分析、抽象、简明、演绎、推理、设计、应用、评价等）的基础，具体形式如下：

**1. 能够举例说明或讲故事**

史宁中教授认为：理解的重要表现之一就是能够举例说明。因为数学思想方法、理念及潜能作为一个整体，蕴藏在一个个生动的数学案例和故事之中，它是抽象与现实的天然桥梁。举例的目的在于探究理解对象的原形或现实中的存在方式。

**2. 能够灵活地翻译数学语言**

数学语言是表达数学思想方法、知识和逻辑的、精心设计的专门语言，具有抽象性、准确性、简约性和形式化等特点，由符号语言、文字语言和图表语言组成，简称数学语言。数学语言之间的相互转换即翻译是理解的又一种表现形式。数学教育教学要关注引导学生自己形成思想，理解知识的关系和性质，把握数学内在的统一性，更关注理解思维和推理基础上的灵活记忆，加强数学语言的精确度、清晰度和简明性。

**3. 能够系统讲解学科知识**

讲解，是理解的表现形式之一，是教师运用演绎、推理、说明、分析、阐释、揭示等手段讲授学习内容的教学方法，是教师作为学生知识建构的促进者的最重要的体现形式之一。通过教师条理清晰、详略得当、措辞精当、表达流畅的讲

---

① 张奠宙，赵小平. 当心"去数学化"[J]. 数学教学，2005(6)：50.

解,使学生理解文本原意,超越或生成新的意义。讲授法有课容量大、便利理念表达、效率高等优点,系统讲解并不等于"满堂灌",我们不要受对立世界观的影响。人们试图证明学科知识、教学知识、课程知识等知识哪一个更重要,同样对教学方法也想分出等级关系。这是徒劳的作为,分类不等于"分等级"。不管哪一种知识或方法,在教与学的过程中融为一体,相互结合或补充,交替使用才能够达到良好的教学效果。就像生物体的水分一样(如人体内水分为 70% 以上、水母体内水分为 98% 左右),可是我们无法直接看到,也无法评价哪一个比例更正确。

**4. 能够正确评价教与学的过程与结果**

哲学解释学认为,评价是一种理解方式。史宁中教授说:"知识是结果,可以是思考的结果,也可以是经验的结果,所以知识的教育是结果的教育。人的智慧表现在过程之中,表现在思考的过程,表现在实验操作的过程,表现在处理危难的过程,因此,要注重过程的教学。不仅仅是知识产生的过程,过程的教育强调学生的参与。关注学生的思考过程、探究过程,使学生能思考问题、会思考问题。"教师对课程标准、学科成分、课程实施、教学设计、师生关系等有正确的理解,才能够形成正确的评价理念,调动学生情感,提高教学质量。

**5. 能够全面分析和反思教学行为**

数学学习过程之中,分析和反思是数学思维的核心,是学习者对自身的理解与行为模式的优势、劣势以及局限性所做出的理性思考,能够清晰地诊断学习过程与结果中存在的问题,分散难点,避免误解或偏见,养成良好的习惯。美国数学教育家波利亚认为:"如果没有了反思,他们就错过了解题的一次重要而有效益的方面。"

数学知识的系统性、严密性决定了知识之间的复杂的内在联系,要善于从整体上、本质上把握相互关系,通过举例说明或讲故事、数学语言翻译、系统讲授、合理评价和反思等表现形式,采取梳理、综合、分类、对比、转化等方法不断提升理解者的理解水平。教师的智慧表现于教学过程,不仅要注重学习者的理解形成的过程,还要关注思考过程、探究过程中的理解。

总而言之,数学教学活动,本质上是以解释、观察、交流与反思、操作、应用、评价为形式展开的理解活动。众所周知,教育教学成败的关键因素就是教师的素养。一个没有经过良好的专业实践训练的数学教师,很难摆脱狭隘和肤浅。对学生来说,教师的角色扮演能力是关键,即优秀教师的文化心理素养(由价值取向、思维方式、审美趣味构成)和学科素养,对学生有着强大的、持久的影响力。通过名师引领、课例示范、同伴互助、专题论坛、同课异构、广泛交流等多种途径促进教师专业发展,交流理解的方法与途径,提高教师的理解能力,为学生提供丰富多彩的情景,有效激发数学学习兴趣,激励学生动脑思考、动眼观察、动手操作、动耳倾听、动身体验,也为学生提供探索与思考的余地,倡导在合作交流之中理解数学。数学教育教学要以师生发展为本,把理解的主动权交给理解者,让学习者自主探索,主动积极地建构认知结构,得到和谐的发展。新课改所提出的每一个学生都可以学习数学,不同的学生学习不同水平的数学,允许学生以不同的速度学习数学,学生可以用自己的方法学习数学的学习理念正体现了理解性学习的观念①。只有树立正确的理解观,数学教育才能够使人在自我理解、自我实现、自我创造过程中提升主体价值与意义,发展数学素养,培养数学创造性思维与能力。

---

① 数学课程标准研制组. 数学课程标准解读 [M]. 北京:北京师范大学出版社,2002:2-6.

# 第4章 数学课堂教学实践的基本技能

## 4.1 数学教学基本技能

教师教学基本技能是教师从事教育教学基本素养之一。无论是职前学习还是在职学习都要有计划、有目的地长期坚持学习、练习、研习、积累,为从事中小学数学教学工作和持续的专业发展奠定扎实的基础。

### 4.1.1 教学技能训练的基本原则

数学技能训练通常遵循以下原则:

#### 1. 理论与实践相结合的原则

技能训练必须与教师的"教"和学生的"学"相关理论结合,既要有理论指导又要有实际操作。

#### 2. 教学理论与学科内容相结合的原则

#### 3. 目标性原则

中小学数学教师应把教学技能作为训练目标,结合中小学具体教育教学工作内容与特点进行常态化训练。

### 4.1.2 数学讲授技能的训练

#### 1. 讲普通话技能的训练

训练要求:对一般学生来说,普通话应达到国家主管部门制定的标准(普通话水平测试标准)的二级,即能用比较标准的普通话进行朗读、讲课和交谈。

#### 2. 口语表达技能的训练

训练要求:有较强的朗读、演讲和讲话能力,口语表达要做到准确、通俗、生动、清晰、流畅、规范、简洁、逻辑严谨,掌握教育、教学、交谈的口语特点,力求做到科学、简明、生动。

**3.肢体语言技能的训练**

训练要求:恰当地使用肢体语言,能够使数学语言更加规范、简洁、生动、形象、得体,教态自然、亲切、端庄、大方,教学心理素质好,符合教师"行为规范",效果良好。

### 4.1.3　数学书写技能的训练

**1.掌握规范的文字书写技能**

训练要求:教育学生树立用字要规范的意识,训练学生写字规范正确、笔画清楚,要掌握常用字,不写错别字。

(1)熟悉中小学数学教育教学过程中常用的文字和符号含义,要会读、会写、会用,自觉纠正错别字,掌握容易写错的字、容易混淆的字、多音多义的字。

(2)掌握常用字的笔画和笔顺。

(3)掌握书写技能的重要性。

(4)对教师书写技能的要求:笔画清楚、正确规范、熟练有力、匀称美观。

(5)掌握执笔、运笔的正确方法,纠正不正确的姿势和动作。

(6)掌握书写款式:卷面干净,留有天地,布局恰当,行款整齐。

**2.掌握规范的数学符号或式子技能**

(1)熟悉中小学数学教育教学过程中常用的符号含义,要会读、会写、会用,自觉纠正错误符号,掌握容易写错的符号、容易混淆的符号、多意的符号。

(2)掌握常用符号、符号语言应用范围和规范。

(3)教师掌握符号化语言表达技能的具体训练方式方法。

**3.常用数学图表制作技能**

(1)掌握几何图形、表格、图像和思维导图知识和技能。

(2)掌握常用制作的课件软件的使用办法和具体作用。

(3)教师掌握图形语言表达技能的具体训练方式方法。

### 4.1.4　教学工作技能

通过课堂观摩、教学见习、模拟教学、技能训练、集中实习等多种形式,规范师范生的教学实践行为与过程,提高师范生教学工作技能。充分利用信息技术手段,开发优质教育实践资源,组织师范生参加各类中小学数学教学实践、观摩与交流活动,探索建设师范生规范化的职业技能训练模式,建立学校与中小学联合培养机制。

**1. 教学设计技能**

训练要求:了解教学设计的方法,理解教学设计的概念,通过训练掌握制定教学目标、分析和处理教材、了解学生、制定教学策略、制订教学计划和编写教案的方法。结合学科特点设计和批改学生作业,课后能评价自己和别人的教学。

(1)概念理解:教师在备课过程中,用系统的方法把各种教学资源有机地组织起来,对教学过程中相互联系的各个部分的安排做出整体计划,建立一个分析和研究的方法,制定解决问题的步骤,对预期结果进行分析。

(2)制定教学目标:了解教学目标的类别,掌握制定教学目标的方法和要求,重点掌握制定课堂教学目标的方法。

(3)分析和处理教材:基础知识扎实、教学能力强、掌握教育学心理学知识、熟悉教材教法,能够正确处理“数学化”“经验化”“生活化”的关系。

(4)了解学生:了解学生学习的特点,掌握分析学生学习的方法,合理组织教学过程,教学语言要生动清晰、文明规范,善于管理教学中学生的学习行为与纪律,课堂教学井然有序、气氛活跃、氛围融洽,善于处理偶发事件。

(5)制定教学策略:能根据教学目标、教学内容和学生实际选择教学媒体,设计课堂教学活动,教学活动各环节讲、练、演示、板书及主次内容的时间分配合理,能做到精讲多练,关注培养数学核心素养。

(6)制定教学计划和编写教案:了解教学计划和教案的结构和要求,掌握制定教学计划和编写教案的方法,通过训练能写出符合要求的教学计划和教案。教学方法灵活多样,因材施教,举一反三,科学引导,教学方法的选择有助于基本活动经验的积累。

(7)作业的类型和设计:了解数学学科学生作业的类型和设计的方法,能根据教学需要选择和设计作业的内容。

(8)板书设计:工整、完美、简明、扼要,书写规范,条理清楚,具有科学性。

(9)课堂教学评价:了解课堂教学评价的依据和标准,通过训练掌握评价的方法。

**2. 使用教学媒体技能**

训练要求:教师要了解教学媒体的种类和功能,掌握现代教学媒体的使用方法及其软件编制的方法。能根据教学内容和学生的特点选择、使用教学媒体,设计制作教学所需的教学软件及简易教具。

(1)教师在进行教学设计和实施课堂教学过程中,根据教学内容和学生实际选择,使用教学媒体,提高使用数学教学相关专业软件的应用技能。

(2)掌握并使用常规教学媒体功能及其教学特性:画图、标本、模型、教具;掌握并使用现代教学媒体及其教学特性:投影、幻灯、录像、CAI 等。

(3)掌握并使用教学软件的编制功能:动画的种类和制作、幻灯片的制作和计算机课件的制作。

(4)简易教具的制作方法。

(5)教学设备应用娴熟,能熟练运用现代化教学手段,教育技术及传统教学工具使用的合理,具创新性,能与教学内容的整合。

**3. 课堂教学技能的训练**

训练要求:使学生了解课堂教学中基本教学技能的类型,理解各项基本教学技能的概念,掌握各项教学技能的执行程序和要求,通过训练能根据教学任务和中学生的特点把教学技能应用于教学实践。

(1)导入技能。

(2)板书板画技能。

(3)演示技能。

(4)讲解技能。

(5)提问技能。

(6)反馈强化技能。

(7)结束技能。

(8)组织教学技能。

(9)变化技能。

(10)教学技能综合训练。

# 4.2　数学课堂导入方法

中小学数学课堂教学中,存在着对于课堂导入方法的不够重视或者过于强调导入的现象。在课堂教学过程中,对课堂导入不够重视,凭借个人经验平铺直叙,缺乏对数学知识来源与本质的理解,回答是什么、怎么做、为什么的较多而分析怎么想到的较少,进而使整个课堂枯燥无趣,无法提高学习者的思维品质;有些教师过于强调导入,使得课堂导入所占的时间太长,讲解新内容的过程简短,无法突出课堂重点;有些教师利用与新课内容无关或夸张的语言进行导入,使学生无法从导入的情景中自拔,不能够很好地进行新课学习。因而,正确理解数学课堂导入法的内涵并有效利用课堂导入法显得极其重要。那么,课堂导入方法是什么、有哪些、如何去分类、怎样有效使用、具体操作流程如何设计等,这些都是中小学数学教师亟待解决的教学研究课题之一,必须引起足够的重视。

### 4.2.1　课堂教学导入

课堂是学校进行教学工作的基本组织单位,是教学活动的基本单元。数学课堂教学模式有很多,不同课型有着不同的导入方法和教学方法。

依据个体认知形成规律和数学学科内容与特点,利用虚拟情境或事物情境设计,选择不同的方式、手段或途径,链接已有数学知识和即将要学习的数学教学内容的教学环节称为课堂导入法,是课堂教学的构成要素之一。对于教学设计与实施过程来说,要正确、全面、深入、清晰地理解并很好地整理、分类掌握各类导入方法是优化教学过程的重要准备条件。

课堂教学导入,一般是在课堂教学的起始环节。它指课堂教学过程中,教师有意识、有目的地引导学生进入新的学习状态的教学组织行为,是教师和学生在此过程中所有教与学活动的通称。它的目的是:导入教学活动,新旧衔接,启发学生,激发兴趣,说明目的,暗透动机,创造氛围,营造情境,等等。

导入不仅包括教学过程的课前导入,还包括课中导入,即例题的导入、思维的导入,也包括课堂结尾的导入。人们一般认为,良好的开端是成功的一半,课堂教学中的导入环节是非常重要的,导入在一定程度上可以决定课堂教学的成败,或者说,导入的优劣会直接影响到后续内容的进行和发展。导入如果能够引人入胜,就会抓住学生的心,课堂教学就会顺利进行;如果平淡无奇,就不容易使学生注意力集中,课堂教学质量就难以保证。作为教师,必须重视课堂的导入。

### 4.2.2　课堂教学导入法分类

教学没有固定的形式,任何教学活动的导入,也都没有固定的方法。由于教育对象不同、内容不同,导入的类型也可以多种多样。即使同一内容和对象,不同教师也有不同的处理方法。

**1. 直观导入型**

常见的直观导入型有以下几种。

1) 直观描述法

它指教师从感性材料出发,联系生活实际和学生的实际以直接感知的方式导入的方法。如,学习"二面角"时,让学生把书打开,使学生看到书的两部分所成的角,对"二面角"有一个直接的感性认识。

2) 教具演示法

它指教师通过特制的教具进行恰当的演示导入的方法。在演示中让学生也参加进来,观察、触摸,这样可以调动学生的积极性,使所学的知识直观、形象地展现在他们面前。如,学习立体几何"圆台的侧面公式"一节时,教师先给学生展示一个圆锥,然后再从上面用平行于底面的平面截去一个小圆锥,使它变成一个圆台。那么沿圆台一条母线剪开后的展开图面积就是该圆台的侧面积。

3) 多媒体导入法

它是利用现代化的声、光、色彩、多维动画等形式导入的一种方法。运用多媒体技术,可以将声音、图像或动画同时呈现给学生,调动学生的多种感官,使学生有身临其境的感觉,引起学生的兴趣,集中学生的注意力,使他们很快地进入学习状态。

4) 实验法

它指教师利用学生的好奇心、爱动手的特点,尽量设计一些富有启发性、趣味性的实验,使学生通过对实验的观察去分析思考、发现规律,进行归纳总结,得出新课所要阐述的结论采用的导入的方法。

运用这种方法能使抽象的数学内容具体化,有利于培养学生从形象思维过渡到抽象思维,增强学生的感性认识。如,在讲"椭圆"一节时,教师让学生事先准备一条两头系有图钉的一段线绳,然后上课一开始教师和学生一起就椭圆的定义进行实验操作,画出的就是该节课要学习的"椭圆"。这种导入的方法直观形象,有利于培养学生的抽象思维能力和想象能力。

**2. 问题导入型**

1) 问题启发法

它指教师通过问题引起学生的注意,启发学生深入思考解决问题的方法的导入方法。

2）巧设悬念法

它指教师设计一些学生急于想解决,但运用已有知识和方法一时无法解决的问题,形成激发学生探究知识的兴趣的导入方法。

3）揭示矛盾法

它指通过揭示已有知识结构中无法解决的矛盾,突出引进新知识的必要性的导入方法。

**3. 联想导入型**

1）复习导入法

复习导入法指有针对性地复习旧知识,为新内容做铺垫的导入方法。

2）类比导入法

类比导入法就是当新旧知识有较强的相似性时,用旧知识类比来得出新的知识。这种方法有利于培养学生的思维能力和发现问题的能力。

3）归纳导入法

归纳是把个别事物的特征上升为一类事物的特征,依据特殊事例建立一般原理的逻辑方法。归纳猜想是揭示科学规律的重要方法。归纳导入法指利用特殊事物的特征归纳导入的方法。

4）实例导入法

实例导入法指通过分析与这节课联系密切的具体实例揭示一般规律的导入方法。相对于"一般"而言,"特殊"的事物往往比较熟悉,简单且直观,更容易被接受和理解。

## 4.2.3　设计导入法的基本原则

一节课,导入得法,片刻之间就能营造一种浓郁的学习气氛,学生上课的积极性得到充分调动,并迅速进入良好的学习状态,进而为学习新课内容奠定良好的基础;相反,教师导入形式呆板,导语枯燥无味,学生听而生厌,学习兴趣就会骤减,陷入被动接受状态,影响整节课的学习。在课堂教学中恰当地使用导入是非常重要的。

**1. 针对性原则**

导入要针对教材内容,明确教学目标,抓住教学内容的重点、难点和关键。导入要从学生实际出发,抓住学生年龄特点、知识基础、学习关键、兴趣爱好、理解能力等特征,做到有的放矢。

### 2.启发性原则

积极的思维活动是课堂教学成功的关键。富有启发性的导入能引导学生发现问题,激发学生解决问题的强烈愿望,能创造愉快的学习情景,促进学生自主进入探求知识的境界,起到抛砖引玉的作用。教师在备课时应深入钻研教材,选择有启发性的素材进行课堂的导入,唤起学生的注意,有效地启发学生对新内容的学习欲望。

### 3.趣味性原则

趣味导入就是把与课堂内容相关的趣味知识,如数学家的故事、数学典故、数学史、游戏、谜语等做为导入传授给学生。趣味导入可以避免平铺直叙之弊,可以创设引人入胜的学习情境,有利于学生从无意说注意迅速过渡到有意说注意。

### 4.直观性原则

在数学教学中,教师要深入挖掘教材中蕴含的操作素材,设计一些操作性强的实践活动,如画、测、剪、拼、折、撕、旋转、平移、实验、想象、反思、体验,或利用多媒体演示等直观方式创设情境,使学生的眼、耳、口、手、脑都动起来,多种感官与思维协同参与,让学生在活动中自主探索、合作交流,始终给学生创造发挥的机会,通过自己的探索,学会数学和会学数学,最终使学生能够知其然又知其所以然。直观导入易引起学生的兴趣,能帮助学生理解所学知识的形成与发展过程,便于学生在轻松愉悦的氛围中获得新知。

### 5.适度性原则

导入的实施要适度,不可喧宾夺主,更不可胡编乱侃,那样固然能引起学生的"兴趣"和"注意",但结果却适得其反。在利用悬念导入新课时,应该在讲解过程中使悬念有着落,不然学生将整节课去琢磨悬念而忘了听课,反倒弄巧成拙、事与愿违。

## 4.2.4 设计课堂教学导入法的建议

数学课堂的导入,要以创设自然、真实、和谐的课堂探究环境为第一要务,在学生的情感体验与思维冲突中激发学习热情;在体验过程、落实四基、发展核心素养的同时,培养学生的自主探究的能力。数学教学中,再好的导入规划也要灵活具体地操作,要在课堂教学中探究新生成的思路,不断完善自己的导入设计,让数学教学活动在自然和谐的状态中有效地开展。

**1. 极端做法不可取**

不可取的做法如由于导入时间短,又未涉及正题,往往被忽视;有的教师为了追求新奇,无限制地夸大导入的效应;等等。

**2. 导入方法选择的要有针对性**

根据教学内容和目标要求来考虑所选择的导入类型与方法,同时还要考虑学生的认知特点和知识水平以及学校的现有设备条件,以学生的思维特点为中心确定导入所采用的方法。

**3. 导入方法要具有多样性**

不同的内容用不同导入方法,每节课都给学生一种新的体验,有利于调动学生学习的积极性。

**4. 导入语言要有艺术性**

导入语言既要考虑语言的准确性、科学性和思想性,又要考虑可接受性。教师创设情境时,针对学生思维中的问题,启发他们思考,留有广阔的思考空间,语言既要清晰流畅、条理清楚,又要娓娓动听、形象感人,使每句话都充满激情和力量;直观演示时,语言应该通俗易懂、富有启发性;联系导入时,语言应该清晰明了、准确严密、逻辑性强,这样的教学语言,最能拨动学生的心弦,使他们产生共鸣,激起强烈的求知欲和进取心。

# 4.3　数学课件制作

学会制作数学课件是从事数学教学工作必须掌握的技能之一。熟练掌握多媒体技术平台的操作有利于提高教学效率,提升教学质量。

## 4.3.1　课件制作的目的与要求

### 1. 目的

通过基础理论的学习和适当的模拟实践活动,使教师掌握从事数学教学的基本技术,掌握从事中小学数学教学工作的有关辅助教学软件,培养学生应用多媒体技术研究数学问题和动态、直观演示技能。培养教师的创新意识和钻研精神,并努力塑造人民教师的良好的个性品质。

**2. 基本要求**

课件制作必须遵循数学教育教学基本原则以及以下几条原则。

(1)理论与实践相结合的原则。

(2)模仿应用与改革创新相结合的原则。

(3)知识研究与技术平台相结合的原则。

(4)合作开发与共享资源相结合的原则。

(5)自学与培训相结合的原则。

### 4.3.2 课件制作内容与要求

**1. 课件制作内容**

(1)PPT 的主要功能在数学课件制作中的应用。

(2)各类格式文本、图形与色彩制作技能。

(3)不同格式文件制作与超链接。

**2. 具体要求**

(1)了解 PPT 应用的要点。

(2)掌握制作数学课件的基本方法。

(3)学习与实践操作结合,针对具体问题进行创作。

**3. 课件制作与几何画板**

几何画板是制作数学教学课件的很好的软件,熟练掌握几何画板的应用功能对数学教学准备与实施有着很大帮助。

(1)动态演示功能。几何画板所作出的图形是动态的,可以在图形变动时保持设定不变的几何关系和数量关系。针对数学教学需要可以制作动画、移动、控制、转动、分离、隐藏、显示、追踪、合并等各种动画按钮的快慢或者暂停。

(2)变换功能。几何画板提供了平移、旋转、缩放、反射等图形变换功能,可以按指定的值或动态的值对图形进行这些变换,也可以使用由用户定义的向量、角度、距离、比值来控制这些变换。可以画出动点轨迹以及轨迹形成的原因,为观察现象、发现结论、探讨问题创设了较好的情境。

(3)计算功能。几何画板提供了度量和计算功能。能度量线段长度、曲线长度、角的度数、面积等,还能进行四则运算、函数运算并把结果动态地显示在屏幕上。

(4)自定义工具。自定义工具就是创造自己制作的工具,按需要增强画图的功能。

(5)图像功能。用几何画板可以画各种函数与分段函数图像以及由参数方程给出的曲线,支持多种坐标系的选择。不仅能制作直角坐标系下方程所表示的曲线,又能制作极坐标系下方程表示的曲线。

(6)其他功能。几何画板还可以为文字选择字体、字形、字号、颜色,可以为图形设置颜色,而且能够把颜色与数字关联起来,为图形、图像增加一段文字说明。

# 4.4　资料库建设

依据学科教学实际需要和学生实际情况,研究建设各科题库是有效备课的前提条件,是提高教育教学质量的保障与资源,也是教师专业发展的有效途径。

## 4.4.1　常规资料库创建工作

研究筛选适量的参考资料,对数学教学所需的内容,如精选例题、练习题、作业题、试题、课件制作、微课、阅读资料等,进行科学、合理的分类,并分配给每位学科教师,建构教师教学准备工作电子资料库。例如:

### 1. 编题与变题

通过正确、全面、深入研究教材,针对每一个单元内容教学实际需要,分类编制各类题例,如例题、练习题、作业题、测试题、变式题,也可以合理筛选参考资料题例入库。

### 2. 编制试卷

参考适量的参考资料,按照预定的教学目标要求和学校相关目标要求,让各位任课教师编制出若干套单元或模块考试卷。

### 3. 案例设计

按照一定的要求设计典型的学科知识应用案例,足够吸引学生好奇心的案例,具有立德树人目标的学科教育案例。依据数学教学特点和需要,对所需的图书与电子图书、音像与视频教程、模型与图片、数学史与文化专题片、专业软件与课件制作、课程计划与实施方案、教案设计与学案设计、考试热点专题、微课设计与制作、数学实验与操作流程、课外活动设计与组织实施等资料进行收集整理,不断丰富数学教学资料库内容。

选入资料库的必须是优秀案例或题例,并依据教学工作实际需要和教学评价指标体系进行科学评价。

### 4.4.2 专题资料

教师要想提高教育教学质量,培养学生数学思维品质,减轻学生学业负担,那么在平时备课过程中,应当全面梳理某一单元的知识、方法及题例之间的关系,以某一类知识、方法或思想为主线,或围绕某一问题串联、归纳、总结出通解通法,形成教学专题,为学生学习和自己备课提供有价值的参考资料。

**专题示例1**

### 试论函数值域求解法类化研究

函数是初等数学核心概念,而函数值域(最值或优化解)求解方法是重点内容之一。因此熟练掌握函数值域求法,进而解决实际应用问题显得十分重要。而在数学方法掌握过程中,通过一个典型案例或问题解决一类问题的思维训练模式是关键。本文拟将结合函数的类型特征介绍函数值域的不同求法。

一、配方法

配方法是依据二项完全平方公式,合理运用"裂项"与"添项""配"与"凑"的方法对数学式子进行恒等变形,使数学式子出现完全平方,从而化繁为简的技巧。配方法多出现于二次函数、二次方程、二次不等式、二次代数式或不含 $xy$ 项的二次曲线的平移变换等问题的解决过程中。下面用这个方法讨论一元二次函数一般式的值域求解。

$$f(x) = ax^2 + bx + c = a\left(x + \frac{b}{2a}\right)^2 + \frac{4ac - b^2}{4a} \quad (a \neq 0),$$ 可分三种情形讨论。

(1)若 $x$ 不受任何限制,即 $x \in R$,则 $a > 0$ 时有最小值 $y_{\min} = f\left(-\frac{b}{2a}\right) = \frac{4ac - b^2}{4a}$,没有最大值,即值域为 $\left[f\left(-\frac{b}{2a}\right), +\infty\right)$;$a < 0$ 时有最大值 $y_{\max} = f\left(-\frac{b}{2a}\right) = \frac{4ac - b^2}{4a}$,没有最小值,即值域为 $\left(-\infty, f\left(-\frac{b}{2a}\right)\right]$。

(2)若 $x$ 一边受限制,即 $x \in [m, +\infty)$(或)$x \in (-\infty, m)$,则考虑对称轴

的位置。当 $x = -\dfrac{b}{2a} \in [m, +\infty)$ 时，$a > 0$ 时值域为 $\left[f\left(-\dfrac{b}{2a}\right), +\infty\right)$，$a < 0$ 时值

域为 $\left(-\infty, f\left(-\dfrac{b}{2a}\right)\right]$。当 $x = -\dfrac{b}{2a} \notin [m, +\infty)$ 时，$a > 0$ 时值域为 $[f(m), +$

$\infty)$，$a < 0$ 时值域为 $(-\infty, f(m)]$。

（3）若 $x$ 两边都受限制，即 $x \in [m, n]$（或 $x \in (m, n)$），则还要考虑对称轴

的位置。当 $x = -\dfrac{b}{2a} \in [m, n]$ 时，$a > 0$ 时最小值为 $y_{\min} = f\left(-\dfrac{b}{2a}\right) = \dfrac{4ac - b^2}{4a}$，最

大值为 $y_{\max} = \max\{f(m), f(n)\}$；$a < 0$ 时最大值为 $y_{\max} = f\left(-\dfrac{b}{2a}\right) = \dfrac{4ac - b^2}{4a}$，最小

值为 $y_{\min} = \min\{f(m), f(n)\}$。当 $x = -\dfrac{b}{2a} \notin [m, n]$ 时，如果 $f(m) > f(n)$，那么

值域为 $[f(n), f(m)]$；如果 $f(m) < f(n)$，那么值域为 $[f(m), f(n)]$。

配方法是求二次函数类，即形如 $f(x) = ap^2(x) + bp(x) + c$ 值域的基本

方法。

二、换元法

解决数学问题时，把某个数学式子看成一个整体，然后用一个变量去代换

它，从而复杂问题简单化的方法称之为换元法。换元法的实质是转化，难度在

构造或假设的技巧，理论依据是等量代换，因此通过观察分析巧妙地化高次为

低次、化分式为整式、化无理式为有理式、化超越式为代数式，将问题变得容易

处理。

例 1　求函数 $y = ax + b \pm \sqrt{cx + d}\,(ac \neq 0)$ 的值域。

解：设 $t = \sqrt{cx + d}$，则 $x = \dfrac{t^2 - d}{c}$。因此 $y = ax + b \pm \sqrt{cx + d} = \dfrac{a}{c}t^2 \pm t +$

$\dfrac{bc - ad}{c}, t \geq 0$。再利用一元二次函数值域求解方法可得原函数的值域。

例 2　求函数 $y = \sqrt{x} + \sqrt{a - x}\,(a > 0)$ 的值域。

解：因为 $y = \sqrt{x} + \sqrt{a - x} = \sqrt{a}\left(\sqrt{\dfrac{x}{a}} + \sqrt{1 - \dfrac{x}{a}}\right)$ 且 $\dfrac{x}{a} \in [0, 1]$，可利用三角

换元法。设 $x = a\sin^2\theta, \theta \in \left[0, \dfrac{\pi}{2}\right]$，则 $y = \sqrt{x} + \sqrt{x - a} = \sqrt{a}(\sin\theta + \cos\theta) = \sqrt{2a}$

$\sin\left(\theta + \dfrac{\pi}{4}\right)$。故原函数值域为 $[\sqrt{a}, \sqrt{2a}]$。

**例3** 已知 $P(x,y)$ 是曲线 $4x^2 - 5xy + 4y^2 = 5$ 上的动点，$T = x^2 + y^2$，求 $T$ 的值域。

**解**：可利用均值换元法。由 $T = x^2 + y^2$，可设 $x^2 = \dfrac{T}{2} + t, y^2 = \dfrac{T}{2} - t, |t| \leqslant \dfrac{T}{2}$，

则 $xy = \pm\sqrt{\dfrac{T^2}{4} - t^2}$。代入曲线方程得 $4T \pm 5\sqrt{\dfrac{T^2}{4} - t^2} = 5$，移项平方整理可得：

$39T^2 - 160T + 100 = -100t^2$。故解 $39T^2 - 160T + 100 \leqslant 0$，得：$\dfrac{10}{13} \leqslant T \leqslant \dfrac{10}{3}$，即 $T$ 的

值域为 $\left[\dfrac{10}{13}, \dfrac{10}{3}\right]$。

**三、反函数法**

若 $y = f(x)$ 与 $y = r^{-1}(x)$ 互为反函数，则 $y = f^{-1}(x)$ 的定义域为 $y = f(x)$ 的值域。利用这一关系求得函数值域的方法称之为**反函数法**。

形如 $y = \dfrac{ax + b}{cx + d}(ac \neq 0)$，若 $x \in \left\{x \,\middle|\, x \neq -\dfrac{d}{c}, x \in R\right\}$，那么可利用反函数法求

出其值域。因为它的反函数 $y = \dfrac{-dx + b}{cx - a}$ 的定义域为 $\left\{x \,\middle|\, x \neq \dfrac{a}{c}, x \in R\right\}$，所以原函

数的值域为 $\left\{y \,\middle|\, y \neq \dfrac{a}{c}, y \in R\right\}$。

**四、判别式法**

把函数解析式化成关于 $x$ 的二次方程 $F(x,y) = 0$，由函数定义域非空可知此方程一定存在实数根，即 $\Delta \geqslant 0$，进而求得原函数的值域的方法称之为判别式法。

形如 $y = \dfrac{a_1 x^2 + b_1 x + c_1}{a_2 x^2 + b_2 x + c_2}(a_1, a_2$ 不同时为零$)$ 的函数，如果分子、分母没有公

因式且定义域为 $\{x | a_2 x^2 + b_2 x + c_2 \neq 0, x \in R\}$，则常用此方法求值域。

**例4** 求函数 $y = \dfrac{2x^2 + 4x - 7}{x^2 + 2x + 3}$ 的值域。

**解**：把函数解析式变形为 $yx^2 + 2yx + 3y = 2x^2 + 4x - 7$，即变为关于 $x$ 的方程 $(y-2)x^2 + 2(y-2)x + 3y + 7 = 0$（变形后必须讨论 $x^2$ 的系数）

显然 $y \neq 2$，由函数定义域非空可知此二次方程一定存在实数根，即 $\Delta \geqslant 0$。所以

$[2(y-2)]^2 - 4(y-2)(3y + 7) \geqslant 0$，整理此不等式可得：$-\dfrac{9}{2} \leqslant y \leqslant 2$，且

$y \neq 2$。

故原函数值域为 $\left[ -\dfrac{9}{2}, 2 \right)$。

五、有界性法

利用函数的有界性求得值域的方法称之为**有界性法**。解析式可变为形如 $a^x = P(y)$、$x^2 = Q(y)$、$\sin x = H(y)$ 或 $\cos x = F(y)$ 或 $m(y)\sin x + n(y)\cos x = p(y)$ 的函数都可利用此方法,因为从 $a^x > 0$、$x^2 \geq 0$、$|\sin x| \leq 1$、$|\cos x| \leq 1$ 性质可求出 $y$ 的取值范围,例如:形如 $y = \dfrac{m_1 a^2 + n_1}{m_2 a^2 + n_2}$ $(m_1 m_2 \neq 0)$、$y = \dfrac{m_1 \cos x + n_1}{m_2 \sin x + n_2}$ $(m_1 m_2 \neq 0)$ 的函数。

**例 5**　求函数 $y = \dfrac{2^x + 1}{2^x - 1}$ 的值域。

**解:** 把函数解析式变形为 $2^x = \dfrac{y+1}{y-1}$,由 $2^x > 0$ 可知 $\dfrac{y+1}{y-1} > 0$,解得:$y > 1$ 或 $y < -1$。故函数值域为 $(-\infty, -1) \cup (1, +\infty)$。

**例 6**　求函数 $y = \dfrac{\sin x + 1}{2 - \cos x}$ 的值域。

**解:** 把函数解析式变形为 $\sin x + y\cos x = 2y - 1$,则有

$$\sqrt{y^2 + 1}\left( \frac{1}{\sqrt{y^2 + 1}}\sin x + \frac{y}{\sqrt{y^2 + 1}}\cos x \right) = 2y - 1。$$

令 $\cos \theta = \dfrac{1}{\sqrt{y^2 + 1}}$,且 $\sin \theta = \dfrac{y}{\sqrt{y^2 + 1}}$,那么 $\sin(x + \theta) = \dfrac{2y - 1}{\sqrt{y^2 + 1}}$,由 $|\sin(x + \theta)| \leq 1$ 可知 $\left| \dfrac{2y - 1}{\sqrt{y^2 + 1}} \right| \leq 1$,平方后整理可得 $3y^2 - 4y \leq 0$,即 $0 \leq y \leq \dfrac{4}{3}$。故原函数值域为 $\left[ 0, \dfrac{4}{3} \right]$。

六、不等式法

利用均值不等式 $a_1 + a_2 + \cdots + a_n \geq n \sqrt[n]{a_1 a_2 \cdots a_n}$(当且仅当 $a_1 = a_2 = \cdots = a_n$ 时等号成立,$a_i > 0, i = 1, 2, \cdots, n$)求得函数值域的方法称之为**不等式法**。

**例 7**　求下列函数的值域:

$(1) y = 2x + \dfrac{3}{x}, x > 0$;$(2) y = x^2 + \dfrac{2}{x}, x > 0$;

(3) $y = x^3 + \dfrac{6}{x^2}, x > 0$；(4) $y = 2\sin x \sin 2x$。

**解：** 由 $x > 0$ 可利用均值不等式求得函数值域。

(1) $y = 2x + \dfrac{3}{x} \geq 2\sqrt{2x \cdot \dfrac{3}{x}} = 2\sqrt{6}$，因此函数值域为 $[2\sqrt{6}, +\infty)$。

(2) $y = x^2 + \dfrac{2}{x} = x^2 + \dfrac{1}{x} + \dfrac{1}{x} \geq 3\sqrt[3]{x^2 \cdot \dfrac{1}{x} \cdot \dfrac{1}{x}} = 3$，因此函数值域为 $[3, +\infty)$。

(3) $y = x^3 + \dfrac{6}{x^2} = \dfrac{x^3}{2} + \dfrac{x^3}{2} + \dfrac{2}{x^2} + \dfrac{2}{x^2} + \dfrac{2}{x^2} \geq 5\sqrt[5]{\dfrac{x^3}{2} \cdot \dfrac{x^3}{2} \cdot \dfrac{2}{x^2} \cdot \dfrac{2}{x^2} \cdot \dfrac{2}{x^2}} = 5\sqrt[5]{2}$，

因此函数值域为 $[5\sqrt[5]{2}, +\infty)$。

注意：$y = x^2 + 2 + \dfrac{1}{x^2 + 2}$ 这样的函数由于 $x^2 + 2$ 与 $\dfrac{1}{x^2 + 2}$ 不可能相等，因此不能用不等式法。

(4) $y = 2\sin x \sin 2x = 4\sin^2 x \cos x$，因为有

$$2\sin^4 x \cos^2 x = \sin^2 x \sin^2 x(2 - 2\sin^2 x) \leq \left[\dfrac{\sin^2 x + \sin^2 x + (2 - 2\sin^2 x)}{3}\right]^3 = \dfrac{8}{27}$$

因此，原函数值域为 $\left[-\dfrac{8\sqrt{3}}{9}, \dfrac{8\sqrt{3}}{9}\right]$。

**七、单调性法**

利用函数的单调性求得函数值域的方法称之为**单调性法**。

(1) 形如 $F(x) = ap(x) + b + \sqrt{cp(x) + d}$ 的函数都要转化为 $f(x) = ax + b + \sqrt{cx + d}$（$a, b, c, d$ 为常数）形式来处理相关问题。若 $ac > 0$，则 $f(x)$ 是单调函数，其值域为 $\left[\dfrac{bc - ad}{c}, +\infty\right)$（$c > 0$）或 $\left(-\infty, \dfrac{bc - cd}{c}\right]$（$c < 0$）。

(2) 形如 $Q(x) = h(x) + \dfrac{k}{h(x)}$（$k > 0$）的函数都要利用对勾函数 $y = x + \dfrac{k}{x}$（$k > 0$）的单调性来求得值域。函数 $y = x + \dfrac{k}{x}$ 在区间 $(-\infty, -\sqrt{k}]$、$[\sqrt{k}, +\infty)$ 上单调递增，在区间 $[-\sqrt{k}, 0)$、$(0, \sqrt{k}]$ 上单调递减。形如 $y = \dfrac{a_1 x^2 + b_1 x + c_1}{a_2 x^2 + b_2 x + c_2}$（$a_1$、$a_2$ 不同时为零）的函数，如果定义域被限制在某一个区间内，那么通常把原函数变形为对号函数形式再进行研究。

**例 8**　求函数 $y = \dfrac{3x^4 + 7x^2 + 7}{x^4 + 3x^2 + 3}(x \leqslant -2)$ 的值域。

**解:** 把函数解析式变形为

$$y = \frac{3(x^4 + 3x^2 + 3) - 2x^2 - 2}{x^4 + 3x^2 + 3} = 3 - \frac{2(x^2 + 1)}{x^4 + 3x^2 + 3} = 3 - \frac{2}{\dfrac{x^4 + 3x^2 + 3}{x^2 + 1}}$$

$$= 3 - \frac{2}{x^2 + 1 + \dfrac{1}{x^2 + 1} + 1} = 3 - \frac{2}{t + \dfrac{1}{t} + 1}\left(t = x^2 + 1,\text{因为}x \leqslant -2,\text{所以}t \geqslant 5\right)$$

由 $y = t + \dfrac{1}{t}$ 在 $[1, +\infty)$ 上为增函数可知,$y = 3 - \dfrac{2}{t + \dfrac{1}{t} + 1}$ 在 $[5, +\infty)$ 上为

增函数,但是 $t = x^2 + 1$ 在 $(-\infty, -2]$ 上为减函数,因而原函数在 $(-\infty, -2]$ 上

为减函数,所以 $y_{\min} = \dfrac{83}{31}$。又由

$$y = \frac{3x^4 + 7x^2 + 7}{x^4 + 3x^2 + 3} = 3 - \frac{2(x^2 + 1)}{x^4 + 3x^2 + 3}\text{可知},y < 3。$$

故原函数的值域为 $\left[\dfrac{83}{31}, 3\right)$。

利用函数单调性求值域不止这些,很多复合函数或超越函数都可以利用单调性法,对此应多加练习。

八、数形结合法

利用函数图像或解析式所隐含的几何意义求解函数值域的方法称之为数形结合法。数形结合法应用非常广泛,往往使难、繁、复杂问题简单化、直观化,形如 $y = \sqrt{a_1 x^2 + b_1 x + c_1} \pm \sqrt{a_2 x^2 + b_2 x + c_2}$、$y = \dfrac{ax + b}{cx + d}$（$x$ 有限制条件）、$y = \dfrac{a_1 x^2 + b_1 x + c_1}{a_2 x^2 + b_2 x + c_2}$（$x$ 有限制条件）等函数有时候利用此方法可一目了然,实际教学中多加操作可事半功倍。

**例 9**　求下列函数的最值:

$(1)\, y = \sqrt{x^2 + 4x + 13} + \sqrt{x^2 - 8x + 17}$;

$(2)\, y = \sqrt{x^2 + 8x + 25} - \sqrt{x^2 - 4x + 5}$;

$(3)\, y = \sqrt{5x^2 - 18x + 17} - \sqrt{x^2 + 6x + 10}$。

**解:**若 $P$ 是直线 $l$ 上的动点,$A \notin l, B \notin l$,则当 $A, B$ 在 $l$ 同侧时:$|PA| + |PB|$ 的最小值为 $|AB'|$($B'$ 是 $B$ 点关于直线的对称点),$||PA| - |PB||$ 的最大值为 $|AB|$;当 $A, B$ 在 $l$ 两侧时:$|PA| + |PB|$ 的最小值为 $|AB|$,$||PA| - |PB||$ 的最大值为 $|AB'|$($B'$ 是 $B$ 点关于直线 $l$ 的对称点)。

$$(1) y = \sqrt{x^2 + 4x + 13} + \sqrt{x^2 - 8x + 17}$$
$$= \sqrt{(x+2)^2 + (0+3)^2} + \sqrt{(x-4)^2 + (0+1)^2}$$

因此函数值可看成 $x$ 轴上的动点 $P(x, 0)$ 与定点 $A(-2, -3)$、$B(4, -1)$ 距离之和 $|PA| + |PB|$。$B$ 点关于 $x$ 轴的对称点是 $B'(4, 1)$,所以 $|PA| + |PB|$ 的最小值为 $|AB'| = 2\sqrt{13}$。故原函数的最小值为 $2\sqrt{13}$。

$$(2) y = \sqrt{x^2 + 8x + 25} - \sqrt{x^2 - 4x + 5}$$
$$= \sqrt{(x+4)^2 + (0+3)^2} - \sqrt{(x-2)^2 + (0+1)^2}$$

因此函数值可看成轴上的动点 $P(x, 0)$ 与定点 $A(-4, -3)$、$B(2, -1)$ 距离之差 $|PA| - |PB|$。显然,点 $A, B$ 在 $x$ 轴同侧,因此 $|PA| - |PB|$ 最大值为 $|AB| = 2\sqrt{10}$。故原函数的最大值为 $2\sqrt{10}$。

$$(3) y = \sqrt{5x^2 + 10x + 10} - \sqrt{5x^2 - 12x + 17}$$
$$= \sqrt{(x-1)^2 + (2x+3)^2} - \sqrt{(x-4)^2 + (2x-1)^2}$$

因此函数值可看成直线 $y = 2x$ 上的动点 $P(x, 2x)$ 与定点 $A(1, -3)$、$B(4, 1)$ 距离之差 $|PA| - |PB|$。显然,点 $A, B$ 在直线同侧,因此 $|PA| - |PB|$ 最大值为 $|AB| = 5$。故原函数的最大值为 5。

**九、斜率法**

若具有限制条件的某一分式函数能够转化为 $y = \dfrac{f[g(x)] - m}{g(x) - n}$($m, n$ 是常数)的形式,那么函数值可看成过动点 $P(g(x), f[g(x)])$ 与定点 $Q(n, m)$ 的直线斜率,这一方法称之为**斜率法**。

**例 10** 求函数 $y = \dfrac{2\cos x - \sin^2 x + 7}{\cos x - 3}$ 的值域。

**解:**$y = \dfrac{2\cos x - \sin^2 x + 7}{\cos x - 3} = \dfrac{(\cos^2 x + 2\cos x) - (-6)}{\cos x - 3}$,因此函数值可看成过动点 $P(\cos x, \cos^2 x + 2\cos x)$ 与定点 $Q(3, -6)$ 的直线斜率。设 $t = \cos x$,则 $P$ 可看成函数 $f(x) = t^2 + 2t (t \in [-1, 1])$ 上的两个端点 $A(-1, -1)$ 与 $B(1, 3)$ 之间

的动点。显然直线 $PQ$ 不可能垂直横坐标,所以其斜率取值范围是 $K_{BQ} \leqslant K_{PQ} \leqslant K_{AQ}, K_{BQ} = -\dfrac{9}{2}, K_{AQ} = -\dfrac{5}{4}$。故原函数值域为 $\left[ -\dfrac{9}{2}, -\dfrac{5}{4} \right]$。

十、导数法

对闭区间 $[a,b]$ 上的连续函数 $y = f(x)$ 求导并令 $f'(x) = 0$,确定极值点,求出其极值和两个端点处的函数值,经过比较确定最大值、最小值,此方法称之为**导数法**。

**例11** 求函数 $y = x + \sqrt{1 - x^2} - 1$ 的值域。

**解**:$y' = 1 - \dfrac{x}{\sqrt{1 - x^2}}$,令 $y' = 0$,得 $x = \pm\dfrac{\sqrt{2}}{2}$。由已知 $x \in [-1,1]$,$f\left( -\dfrac{\sqrt{2}}{2} \right) = -1$、$f\left( \dfrac{\sqrt{2}}{2} \right) = \sqrt{2} - 1$、$f(-1) = -2$、$f(1) = 0$。又由 $x \in \left[ -1, \dfrac{\sqrt{2}}{2} \right]$ 时 $y' \geqslant 0$,$x \in \left( \dfrac{\sqrt{2}}{2}, 1 \right)$ 时 $y' < 0$,因此函数最大值为 $f\left( \dfrac{\sqrt{2}}{2} \right) = \sqrt{2} - 1$,最小值为 $f(-1) = -2$。故函数值域为 $[-2, \sqrt{2} - 1]$。

十一、三角函数法

把已知函数通过化简、换元转化成三角函数,并利用三角函数性质求得函数值域的方法称之为**三角函数法**。此方法经常利用 $a\sin x + b\cos x = \sqrt{a^2 + b^2} \sin(x + \phi)$ 的性质把函数二次变形为 $y = A\sin(\omega x + \phi)$ 或 $y = A\cos(\omega x + \phi)$ 等,再借助其有界性确定函数的值域。形如 $y = mx + n \pm \sqrt{ax^2 + bx + c}\,(a < 0, \Delta = b^2 - 4ac > 0)$、$y = n\sqrt{ax + b} \pm m\sqrt{cx + d}\,(ac < 0)$ 等函数可用此方法。

**例12** 求下列函数值域:

$(1) y = \sqrt{6 - x} + \sqrt{2x + 4}$;$(2) y = x + \sqrt{-x^2 + 10x - 23} - 4$。

**解**:(1)由 $\begin{cases} 6 - x \geqslant 0 \\ 2x + 4 \geqslant 0 \end{cases}$,得 $-2 \leqslant x \leqslant 6$。令 $x = [6 - (-2)]\cos^2\theta + (-2) = 8\cos^2\theta - 2$ 且 $\theta \in \left[ 0, \dfrac{\pi}{2} \right]$,则 $y = 2\sqrt{2}\sin\theta + 4\cos\theta = 2\sqrt{6}\sin(\theta + \phi)$,其中 $\sin\phi = \dfrac{\sqrt{6}}{3}$、$\cos\phi = \dfrac{\sqrt{3}}{3}$。由 $\phi \leqslant \theta + \phi \leqslant \dfrac{\pi}{2}$ 可得 $\dfrac{\sqrt{6}}{3} \leqslant \sin(\theta + \phi) \leqslant 1$,则 $4 \leqslant y \leqslant 2\sqrt{6}$,故函数的值域为 $[4, 2\sqrt{6}]$。

（2）由 $-x^2+10x-23\geqslant0$ 可得 $5-\sqrt{2}\leqslant x\leqslant5+\sqrt{2}$。令

$$x=\frac{(5+\sqrt{2})-(5-\sqrt{2})}{2}\sin\theta+\frac{(5+\sqrt{2})+(5-\sqrt{2})}{2}=5 \text{ 且 } \theta\in\left[-\frac{\pi}{2},\frac{\pi}{2}\right]，则$$

$y=\sqrt{2}\sin\theta+\sqrt{2}\cos\theta+1=2\sin\left(\theta+\frac{\pi}{4}\right)+1$。由 $-\frac{\pi}{4}\leqslant\theta+\frac{\pi}{4}\leqslant\frac{3\pi}{4}$ 可得 $-\frac{\sqrt{2}}{2}\leqslant\sin$

$\left(\theta+\frac{\pi}{4}\right)\leqslant1$。故函数值域为 $\left[1-\sqrt{2},3\right]$。

## 专题示例2

### 试论多面体与球有关的组合体问题类化研究

与球有关的组合体问题，一种是内切，一种是外接，是立体几何的一个重点，也是高考考查的一个热点。研究此类问题，关键在于"画直观图"，技巧在于"先画截面圆后画顶点"，突破口在于"弄清多面体的有关几何元素与球的半径之间的关系"，方法在于将"立体几何问题转化为平面几何问题"。为此，要认真分析图形，明确切点或接点的位置及球心的位置，既要运用多面体的知识，又要运用球的知识。

外接球：若一个多面体的各个顶点都在同一个球面上，则称此球为多面体的外接球，此多面体为球的内接多面体。

内切球：若一个球在某一多面体内部，且与此多面体的各个面都相切，则称此球为多面体的内切球，此多面体为球的外接多面体。

一、球的截面问题

球的截面：用一平面 $\alpha$ 去截一个球 $O$，设 $OO_1$ 是平面 $\alpha$ 的垂线段，$O_1$ 为垂足，所得的截面是以球心在截面内的射影为圆心，以 $r=\sqrt{R^2-d^2}$ 为半径的一个圆，截面是一个圆面。球面被经过球心的平面截得的圆叫作大圆，被不经过球心的平面截得的圆叫作小圆。涉及球的截面问题，通常使用关系式 $r=\sqrt{R^2-d^2}$ 解题，为了便于利用，这里把该关系式称之为球的截面公式。

**问题1** 已知经过球面上三点 $A,B,C$ 的一个截面内接 $\triangle ABC$ 中：

（1）已知三条边 $a,b,c$ 和球心到这个截面的距离 $d$ 与球半径 $R$ 的关系，求球的半径；

（2）已知一条边 $a$ 及其对顶角 $\angle A=\theta$，又给出球心到这个截面的距离 $d$ 与

球半径 $R$ 的关系，求球的半径。

**解：**（1）由已知 $\triangle ABC$ 的面积 $S = \sqrt{p(p-a)(p-b)(p-c)}$ ［其中 $p = \dfrac{1}{2}(a + b + c)$］，又由 $S = \dfrac{abc}{4r}$ 可算得截面圆的半径 $r$。再利用球心到这个截面的距离 $d$ 与球半径 $R$ 的关系和球的截面公式 $r = \sqrt{R^2 - d^2}$ 可算出球的半径 $R$。

（2）由正弦定理 $\dfrac{a}{\sin A} = 2r$ 可算得截面圆的半径 $r$。再利用球心到这个截面的距离 $d$ 与球半径 $R$ 的关系和球的截面公式 $r = \sqrt{R^2 - d^2}$ 可算出球的半径 $R$。

二、棱锥的外接球和内切球问题

**问题 2**  求正四面体的外接球和内切球的表面积之比及体积之比。

**解：**如图 4-1 所示，设点 $O$ 是内切球的球心，正四面体棱长为 $a$。由正四面体对称性可知，点 $O$ 也是外接球的球心。设内切球半径为 $r$，外接球半径为 $R$。

正四面体的表面积 $S_{表} = 4 \times \dfrac{\sqrt{3}}{4}a^2 = \sqrt{3}a^2$。

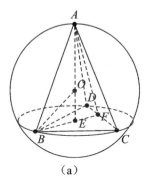 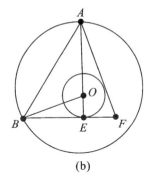

（a）  （b）

图 4-1

正四面体的体积 $V_{A-BCD} = \dfrac{1}{3} \times \dfrac{\sqrt{3}}{4}a^2 \times AE = \dfrac{\sqrt{3}}{12}a^2 \sqrt{AB^2 - BE^2} = \dfrac{\sqrt{3}}{12}a^2 \sqrt{a^2 - \left(\dfrac{\sqrt{3}}{3}a\right)^2} = \dfrac{\sqrt{2}}{12}a^3$。

$\because \dfrac{1}{3}S_{表} \cdot r = V_{A-BCD}$，$\therefore r = \dfrac{3V_{A-BCD}}{S_{表}} = \dfrac{3 \times \dfrac{\sqrt{2}}{12}a^3}{\sqrt{3}a^2} = \dfrac{\sqrt{6}}{12}a$，

在 Rt$\triangle BEO$ 中，$BO^2 = BE^2 + EO^2$，即 $R^2 = \left(\dfrac{\sqrt{3}}{3}a\right)^2 + r^2$，得 $R = \dfrac{\sqrt{6}}{4}a$，得 $R = 3r$。

$\therefore \dfrac{内切球的表面积}{外接球的表面积} = \dfrac{4\pi r^2}{4\pi R^2} = \dfrac{1}{9}$，$\dfrac{内切球的体积}{外接球的体积} = \dfrac{\dfrac{4}{3}\pi r^3}{\dfrac{4}{3}\pi R^3} = \dfrac{1}{27}$。

**说明：**1. 由正四面体对称性可知，其内切球和外接球的两个球心是重合的，是正四面体高的四等分点，即内切球的半径为 $\dfrac{h}{4}$（$h$ 为正四面体的高），且外接球的半径为 $\dfrac{3h}{4}$；求多面体内切球半径 $r$ 问题转化为体积问题来求解，即 $V_{多面体} = \dfrac{1}{3}rS_{表}$。

**问题 3：**如果一个三棱锥的三条侧棱两两垂直而且其长度分别为 $a, b, c$，则其外接球的半径是 $R = \dfrac{1}{2}\sqrt{a^2 + b^2 + c^2}$。因为此三棱锥可补成一个长方体（如图 4-2 所示），而这个长方体的体对角线的长就是该三棱锥的外接球的直径 $2R$，即 $2R = \sqrt{a^2 + b^2 + c^2}$。

**问题 4：**如果某个正 $n$ 棱锥的各条侧棱长为 $m$、底面边长为 $a$，且各顶点都在同一个球面上，则此外接球的半径是 $R = \dfrac{m^2}{2\sqrt{m^2 - r^2}}$，其中 $r = \dfrac{a}{2\sin\dfrac{\pi}{n}}$（如图 4-3 所示）。因为 $O_1S = \sqrt{SA_1^2 - O_1A_2^2} = \sqrt{m^2 - r^2} = R + O_1O$，$O_1O = \sqrt{R^2 - r^2}$，即 $\sqrt{m^2 - r^2} = R + \sqrt{R^2 - r^2}$，故 $R = \dfrac{m^2}{2\sqrt{m^2 - r^2}}$。由已知 $\angle A_1O_1A_2 = \dfrac{2\pi}{n}$、$A_1A_2 = a$，则底面所在截面圆半径 $r = \dfrac{a}{2\sin\dfrac{\pi}{n}}$。

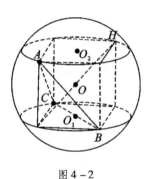

图 4-2　　　　　　　　图 4-3

三、棱柱的外接球和内切球问题

**问题 5**　求正方体的与各棱相切的球、内切球和外接球的半径。

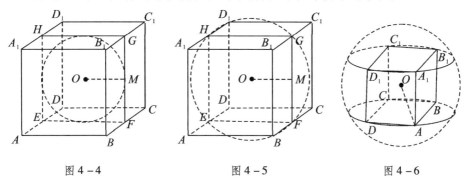

图 4 – 4　　　　　　　　图 4 – 5　　　　　　　图 4 – 6

**解:**(1)正方体的内切球:球与正方体的每个面都相切,切点为每个面的中心,显然球心为正方体的中心。设正方体的棱长为 $a$,球半径为 $R$。如图 4 – 4,截面图为正方形 $EFGH$ 的内切圆,得 $R = \dfrac{a}{2}$。

(2)与正方体各棱相切的球:球与正方体的各棱相切,切点为各棱的中点,如图 4 – 5 作截面图,圆 $O$ 为正方形 $EFGH$ 的外接圆,易得 $R = \dfrac{\sqrt{2}}{2}a$。

(3)正方体的外接球:正方体的八个顶点都在球面上,如图 4 – 6,以对角面 $AA_1$ 作截面图得圆 $O$ 为矩形 $AA_1C_1C$ 的外接圆,易得 $R = A_1O = \dfrac{\sqrt{3}}{2}a$。

**说明:**求棱柱或棱台外接圆半径,第一步要画上下底所在截面圆,然后在截面圆上画各顶点,画好直观图基础上求解问题转化为平面几何问题并借助相关公式进行计算。

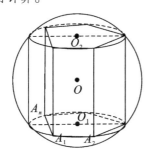
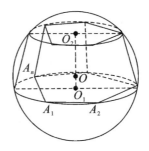

图 4 – 7

**问题6** 在棱长为 $a$ 的正方体内有两个球相外切,而且又分别与正方体内切。(1)求两球半径之和;(2)求两球体积之和最小值。

**解:**(1)由正方体对称性可知,正方体对角面 $ABCD$ 经过两个球的球心 $O_1,O_2$ 和切点 $E,F$,球心 $O_1,O_2$ 在其对角线 $AC$ 上,$O_1E \perp AD$ $O_2F \perp BC$(如图4-8所示)。

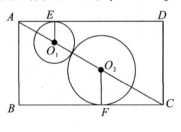

图4-8

由已知 $AB = a$,则 $AC = \sqrt{3}a$,$\sin \angle ACB = \sin \angle CAD = \dfrac{a}{\sqrt{3}a} = \dfrac{\sqrt{3}}{3}$。设 $O_1E = r$、

$O_2F = R$,则 $\sin \angle CAD = \dfrac{O_1E}{O_1A} = \dfrac{r}{O_1A} = \dfrac{\sqrt{3}}{3}$,得 $O_1A = \sqrt{3}r$,同理可得 $O_2C = \sqrt{3}R$。

所以 $r + R + \sqrt{3}r + \sqrt{3}R = \sqrt{3}a$,故 $r + R = \dfrac{\sqrt{3}a}{\sqrt{3}+1}$。

(2)设两球体积之和为 $V$,则 $V = \dfrac{4}{3}\pi(R^3 + r^3) = \dfrac{4}{3}\pi(r + R)(R^2 - Rr + r^2)$

$= \dfrac{4}{3}\pi(r + R)\left[(r + R)^2 - 3rR\right]$

$= \dfrac{4\sqrt{3}\pi a}{3(\sqrt{3}+1)}\left[\dfrac{3a^2}{4 + 2\sqrt{3}} - 3\left(\dfrac{\sqrt{3}a}{\sqrt{3}+1} - R\right)R\right]$

$= \dfrac{4\sqrt{3}\pi a}{3(\sqrt{3}+1)}\left[3R^2 - \dfrac{3\sqrt{3}a}{\sqrt{3}+1}R + \dfrac{3a^2}{4 + 2\sqrt{3}}\right]$

当 $R = \dfrac{\sqrt{3}a}{2(\sqrt{3}+1)} = \dfrac{3 - \sqrt{3}}{4}a$ 时,$V$ 有最小值,此时

$$r = \dfrac{\sqrt{3}a}{\sqrt{3}+1} - \dfrac{3 - \sqrt{3}}{4}a = \dfrac{3 - \sqrt{3}}{4}a$$

故 $V_{最小值} = \dfrac{6 - 3\sqrt{3}}{8}a^2$。

总而言之,求解多面体或旋转体外接球和内切球相关问题时,首先要画出直观图,而能否画好关键在于画图顺序;其次要选择最佳角度画出含有几何体特征元素的外接球或内切球的一个轴截面圆,从而把立体几何问题转化为平面几何问题来求解。

# 第5章　备课与说课

## 5.1　备课

备课是课前所做的一切针对课堂教学中教师"教"和学生"学"的准备活动的组合。简言之,备课就是将教师数学素养与教学智慧的"科学形态"的数学知识转变为"教学形态"的数学教学知识的教授方案,和基于学生已有数学素养与认知水平的学习方案。

### 5.1.1　备课结构要素分析

依据所涉及的内容范围,备课可分为狭义的备课和广义的备课两大类。

#### 1. 狭义的备课

所谓狭义的备课,主要是指备教材、调研学情、备教学法、写教案与学案、备课件、专题研究、备工具与设备。

1)备教材

深入研究教科书和教学辅助资料之中的数学学科知识、知识背景、数学思维、解题方法、易错事项与问题。

(1)数学学科知识。首先,正确、系统地把握教材内容,梳理各模块知识之间的关系,利用思维导图画出知识脉络图,写出学期教学进度计划;其次,研究单元知识,按照知识之间的逻辑关系设计出教学实施思路框图,并依据课程标准写出单元课时计划和进度计划;最后,研究课堂教学内容,正确、清晰、完整地梳理知识点和相应的数学方法,找准课堂教学思维过程,编选例题、练习题、作业题、测试题和应用问题。

(2)知识背景。通过查找数学史和数学文化相关资料,了解数学知识的来源与发展过程,并整理出教学所需的知识背景资料或数学故事。

（3）数学思维。探索知识与知识、知识与方法、方法与方法之间的关系，搞清数学知识生成过程与衔接点，设计好重点、难点、关键的方式方法，尽全力正确回答"你是怎么想到的，我怎么想不到"。

（4）解题方法。首先，教师要系统地掌握教材内容所涉及的宏观与微观的数学方法，并能够举例说明数学方法的应用；其次，充分了解并合理选择课堂教学内容所涉及的数学方法，说明方法来源与应用，明确注意事项。

（5）易错事项与问题。长期关注整理学生容易混淆、遗漏或忽略的关键词、条件、应用范围等问题，编写出相应的案例或测试题。

2）调研学情

全面了解学生非智力和智力状态，既要调研学生的数学知识、方法、思维及能力发展状况和实际水平，又要调查学生身心健康、师生关系和生活状况，为教学设计提供参考。为此，首先要观察学生在课前准备、课堂表现、课后完成任务过程中的动眼观察、动口表达、动耳聆听、动手操作、动身参与、动脑思考以及师生互动等实际行为表现，明确个别指导和集体授课的方式方法；其次要审查学生在练习、作业、考试、实验及实践等任务完成过程中的效果与规范度，合理选择讲评内容、课容量和实施进度；最后要调研学生非智力因素与数学素养发展状况之间的相关性。

3）备教学法

教师通过理论学习和实践经验积累，既要熟悉常用的教授方法和学习方法，又要了解教与学方式方法的实际应用案例。

4）写教案与学案

通常教案和学案不分开写，统称为课堂教学设计。首先，教师要学习教学设计理论，正确理解教师教授方案（即教案）与学生学习方案（即学案）之间的关系，合理预设双边活动；其次，明确课堂教学结构要素和操作环节，合理安排实施程序与时间；最后，精心学习优秀课堂教学设计方案与实施策略。

5）备课件

依据课堂教学目标与内容，制作相应的演示文稿PPT、微视频、思维导图、动画、表格、挂图或者事物模型等课堂教学所需的课件，为教学提供便捷的直观演示资料。

6）专题研究

教师在备课过程中，全面梳理某一单元的知识、方法及题例之间的关系，以某一类知识、方法或思想为主线，或围绕某一问题串归纳、总结出通解通法，形成教学专题，达到"通过一个问题解决一类问题"的目的。

7）备工具与设备

准备好课堂教学所需教学工具，调试设备，保证课堂教学顺利进行。

8）实践技能

教师具备教育教学实际需要的基本技能是教学活动能够顺利进行的必要条件之一。首先，教师长期坚持提升教学实践技能，经常练习书写技能和口头表达能力；其次，积极、主动更新计算机与课件制作技术，并能够熟练应用于教学实践；最后，精心学习优秀课堂教学案例，多观看优质课视频。

**2. 广义的备课**

广义的备课，不仅包括狭义的备课内容，又包括系统地学习和研究教学理论、学习理论、课程理论和数学理论（即知识体系、方法论、思维品质、历史与文化）以及掌握教学表达所需要的实践技能（即技术手段及其操作技能、课件研制技能、书写技能、演讲技能、组织与管控能力）。

广义的备课理念，提倡教师在课外进行自我装备、自我成长和持续发展，以提升其教育教学综合素质，进而达到更好地完成教学任务，教书育人。

1）教材分析——了解知识来源和理解知识本质

广义的教材分析指的是对数学教材内容进行深入、细致的分析，不仅仅是了解书本知识，还要对与书本知识内容相关的教学理论、学习理论、课程理论以及相关学科知识进行深入研究。在教材分析过程中，我们借用几何中的点、线、面、体来表示，以体现教材分析的不同维度。

从点的方面来看，教师要掌握所教内容的每一个知识点，做到正确、清晰、完整、深入、广泛地理解每一个知识点。在教学中可以发现，知识点如同珍珠一样散落到教材当中，教师在备课中要做到的，就是将这些"珍珠"一个一个拾起，讲授知识时如数家珍。例如，教师对微课的研制就是对知识点的整理和探究的表现形式之一。

从线的方面看，教师要善于将每一个知识点进行串联，对知识进行整合。知识点对学生来说比较零散，不易记忆。教师应深入了解学生的认知能力，运用各种教学手段，将原先零散的"珍珠"用线串起来，连成一条璀璨夺目的知识项链，从而帮助学生去理解和记忆知识。例如，数学专题的讲解，就是对相关知识的整合，将知识以线性方式呈现给学生。

从面的方面来看,将知识点联系起来后,我们可能会形成很多的知识链。但是,这些知识并不是完全孤立的,互相之间存在着联系。因此教师在讲解专题之后,还要将不同的知识链进行连接,引导学生找到相关性,最终形成知识网络。所以教师在备课时,要以认知理论与规律的视角来审视知识点,全面包罗知识点。例如知识脉络图,就是知识以面的方式进行呈现。

从体的方面来看,知识要有一定深度,从而可以让学生通过一番努力来掌握知识。有深度的知识,一方面可以让学生更好地理解知识,另一方面是为了让教师有一个深度的思考,更加深层次地分析相关知识点。这样,知识由平面结构变成立体结构,就实现了从面到体的跨越。例如,设计试卷就是建立知识立体结构的方式。

除了通过知识维度将教材内容进行分析后,我们在教材分析中结合教学目标有意关注五个具体要求:正确、清晰、完整、深入、广泛。"正确"要求教师保证教授的知识是正确的,不犯低级错误;"清晰"指的是知识结构要清晰,以方便学生理解;"完整"要求知识内容完整,没有遗漏;"深入"是指教师要深层次挖掘知识,提高知识的难度;"广泛"要求教师审视问题要全面,覆盖整个知识网络。

对教材进行深入研究,除了研究学科知识外,研究数学史的内容是必不可少的。数学史内容虽然不属于纯数学知识,但是它有利于我们探讨知识的本源问题,明白数学学科发展和完善的历程。因此,教师在备课中,还了解相关的数学史知识,能对相关知识有更加深刻地了解。

2)教学理论——掌握教学表达所需知识

教学理论是教学工作的理论基础,结合教育学心理学,对教学现象与规律进行深度的剖析。教学是一个教师与学生的双边活动过程,包含着教师的教与学生的学两个方面。下面对两方面的要求分别做论述。

(1)对教师教的要求。

教师的教有七个层面的要求,分别是背景层面、知识层面、思维层面、能力层面、理论层面、方法层面以及反思层面。

①背景层面。数学知识是抽象的,并具有相当的严谨性。但是数学的严谨并不是从数学诞生那一天起就实现的,而是一个逐步严谨的过程。对一个知识想要从无到有地理解,就必然要认识它的历史发展。这就需要涉及数学史与数学文化知识,并还原知识的演变过程。教师在备课时就要设想引导学生思考三个问题:从哪里来的? 怎么演变的? 如何完善的? 因此,在教师备课中,就要有

意识地将数学史相关知识融入教学中,让学生能认识到知识的背景。

②知识层面。学生接触的最直观的教学内容就是数学知识,因此在这个层面教师要做足功课。知识的内容千变万化,但是学习不能毫无头绪。教师在备课时就要想方设法引导学生思考三个问题:是什么? 为什么? 怎么做? 通过引导,带动学生积极思考问题,从而学习数学知识。

③思维层面。数学知识不能仅限于去看,还要深入地进行思考。在备课中,教师要将对学生的提问设计出来,并理清层次。当学生不明白某个知识点时,教师应通过问题引导学生逐步发现知识。当学生突然想到某一知识点时,教师应该让学生探讨是怎么想到的。当学生真正理解这一知识点时,教师应不失时机地引导学生思考两个问题:你是怎么想到的? 我怎么没有想到呢? 只有让学生真正思考这些问题,才能让他们真正地去理解知识,并加强知识之间的本质联系。

④能力层面。数学能力是抽象的,全面地体现在学生学习知识与应用知识中。对于学生数学能力的培养,是数学教师一项十分重要的任务。在备课中,教师应注意培养学生的数学基本能力,尤其是要注重运算能力、逻辑思维能力和空间想象能力的提高。在具体落实中,要研究知识的本质、结构、外延以及形成过程,从发展性观点理解知识。只有这样,才能在备课中关注到学生的数学能力的训练路径,并创设相应的"掌握知识、选择方法、训练思维"的螺旋式发展途径。

⑤理论层面。学生一般情况是很难理解高层次理论的。教师在备课中要理解学生的难处,自己以较高观点来审视知识相关的各种理论。在备课过程中,要求教师学会将知识进行分类,并将特殊知识一般化;同时还要理清知识编排的规律,寻找知识的特征。只有处理好这些方面,才可以真正挖掘知识蕴含的深层次内在关系与规律。

⑥方法层面。学习方法一直是学生在学习中需要掌握的技巧,一个会学习的学生,能够善于运用多种方法进行学习。但是当学生学习遇到困难时,教师就应该及时引导学生去转变到正确的思维。在备课中应该设计下面场景:在学生运用了自己认为正确的方法解决问题时,教师应该让其回答为什么,以及每一个步骤的理由是什么,等等。通过一系列问题,让学生发现自己的选择方法中存在的问题,进而进行改进。

⑦反思层面。在教师完成备课后,应该重新审视整个备课过程,进行一个

教学的深入反思和科学评价。在反思与评价中,教师要寻找自己备课过程中存在的不足之处,同时从宏观上把握课程,做好理论分析,进而形成学科观念。

(2)对学生学的要求。

对学生学的要求也是备课的重要组成部分,是教师在备课中需要精心设计的内容。对学生学的要求包括"5 + 1"动,即动眼观察、动耳倾听、动口表述、动手操作、动身参与以及全过程的动脑思考。

①动眼观察。学生在学习时,第一步要求需要对知识进行观察,看清知识的表现形式,进行下一步思考。教师可以采用直观演示的方式来吸引学生注意。

②动耳倾听。学生上课时要全神贯注听讲,听内容背后的思维与观点。教师应该有意识提高声调或变化音量来引起学生注意。

③动口表述。学生的课堂参与,除了看与听之外,还要用语言对知识进行表述。教师要设计一系列合理的口诀与联想,引导学生来加深理解、启发思维和巩固记忆。

④动手操作。动手操作,要求学生不仅在头脑中学习,还要学会动手操作。教师应鼓励学生大胆尝试,培养学生操作性技能,积累数学基本活动经验。

⑤动身参与。动身参与是对学生比较高的学习要求,要求学生全身心参与到学习中来,是一个让学生感受、体验、经历或操作的过程。教师则应该设计好相关的教学或活动,提供一个方便学生参与的教学方案。

⑥动脑思考。动脑思考是对学生学习的最高要求,也是其他要求的汇总。大脑是一个人的中枢神经,通过大脑的思考,学生可以真正理解知识点,并调节其他的学习方式。为了促进学生更好地动脑思考,教师应该尽一切可能引导学生,将他们的注意力集中在知识上来,让他们深入地进行思考。

3)教学方法——合理选择与灵活运用方法

教学方法指的是为完成教学任务而采用的方法,包括教师教的方法和学生学的方法。教师在教学方法选用上,有很多注意事项。首先要确定教学目的,进而选择适合课程和学生发展条件的教学方法。教学方法有很多种,为了方便教师备课运用,将其按照教育方式分为五大类别,分别是教授、直观、操作、探究和熏陶。

(1)以教授为主的教学法。以讲授为主的教学法是我们在教学中应用次数最多的教学法,也是目前中小学最常运用的教学法,包括讲述法、讲解法、讲评法、讲练法、复述法、研讨法、导读法、推理法、启发法、示范法、暗示法、访谈法等等。以讲授为主的教学法,其优点是教师能系统地讲授学科知识,促进学生形成知识逻辑体系;缺点是若运用不当,容易变成注入法,不利于学生的参与。

(2)以直观为主的教学法。以直观为主的教学法体现了直观性教学原则,将抽象的数学知识用具体的教具实物进行展示,包括演示法、图表法、观察法、参与法、角色法、体验法、模仿法、情境法、归纳法等等。以直观为主的教学法,其优点在于让学生对抽象知识有一个直观认识,帮助他们进行理解;缺点是应用范围小,部分知识教具制作比较困难。

(3)以操作为主的教学法。以操作为主的教学法侧重于强调学生的动手能力,在课堂中让学生进行实际操作,通过培养操作技能来丰富学生的知识,包括练习法、实验法、实习法、项目法、案例法、模拟法、回忆法、阅读法、问题驱动法、分析法、回答法、谈话法、讨论法、辩解法、调查法、迁移法、研习法、作业法、尝试法等多种方法。这类方法的优点是可以促进学生全身的参与,培养学生的动作技能;缺点是费时费力,容易影响教学进度。

(4)以探究为主的教学法。以探究为主的教学法是目前教学中比较新颖且效果较好的教学方法。它结合了教授式教学法的系统性与操作式教学法的动手性,真正让学生全身心参与到数学学习之中。这种教学法将数学知识还原到被发现之前的本来面目,让学生如同数学家一样去发现知识、创造应用,一般包括抽象→建模、有限→无限、意识→发现、问题→解决、课题→模式、故事→认知、实验→论证等方法,且都具有明显的过程性。这类方法的优点在于可以让学生真正运用自己的头脑获取知识的一切形式;缺点则是过于费时,对师生要求较高,并且容易忽略系统知识的传授。

(5)以熏陶为主的教学法。以熏陶为主的教学法多在课外活动中使用,起到辅助教学的效果。很多知识涉及面较广,如果只在课堂中进行学习,效果并不能达到最佳。因此借助一些课外活动,可以帮助学生更好地理解相关知识,一般借助参观法、展示法、欣赏法、游戏法、故事会等。这类教学方法的优点是可以拓展相关知识,让学生提高学习兴趣;缺点是要求有一定的教学条件,操作比较难。

4)教师角色——落实德育与智育的责任

教师是一个角色的集合,一人可身兼多重角色。每一种角色,就是一种责任与义务。在教学过程中,教师要明确自己的身份及不同情境下的角色,并处理好各个角色之间的关系。下面是对教师角色及其作用的总结:

（1）数学知识的传递者。这是教师首要且重要的角色，也体现了教师基本的任务。

（2）数学思想的启迪者。教师除了为学生传递知识外，还为学生传播正确的教育思想和数学思想。思想的启迪不是外显的，是以一种隐形的方式潜移默化地影响学生的思想。

（3）数学学习方法与探究活动的引导者。教师在学生的学习过程中，一直扮演着学生的指导者和领路人。正确的学习方式应该是学生的学和教师的教的相互融合，教师在这一过程中充分调动学生主动参与。

（4）情感、态度、价值观和个性品质的树立者。情感、态度、价值观虽然是学生的非智力因素，但是在学生的学习中占据重要的作用。教师对学生的言传身教，是从显性、隐形两方面同时作用于学生的。因此，在教师教学过程中，知识传授固然重要，但是情感、态度、价值观的树立，同样会让学生受益终身。

（5）解决未知世界问题的开拓者。教师是每一个孩子人生赛道上的教练，也是每一个孩子知识领域的领路人。学生在接触陌生知识的时候，往往产生好奇与想象，这就需要老师带领学生进行未知世界的开拓，帮助学生解决难题。

（6）塑造心灵的工程师。教师的教育不仅在知识层面，还在于心灵内部的塑造。一名合格的教师要善于发现、善于沟通，真正了解学生需要什么，从而净化学生的心灵。

（7）组织、监督、督促、规范行为的管理者。教师还是一名多方面的管理者。若把学生比喻为璞玉，教师则是拿着刻刀的雕刻师。教师对学生的行为进行多方面监督，以促其身心全面发展。

（8）激励、选拔、甄别、诊断效果的评价者。教学评价是对学生的学习结果进行全方位的检查与总结，评价的意义在于进一步地提升学生学习的效果。教师作为教学过程中的教育者，是对学生学习情况最好的评价者。教师如能正确利用评价的各种功能，对学生的持续发展可起到正面引导作用。

（9）父母般地关心、爱护的长者与沟通、交流的朋友。教师除了在课堂教学中言传身教，还要在生活中像父母一般关心学生、感化学生、照顾学生，倾听他们的心声使学生体会到爱心与团结的力量。

（10）负责身心健康发展的医生。教师还是一名兼职的心理医生，要及时地发现学生的心理问题，及时地治疗学生的心理问题，对学生多方位进行心理健康教育。

(11)学生与家长效仿的榜样。教师要树立一个光辉的道德榜样,通过言传身教来为学生和家长树立标杆,从而帮助学生和家长真正理解教育的价值。

5)教学计划——规范教学过程与行为

教学计划是依据课程标准、目标要求和教学内容制定的关于教师的教和学生的学的具体进度计划。教学计划要做好各阶段进程的规划,对学生的学习时间进行合理分配,对教师的教学内容进行合理选择。教学计划按照时间可分为长期计划和短期计划,按照参与对象可分为学的计划和教的计划。

(1)长期计划与短期计划。

长期计划指的是对教学做一个整体、宏观的规划。计划不应该局限于一个阶段,而是对整个学习阶段都要覆盖。同时计划要尽可能全面,涉及学生学习的方方面面,但不宜过细。

短期计划指的是对学生学习的某一阶段进行规划,这一阶段可以是一学期、一个月,甚至是一节课。与长期计划的区别在于是否对学习进行细致深入的规划,长期学习是宏观整体规划,短期学习则是细致入微的规划。而长期和短期是相对的,并没有明确的界限。

(2)学的计划与教的计划。

学的计划是针对学生的学习进行的,它规定了学生在学习中的目的、任务与内容安排,对学生的学习有着十分重要的指向作用。

教的计划是针对教师的教学设计的,是教师在教学中着重参考的规划。对于教师的教学,应该设计相关的计划,让教师的教学工作更加方便与高效。同时,教的计划应该是灵活多变的,根据不同的知识内容与学生的情况进行设计。因此,制定好一个可操作的教学计划,对教师是至关重要的。

6)课件制作——提升教学效果与技能

随着信息技术日益繁盛,对教师的要求也不断提高,教师在课外要学习各种制作课件的软件。课件制作包括 PPT、微视频、思维导图、动画、表格、挂图以及事物模型等等。

(1)PPT 制作。PPT 是利用计算机制作课件中最为常用的软件,它可以将视频、音频、图片、文字、动画合为一体,用幻灯片的方式加以呈现。同时,PPT可以将整个教学过程进行展示,并反映教师的整个教学思路,可以贯穿于整个课堂之中。

(2)微视频。随着智能技术的发展,微视频成为学习知识的一种重要方式。

很多知识点通过简短的视频方式得以呈现,并运用语言和演示两种方式加以表达,给学生一种直观的学习资源。

(3)思维导图。在数学教与学的过程中,要想整体上把握知识脉络、方法体系和思维模式,可以用思维导图的方式加以呈现。尤其是思维导图软件的教学应用,能够为教师的教学计划与设计和学生的学习计划与记忆提供很多便利条件。

(4)动画制作。动画是一种动态的演示方式,可以在视频中和 PPT 中进行展现。讲授时,如果只运用文字或图片呈现,会显得不够生动或无法观察过程,晦涩难懂。而动画设计软件的应用恰好解决了这一问题,将教学内容以动态形式演示出来,减轻了语言表述的负担,帮助学生更好地理解知识本源。

(5)表格编制。表格是一种组织整理数据的手段,常用在分析和比较中,对知识进行整合和归纳。

(6)挂图制作。挂图是一种传统的课件制作方式,现在使用得越来越少。它是将教学内容结构和知识点列在图中,并呈现出直观的结构关系。

(7)事物模型。模型在数学教学中有着广泛的运用。对一些学生难以理解、较为抽象的事物,教师可以制作相关模型,将其本质结构进行抽象,并为学生进行展示。教师还可以引导学生参与到建立模型的过程中,潜移默化地培养学生数学建模核心素养。

7)教学实施——体现课程理念与学科特征

教学实施是备课过程中的执行阶段,是将之前做出的备课计划落实到教学实际的过程。在教学实施中,要分清教学的主体与客体,从而能够明确教学实施的侧重点。教学的主体始终是学生,教育始终贯彻着以学生为本的理念。教育客体是相关的知识点与其他辅助手段,是帮助教育主体理解教学内容的。因此,教育主体与客体的角色选择,是教师备课中的一个难点。

教学的实施要注重预测与现实的差距,依据学生的现实情况适宜地实施。学生的现实情况是较为复杂的,因此教师要在实施过程中全方位进行思考。

8)反思与归纳——探索内在关系和规律

在备课中,教师还要进行反思、归纳,来检查备课过程中的不足之处。在这一过程中需要明确以下三点:

(1)重视备课中的教材内容分析,要将知识分析透彻。

(2)理解学生的学习情况,依据学情进行适当调整。

（3）关注教学实施中出现的问题，并及时对问题做出处理。

在教学反思过程中，经验丰富的教师大多比经验少的教师教学效果更好，这与长期养成反思、归纳、总结习惯有着密切关系。

9）资料库——有效备课之源泉

曾经有位老教师被问及"您准备这节课用了多长时间"时她答道："一生。"由此可见，每一位教师在每一天都在不断地体验积累，建构着属于自己的资料库。平时的记录整理显得尤为重要，养成一个好习惯对于教学生涯无疑有莫大的帮助。目前丰富的网络资源给每一位教师提供了更多的可能性，选择适合自己的资源，进行学习储备，是我们要学会的首当其冲的技能。

在教师备课中，资料库的运用是必不可少的。这个资料库可以包括公共的教育资源、学校的资源、身边同事的资源以及自身经验的资源，对教师而言是一切可以利用的信息。一方面要求教师要拥有必要的资料库，储备丰富的备课资料。另一方面教师要学会利用资料库，将资料为我所用，正确地在教学过程中使用资料来提升教学质量。

10）案例分析

备课无论怎么复杂、投入再多的时间，都要落实到教学上来。在备课过程结束后，教师要善于对不同的教学案例进行分析。对案例分析，既是考验备课的外在效果，又是对备课做一个全面的总结与反思。对于案例分析，教师要做到以下三点：

（1）对教学内容要做到全面无遗漏的检查，避免出现知识结构性错误。

（2）通过他人教学案例分析自身备课存在的种种不足，完善备课全过程。

（3）通过案例分析体会其中蕴含的教育思想和教育方法，从更高层次去分析、思考相关知识点，做到真正的广义备课。

**3. 教学误区**

由于对基本概念与理论、基本思想与方法的理解存在着各种误区，在教育教学过程中产生了相应的设计误区和实施误区。一个好的备课，应当尽量避免下列教学误区，让教学设计朝向正确的方向。

1）认知误区

据调查研究，教师对数学学科知识和教学知识的理解正确与否、理解水平高低是产生教学设计与实施误区的重要因素之一。例如，对数学是什么与什么是数学，数学思想与数学方法的区别，教学活动的主体与客体的关系如何，教授方法与学习方法有哪些,素质教育与应试教育是什么关系,教学目标与教学目的有怎样的关系等等的理解,都存在着不同程度的认知误区,导致教学设计与实施上的偏见。

2) 理念误区

就教育观念而言,应试能力也是一种能力,个体在很多重大机会选择中必须经历各类考试。例如,中考、高考、考研、就业、晋升职位等等都是我们人生中必须接受的严肃的考试吗? 学校教育能否培养出创新人才和有用人才,是考试出了问题,还是人才政策与用人制度的导向出了问题? 又如,常见的填鸭式、注入式、灌输式、授受式、教师中心、教材中心、课堂中心等名称,基本上是对教师教学方式的全盘否定或者是对传统教育的全面否定。难道新的就比旧的好、改的就比不改的好、讲得少就比讲得多优越?

3) 设计误区

教学设计是一门理论与实践相结合的交叉性、综合性、系统性活动,有多种方案选择。若教师对教学设计的目标与目的、原则与策略、内容与分析、思路与程序、组织与管理、思想与方法、反思与评价等内容的理解存在误区,就必然导致教学低效或无效。例如,教学设计与实施过程都与"程序"有关,而程序有思维发展的逻辑顺序和学科发展的历史顺序,不能片面强调"逻辑顺序"。又如,教学模式的设计误区,其主要原因就是对课型分类与结构理解存在着诸多误解。为此,教学设计与实施过程要体现学科特点和课程理念,注意课堂容量合适、难易适度、循序渐进、层次分明、进度适中,合理利用课程资源,教材内容把握准确完整,关注知识与生活的联系,体现教学的实践性和交际性。

4) 导入误区

在数学教学设计与实施过程中,存在着对导入法的重视不够或者过于强调导入法的现象。如有些教师凭借个人经验平铺直叙,缺乏知识来源与本质的分析,简单回答"是什么、怎么做、为什么"的较多而深入分析"怎么想到"的较少,内容导入较多思维导入少,进而使整个教学活动枯燥无趣,无法提高学习者的思维品质;有些教师过于强调导入,使得课堂导入所占的时间太长,讲解新内容的过程简短,无法突出课堂重点;有些教师利用与新课内容无关或夸张的语言进行导入,使学生无法从导入的情景中自拔,不能够很好地进行新课学习;又有些教师只注重教学活动的起始环节导入,忽略问题之间的衔接性导入,等等,须知正确理解数学课堂导入法之内涵并有效利用课堂导入法在课堂教学中是极其重要的。

5）操作误区

在教学活动实施过程中，由于缺乏规范化的操作流程和要求，出现了各种各样的操作误区。要想避免操作上的错误，教师要特别注意以下方面：

（1）面向全体，体现差异，因材施教，思路清晰，密度合理，课堂教学井然有序，善于管理教学中学生的学习行为与纪律，善于处理偶发事件。

（2）合理安排各环节讲、练、演示、板书及主次内容的时间，能做到精讲多练，传授知识的量和训练技能的进度适当，突出重点，抓住关键。

（3）创设情境，创造机会，引导学生自主参与、主动发展、合作学习。

（4）合理组织教学过程，组织教学语言，生动清晰，体现知识形成过程，结论注重自悟与发现。

（5）教学民主，师生平等，课堂气氛活跃、氛围融洽，自由表达观点，分享彼此的思考、见解和知识，合作积极愉快。

（6）教学程序安排合理，衔接自然，符合学生认知规律，教学节奏科学、协调、舒坦。

（7）课堂导入恰当、合理、正确，习题与例题选取恰当，总结简单易记。

（8）技术手段与板书结合恰当，正确处理"数学化""经验化""生活化"的关系。

6）手段误区

多媒体技术与课件的运用可以帮助教师提升教学效果，但是使用不当会造成不好的效果。有些教师在教学中过度重视制作技术，忽视选题创意教学设计，过分依赖技术手段，滥用动画与颜色，忽略板书作用，让教学环节有所缺失。若教师过分追求教学内容的可视化、动态化和情境化，会将学习者注意力从内容转移到呈现形式上，不仅偏离学习目标，而且容易养成思维惰性，满足于短暂视觉快感和心理愉悦的不良学习习惯。例如，书写工整、结构完美、内容简明、条理清楚的板书会突出重点，呈现知识脉络，提高教学效果。

7）评价误区

评价是一把双刃剑，教师必须正确、清晰、完整地了解评价的各种功能。教师既要关注传授知识、培养思维、提高技能、渗透思想与方法、积累活动经验，又要注重学生自身的身心发展，并对学生进行启发，让学生探究思考和提出问题，使学生养成良好的学习习惯，形成学习能力。以数学核心概念为主线，处理好预设与生成的关系,评价要遵循适时、适事、适思、适生、适学、适教、适目标等原则,并通过现象、行为、氛围、程序与秩序等外显表象的观察与感受来对数学教学整个过程、内容和结果进行价值判断、解释和评估,促进师生共同发展。

## 5.1.2　编写教案

### 1.教案的基本结构与内容要求

科目:数学

年级:说明学生所在年级

课型:新授课/复习课……

课题:说明本课名称

课时:说明本课属第几节第几课时

1)课标要求与教材分析

(1)明确授课内容所在位置(本节内容来自××版××书××章××节)。

(2)明确课标中对该内容的要求,并结合教材对该内容的作用、目的等进行分析。

2)学情分析

(1)分析学生"四基":基本知识、基本技能、基本思想和基本活动经验。

(2)分析学生有待提高的部分,合理预判学生可能出现困难的部分,包括知识、方法、思维、能力等。

教学立意:教学立意指教学活动的指导思想、教学活动要达到的目的和效果。

注意:(1)教学立意绝非简单的教学目标;(2)教学立意要适中。

3)教学目标

教学目标是用来保证教学目标正确、完整、清晰,符合课程标准与教学目的,说明本课所要完成的教学任务。包括三个层面:

(1)知识与技能层面;(2)过程与方法层面;(3)情感、态度、价值观层面。

4)教学重点

教学重点是用来说明本课所必须解决的教学重点内容。

教案是教师为顺利而有效地开展教学活动,根据课程标准、教学大纲、教材要求及学生实际情况,以课时或课题为单位,对教学内容、教学步骤、教学方法等进行的具体设计和安排的一种实用性教学文书。教案,是备课的成果,是施教的底稿。看一个教案，可知备课的功夫如何。

首先，要明确教案与教学设计的区别。一是对应层次上的不同。教学设计是把学习者系统作为它的研究对象，所以教学设计的范围可大到一个学科、一门课程，也可小到一堂课、一个问题的解决。从研究范围上讲教案只是教学设计的一项重要内容。二是对应的元素含义不同。从教学目的来看，目前教师教案中的教学目标，多来源于教学大纲(或课程标准)的要求，比较抽象，可操作性差，不便于教师进行客观评价；教学设计的教学目标可由教师根据教学大纲和学生的实际水平来制订，并用可操作的行为动词进行描述，具有较强的可操作性。从教学内容的分析而言，以往教案中的重难点分析主要由教学大纲指出，是教师上课讲解的主要内容和教案的重要组成部分；教学设计中的教学内容结合学习者分析而进行，有一定的系统性和连续性，分析得到的重难点常常是设计教学方法、手段的对象。三是教学评价体现不同。在教案的编写过程中评价体现得不明显；教学设计依据教学目标对学生掌握知识、形成能力的状况做出准确而及时的评价，是教学设计中的重要环节。

其次，要掌握教案的分类方法。按形式教案可分为条目式教案和表格式教案。

条目式教案是以顺序排列的条目为结构形式的教案类型，有大致固定的条目和结构顺序，在每一个条目之下研究、设计和安排相关内容。它的重要特点是，每一个条目的容量具有伸缩性，可因人因材因校制宜，是一种常用的教案。

表格式教案是以特制的有专门栏目的表格为结构形式的教案类型，有特定的栏目及其结构，在每一个栏目之中研究、设计和安排相关内容。它的主要特点的具有提示特性，适合新教师使用。

还可以按篇幅可分为详细教案和简要教案。简要教案篇幅比较小，一般只需规划出教学过程中关键的内容、使用的新颖手段和媒体或特殊事例等，不需将细节设计描述出来。

5）教学难点

教学难点是用来说明学习本课时易产生困难和障碍的知识传授与能力培养点。

6）教学方法

教学过程以学生为主体，故教学方法的选择不仅要利于学生对本节知识方法的掌握，还应有利于加强学生"5+1"动的能力，培养学生数学的核心素养，提升学生对于知识的来源即数学史、数学文化的认识等。

7）教学工具

教学工具是辅助教学手段使用的工具。

8）教学过程设计

对完整的教学过程进行流程式概括（包括教学环节→设计意图）。

（1）教学环节：说明教学环节及所需时长。

（2）教学内容：说明每处教学环节的教学内容，可将重点知识内容及提问内容用文字、图片的形式简明、扼要地列举出来。

（3）教师活动：以学生为主体，并说出教师在教学中的活动。

（4）学生活动：从"5＋1"动的角度说明学生活动。

（5）设计意图：设计意图要围绕数学核心素养（抽象、推理、建模、直观、运算、数据分析），突出问题意识，培养学生发现问题、提出问题、分析问题与解决问题能力，并加强问题反思与理论化思考意识。

9）板书设计

说明上课时准备写在黑板上的内容。

10）教学创新之处

（1）目标创新：知识与技能上的创新（加强对知识来源的教学等）。

（2）过程与方法上的创新（过程性学习中培养学生数学核心素养及"四基""四能"等）。

（3）情感态度价值观上的创新（引入数学文化等）。

（4）教法创新；提升学生"四能"，体现自主性、探究性学习的角度创新。

（5）将数学文化引入课堂上的角度的创新。

（6）对于本节内容及相关内容的教学顺序、侧重点及教学思路上的创新。

（7）思维创新，说明整个教学过程中对于学生数学思维的培养上的创新之处，包括转化思维、逆向思维等。

10）教学反思与评价

教师对该堂课教后的感受及学生的收获、发现的问题及改进方法等的反馈总结。（教案见表5－1）

表 5 – 1　教案

| 科目 | | 年级 | | 课型 | |
|---|---|---|---|---|---|
| 课题 | | | 授课时长 | | |
| 课标要求与教材分析 | | | | | |
| 学情分析 | 教学"四基" | | | | |
| | 存在问题 | | | | |
| 教学立意 | | | | | |
| 教学目标 | | | | | |
| 教学重点 | | | | | |
| 教学难点 | | | | | |
| 教学方法 | | | | | |
| 教学工具 | | | | | |
| 教学过程设计 | | | | | |
| | | | | | |

| 教学过程设计 | | | | |
|---|---|---|---|---|
| 教学环节 | 教学内容 | 教师活动 | 学生活动 | 设计意图 |
| 激趣生疑<br>提出问题<br>（××分钟） | | | | |
| 追根溯源<br>类比归纳<br>（××分钟） | | | | |
| 探究发现<br>（××分钟） | | | | |
| 学习新知<br>领悟思想<br>（××分钟） | | | | |
| 巩固练习<br>（××分钟） | | | | |
| 合作探究<br>（××分钟） | | | | |
| 课堂小结<br>（××分钟） | | | | |
| 板书设计 | | | | |
| 教学创新之处 | | | | |
| 目标创新 | | | | |
| 教法创新 | | | | |
| 思维创新 | | | | |
| 反思与评价 | | | | |

## 2. 教案范例

这里给出一份教案范例,见表 5－2。

表 5－2　教案范例

| 科目 | 数学 | 年级 | 高二年级 | 课型 | 新授课 |
|---|---|---|---|---|---|
| 课题 | 柱体、锥体、台体的体积 | | 授课时长 | | 15 分钟 |
| 课标要求与教材分析 | 本节内容来自人教版《普通高中课程标准实验教科书》A 版必修二第一章第三节;在学生熟悉的特殊几何体的体积基础上运用直观感知、操作确认、合情推理、度量计算等方法认识和探索空间几何体的体积,建立空间观念 | | | | |
| 学情分析 | 教学"四基" | 学生具备特殊几何体的体积的知识基础:一定的数学抽象、逻辑推理、直观想象等素养及发现、提出、分析、解决问题等能力;一定的归纳、类比等数学思想及一定的利用特殊几何体研究一般几何体的基本活动经验 | | | |
| | 存在问题 | 学生对已学知识理性认识不够,在知识的系统性方面需要提升;用联系和运动变化的观点看问题的思维需要培养;解决台体的问题时,需要相似三角形相关知识,学生初中平面几何基础较弱,可能出现困难 | | | |
| 教学立意 | 从整体入手,发展学生空间观念,减轻几何论证的难度,提高学生学习空间几何的兴趣,通过教学,使学生掌握研究空间几何的思想方法,为日后对于空间几何体的研究打下良好基础 | | | | |
| 教学目标 | (1)通过情境创设发现生活中存在的几何体体积相关问题;<br>(2)通过实验探究等方法,使学生经历利用祖暅原理推导几何体体积的过程,从特殊到一般建立几何体体积的知识架构;<br>(3)在解决实际几何体问题中,激发学生对于空间几何体学习的兴趣,体会几何体体积的价值所在 | | | | |
| 教学重点 | 掌握柱体、椎体的体积;体会祖暅原理解决问题的思想及化归、割补等思想方法 | | | | |
| 教学难点 | 探究发现台体体积;学会以运动变化观点联系地看待柱体、锥体、台体三者之间的关系 | | | | |
| 教学方法 | 充分发挥学生的主体作用,以"问题驱动的整合式教学"作为核心,利用"讲授法""直观演示法""小组探究"等方法辅助学生掌握基本知识;加强数学思想的渗透,提升学生核心素养;引入数学文化,提升学生价值观 | | | | |

续表

| 教学工具 | 运用 PPT 制作相关课件,做到图文并茂;<br>运用几何画板制作课件,创设探求空间,展现思维过程;<br>运用几何模型,将抽象数学直观化 |
|---|---|

教学过程设计

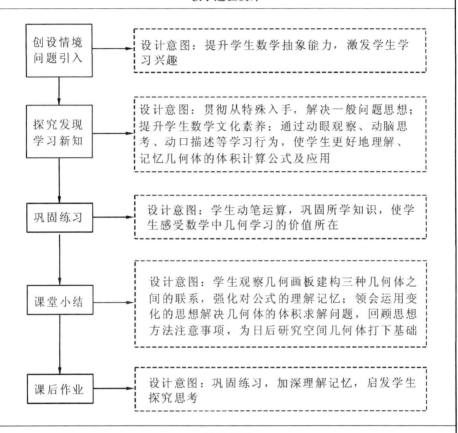

教学过程

| 教学环节 | 教学内容 | 教师活动 | 学生活动 | 设计意图 |
|---|---|---|---|---|
| 激趣生疑<br>提出问题<br>(1分钟) | 教师吟诗:"一曲新词酒一杯" | 教师展示并提问 | 学生抽象出几何体,思考:体积如何计算? | 通过情境创设与问题引入激起学生学习兴趣 |

| | | | | |
|---|---|---|---|---|
| | 请计算杯子的体积? | | | |
| 追根溯源 类比归纳 (1分钟) | 剖析二维空间。在三维空间中发现特殊柱体体积的公式,产生疑问;结论对于一般柱体适用吗? | 教师引导学生思考问题的本质 | 学生边观察边思考一般柱体体积公式 | 回归知识本源,掌握化归思想 |
| 探究发现 (1分钟) | 取一摞书放在桌面上,并改变它们的位置,观察改变前后的体积是否发生变化 | 教师边演示边提问:改变前后体积相同吗? | 学生给出猜想 | 启发学生思考,培养学生几何直观能力 |
| 学习新知 领悟思想 (6分钟) | 什么是祖暅原理?如何理解?该原理在17世纪才被意大利数学家卡瓦列里发现,对此可见中国古代数学家们的伟大 | 教师结合 PPT 上的动图,对祖暅原理的本质进行剖析 | 学生观察思考、回答领悟 | 利用"祖暅原理"展开探究,体现过程性学习;引入数学史,提高学生对数学文化的认知 |
| | 柱体的体积: $s_1=6.16$  $s_2=6.16$  $s_3=6.16$ $V_{柱体}=Sh$  $V_{圆柱}=\pi r^2\cdot h$ | 教师强调:"根据柱体定义,结合祖暅原理,通过长方体的体积,得到一般柱体体积。" | | 引导学生利用从特殊到一般的思想解决问题 |

| | | | | |
|---|---|---|---|---|
| | 锥体的体积：<br><br>$s_1=6.16$　$s_2=6.16$　$s_3=6.16$<br>$S$ 为锥体底面积，$h$ 为锥体的高，如何利用祖暅原理得到锥体体积？ | 教师提问启发学生思考，寻找特殊锥体的体积 | | 通过问题启发式教学提高学生问题解决能力 |
| 学习新知领悟思想（6分钟） | 圆锥的体积：<br><br>还认识其他特殊锥体吗？ | 教师引导分析、讲解演示 | 学生观察思考、回答领悟 | 引导学生学会用严谨的眼光看待实验结果 |
| | 三棱锥的体积：<br><br>$V_{三棱锥}=\dfrac{1}{3}V_{三棱柱}=\dfrac{1}{3}Sh$ | 教师边演示几何画板边讲解 | | 通过几何画板，使学生直观感受、领会割补思想 |
| | 锥体的体积：<br><br>$s_1=6.16$　$s_2=6.16$　$s_3=6.16$<br>$V_{锥体}=\dfrac{1}{3}Sh$ | 教师演示 PPT，利用祖暅原理，得到一般锥体体积公式，验证圆锥体积公式 | | 引导学生利用从特殊到一般的思想研究问题 |

| | | | | |
|---|---|---|---|---|
| 巩固练习<br>(2分钟) | 我国古代数学名著《数书九章》中有"天池盆测雨"题,在下雨时,用一个圆台形的天池盆接雨水,天池盆盆口直径为二尺八寸,盆底直径为一尺二寸,盆深一尺八寸,若盆中积水深九寸,则平地降雨量是____<br><br>(注:①平地降雨量等于盆中积水体积除以盆口面积;②一尺等于十寸) | 教师操作雨中实物启发学生思考 | 学生观察并思考 | 恰当的练习,巩固旧知:直观操作,化抽象为具体 |
| 合作探究<br>(2分钟) | 台体的体积:<br>$\frac{1}{3}$ | 教师将学生分成三组并收取学生对台体体积讨论结果 | 学生进行小组合作探究 | 培养学生解决问题的能力及团队意识 |
| 课堂小结<br>(1分钟<br>30秒) | $S=S'$<br>$V=Sh$<br>$S'=0$<br>$V=\frac{1}{3}Sh$<br>$V=\frac{1}{3}(S+\sqrt{SS'}+S')h$ | 教师用几何画板展示三类几何体的关系;对本节课的思想、方法、注意事项进行总结 | 学生观察思考,回答教师提问 | 使学生构建知识网,联系地看待问题 |

| 课后作业（30秒） | 1. 课本 P25—3 题；<br>2. 运用已掌握的几何体的体积及祖暅原理思考球的体积公式。 | 教师布置作业 | 学生认真记下作业 | 巩固已学,探究未来 |
|---|---|---|---|---|

| 板书设计 |
|---|

1.3.1 柱体、锥体、台体的体积

$$V_{柱体} = Sh \qquad \longrightarrow \quad \boxed{经归思想}$$

$$V_{锥体} = \frac{1}{3} Sh \qquad \longrightarrow \quad \boxed{割补思想}$$

$$V_{台体} = \frac{1}{3}(S + \sqrt{SS'} + S)h \qquad \longrightarrow \quad \boxed{运动变化思想}$$

| 教学创新之处 | |
|---|---|
| 目标创新 | (1)根据祖暅原理展开教学,使学生认知知识的产生与本源,更好理解知识本身;<br>(2)抓住特殊解决一般问题,结合数学思想方法,提升学生数学思维、能力;<br>(3)引入数学文化,深化立德树人理念,提升学生价值观及个人品格 |
| 教法创新 | (1)以问题驱动的整合式教学方法为核心教法,提升学生"四能",体现自主性、探究性学习;<br>(2)将"探究与发现"中的祖暅原理搬上讲台,体现过程性学习理念,同时使数学文化走进课堂;<br>(3)特柱体、锥体、台体的体积用运动变化的思想进行总结性学习,避免"学完就学完了,发现不出其中的关系,构建不出知识架构"的现象出现 |
| 思维创新 | (1)以从特殊到一般的思想作为主线,借助"祖暅原理",结合化归、割补等思想方法进行思维引导;<br>(2)利用运动变化的思维联系建立柱体、锥体、台体体积的关系 |
| 教学反思与评价 | (1)思考量稍大,部分学生接受起来稍显吃力,需要适当调整;<br>(2)对于祖暅原理的作用授课时情绪不够激烈,教师应该提升自身感染性 |

### 5.1.3 教学案例

**1.数学教学案例的基本框架**

数学教学案例基本框架由以下几部分组成:案例标题、案例注释、摘要关键词、背景信息、案例正文、案例思考题、案例使用说明以及附件。主要由以下几个部分组成。

1)案例标题

案例标题总体概括文章,用文章最核心的词汇来总领整个文章,同时要清晰明了表现文章主题,如有需要,可添加副标题加以说明。

2)案例注释

案例注释分为作者简介和编制说明,作者简介要说明作者的个人情况,如有其他作者附在其后,每篇案例只能有一位第一作者。编制说明要说明该案例的独创性以及基本用途。

3)摘要、关键词

摘要要全面概括出文章大意,并解释清楚文章整体流程。关键词要精练,体现出文章最高频的词汇,一般不超过五个。

4)背景信息

教学案例的背景信息,要结合相关课程标准与教学研究,依据最新的研究成果,并结合实际教学情况来写。背景信息要写明相关的课程标准要求与重要的研究结论,并标明出处。之后提出本文需要探究的问题,并编制一个设计者,交代教学的背景和环境,从而开始案例正文的书写。

5)案例正文

案例正文是教学案例的主体部分,这是需要详细论述的部分。案例正文一般由课前备课、教学设计与实施和课后分析思考三部分组成,如有必要,在正文最开始可以添加理论概述,详细解释本教学案例所需要的理论基础。教学设计和实施是正文的核心,它详细解释了整个教学的过程,并根据教学原则和教学方法进行规范的教学。在教学设计和实施中,要说明运用的学科知识、教学方法以及教学过程,记录课堂上师生的对话,并设计相关的教学活动。

6)案例思考题

设计几道相关的案例思考题,紧密切合教学内容与教学方法,数量在四至六道为宜。

7）案例使用说明

案例使用说明要附在教学案例正文后，对案例正文进行解释说明。使用说明应该包括适用范围、教学目的、关键要点、教学建议以及推荐阅读。

8）附件

附件是用来解释案例正文的，应该附在案例最后，如不需要可不提供。

**2. 数学教学案例的设计目的**

数学教学案例的设计有以下目的：

（1）为一线教师提供一个可参考的教学模板。

（2）明确教学案例的教育价值。

（3）为教学理论融入课堂提供实践经验。

（4）促进教师教学素养和专业素养的提高。

**3. 数学教学案例的设计意义**

教学案例的设计，对相关教学理论的研究和一线教师的教学有着重要意义。

1）教学案例的设计有利于教学理论研究的进一步深入

目前，有关教学理论可谓层出不穷，但很多理论缺乏实践性，没有真正落实到课堂中。教学案例的设计，相关的教学理论提供可行性的具体方案，淘汰掉不切实际的理论，并有助于相关理论的进一步研究和改进。

2）教学案例的设计可以帮助教师更加了解学生

传统教师在备课时，只注重备教材和教法，却忽略了学生参与的重要性，导致课堂变成灌输式教学。因此教学案例可以帮助教师更好地备学生，了解学生的需要和学生的学习特点，以便更好地进行教学。

3）教学案例的设计有利于教师灵活运用各种教学方法

教师的教学案例中，根据书本特点和学生特点，运用多种教学方法进行相关教学。现实教学中，一线教师可以借鉴教学案例中的设计，熟悉多种教学方法，并进行综合运用，以增强教学的效果。

**4. 相关研究方法**

教学案例的设计运用了多种研究方法，体现了很高的研究价值。一般而言，常用到的研究方法有如下几条：

1）文献研究法

通过对相关文献进行分析，得出相关的结论，为教学的深入研究提供理论依据和相关概念。

2)访谈法

对任课教师进行访谈,了解其教学案例设计意图及运用方法,并进行详细记录,用来分析教师在课堂中的表现。

3)课堂观察法

对课堂教师和学生的表现进行观察,记录他们的言行与动作,并梳理整个课堂教学过程,以便于进一步分析。

### 5.1.4 范例

请扫码阅读范例1-4

# 5.2 说课

说课是针对课前准备和课堂教学实施状况而言的,以时间划分可分为课前说课与课后说课两种。依据课型分类理论,不同的课型选择不同的说课方式。前面我们讲过课型分类:以教学目标为准,可分为传授知识课、方法训练课、思维导学课、技能提升课、理论探究课;数学课型以教学内容为标准,可分为概念课、原理课、命题课、问题课、练习课、复习课、总结课、讲评课、实验课、实践课、综合课、专题课。显然,这些课型所对应的说课内容与结构也有所差异。

### 5.2.1 说课结构与内容

#### 1.说课的起源

说课是河南省新乡市红旗区教研室于1987年提出来的。当时,该教研室为了提高教研的效率,达成教研的目的,改变了以往的试讲方式,采取由一名教师对自己的教学进行解说,再由其他老师进行评审,最后对教学设计进行优化的方式进行,就是现在的说课。说课起源于教育基层,是为了满足教育教学活动中的现实需求而诞生的,有着基于教学的现实意义。

**2. 说课的概念**

说课是指学校某门课程的任教教师(团队)面对同行和专家,以科学的教育理论为指导,将自己对课程标准和教材的理解与把握、课堂教学程序的设计与安排、学习方式的选择与实践等一系列教育教学元素的确立及其理论依据进行阐述的教学研究活动。概括地说,就是向大家展示某门课程教什么、怎么教、为什么这样教。

**3. 说课的类型**

按时间分为课前说课和课后说课。

按课型分为传授知识说课、方法训练说课、思维导学说课、技能提升说课、理论探究说课等。

按教学内容分为概念说课、原理说课、命题说课、问题说课、练习说课、复习说课、总结说课、讲评说课、实验说课、实践说课、综合说课、专题说课等。

按用途分为示范说课和教研说课。

按整体分为理论型说课和实践型说课。

**4. 说课与讲课的区别**

(1)要求不同;说课的重点在完成教学任务、反馈教学信息,从而提高教学效果,而讲课要求必须有效地向学生传达知识。

(2)对象不同;说课的对象是同行的老师、专家,而讲课的对象是学生。

(3)内容不同;说课的内容是解说自己对某课题的理解、教学设想、方法、策略以及组织教学理论依据等,而讲课的内容是对某课程的内容进行具体的分析,向学生传授知识以及学习的方法。

(4)意义不同;说课的意义主要是提高课堂教学的效率以及教研活动的实效,讲课的意义是增加学生的基本知识以及引导学生领悟和应用新知识。

说课一般涉及以下几点:

(1)说理论依据:课程理论、教学理论、学习理论、数学课程标准、脑科学。

(2)说课前备课:备课资料状况、设备、课件制作、程序。

(3)说教学思想:主要包括教学思想和学科思想。

(4)说教学内容:课容量、前后内容关系、重点与难点、例题与练习、作业题的选择。

(5)说目标与目的:目标是具体的,目的蕴含于目标之中,说任务目标的设计意图。

（6）说课堂环节：课堂导入、知识衔接问题、教授过程、练习过程、思维过程、实施程序、课堂反思与评价。

（7）说思路：利用思维导图演示教与学设计思路。

（8）说教学方法：说教授方法和学习方法的选择以及教学原则与策略。

（9）说学情：主要说明调研学生学习方面存在的各类问题与困难以及解决策略。

（10）说时间分配：按照设计程序说明时间分配问题。

（11）说板书设计：突出重点与难点，说直观性与艺术性，演示操作过程。

（12）说基本功：客观评价自身的教学基本操作技能水平和平常训练状况以及实际操作过程中存在的问题和困境，包括备课和课堂之中存在的技能问题。

（13）说效果：说效果预测和备课质量。

（14）说课后反思：从知识、方法、思维和能力等维度反思教与学过程中存在的优缺点，还有课外学习和准备问题。

（15）其他：例如，课前、课后、课堂教与学习活动的组织和管理。

### 5.2.2　说课范例

以人教版数学八年级上册第十四章中的《单项式乘多项式》一课为例，从说理论依据、说课前备课、说教学思想等几个方面进行展示。

一、说理论依据。《整式的乘法》是人教版教材第十四章《整式的运算》的重要内容，是进一步学习其他数学知识的基础，同时也是学习理化等学科不可缺少的工具，在生产和生活中有着广泛的应用。课标对其要求为：理解整式的概念，掌握合并同类项和去括号的法则，能进行简单的整式加法和减法运算；能进行简单的整式乘法运算（其中多项式相乘仅指一次式之间以及一次式与二次式相乘）。单项式乘多项式的学习既是前面知识的综合应用，又是后续学习的基础，本节课对知识的掌握如何，将直接影响后面的学习情况。

二、说课前备课。提前准备好 PPT，调试好多媒体设备。

三、说教学思想。节中由图形面积引入单项式乘以多项式的法则渗透着数形结合的数学思想，同时本节课也会渗透转化的数学思想。

四、说教学内容。掌握单项式与多项式乘法法则并熟练地进行运算是学好整式乘法的关键，是单项式与单项式相乘、同底数幂的乘法、幂的乘方、积的乘方等运算法则的综合运用,是将要学习的多项式乘以多项式的基础。

教学重点:单项式与多项式乘法法则及其应用。

教学难点:单项式与多项式相乘时结果的符号的确定。

练习题主要分为两种题型:一种为判断正误,得出单项式乘多项式不可漏乘和注意符号;另一种题型为计算题,让学生进一步运用计算法则。

五、说目标与目的。①理解和掌握单项式与多项式乘法法则及推导,并且熟练运用法则进行单项式与多项式的乘法计算。

②让学生通过教师引导与自主学习获得知识,体验单项式与多项式的乘法运算的规律,享受成功的快乐。

③培养灵活运用知识的能力,通过用文字、符号、图形表示法则,提高学生数学语言表达能力,感受转化思想和数形结合思想,并培养学生由具体到抽象的思维能力。

六、说课堂环节。课堂环节主要有四个部分,分别为:课堂导入、探究新知、巩固练习、课堂小结。

七、说教学方法。采用引导发现法。通过教师精心设计的问题链,引导学生将需要解决的问题转化成用已经学过的知识可以解决的问题。

八、说学情。在之前的学习中,学生已学会了单项式与单项式相乘的法则,并通过练习进一步巩固了幂的运算性质,在练习的过程中,体会了运用法则进行计算的算理。本节课所学主要知识是单项式与多项式相乘,就是将其转化为单项式与单项式相乘,学生只要理解转化的方法和依据,本节课的知识学习就迎刃而解了。所以,通过前面的学习,学生具备了学习本课的知识基础。

九、说时间分配。课堂导入(5分钟)、探究新知(15分钟)、巩固练习(15分钟)、课堂小结(5分钟)。

十、说板书设计。把重点与难点展示在黑板的左侧,练习题展示在黑板的右侧。

十一、说课后反思。在备课过程中,练习题设计得有点难,所以学生在练习时会感到有些吃力,所以下次在选择习题时应该更慎重一些。

# 第6章 数学课堂教学实践的评价方法

中学数学教学活动评价既要关注传授知识、培养技能、渗透数学思想方法、积累实践经验，还需要注重学生的身心发展，并对学生进行启发，让学生探究、思考和提出问题，使学生养成良好的学习习惯，形成学习能力，处理好预设与生成的关系，要以数学核心概念为主线，数学教学活动要适时、适事、适思、适生、适学、适教、适目标，螺旋式提升，教学方法改革与传统的教学方法要相互衔接。建构合理的教学评价指标体系，要通过课堂现象、行为、氛围、程序与秩序等外显表象的观察与感受来对数学课堂教学整个过程、内容和结果进行价值判断、解释和评估，促进师生共同发展。

## 6.1 数学课堂教学评价的目的与意义

### 6.1.1 数学课堂教学评价的目的

#### 1.促进学生的"学"和发展

《课标》指出：教学评价是数学教学活动的重要组成部分。评价要关注学生学习数学知识及技能的掌握，还要关注学生的学习态度、方法和习惯，更要关注学生数学学科素养的达成[①]。教学评价是为了教育而进行评价，而不是为了评价而评价，更不是为了评价而教学。教学的主体是学生，教学的目的是为了学生的发展和成长。数学教学活动评价的最终目标是学生数学学科素养的养成和学生自身的发展。数学教学活动评价要评价学生的数学成绩、评价学生的数学学习过程、评价学生的数学学习体验，更需要关注学生的素养达成和全面

---

① 中华人民共和国教育部.普通高中数学课程标准:2017 年版[M].北京:人民教育出版社,2018:80.

发展。

**2. 促进教师的"教"和发展**

教师是一种职业,在社会发展中扮演着重要的角色。社会经济的迅速发展对数学教育教学不断地提出新要求,教师专业能力的提高也是自我成长和发展的内在需求。一个合格的教师都会对自己的教学进行不断地反思、总结和改进。教学评价是教师获得专业发展的重要促进力量。教师的自我发展会促进教学质量的提升,从而保证学生在数学教育中获得充分的发展。数学教师们都希望通过数学教学活动给学生带来知识的积累、能力的提高、素养的提升和全面的发展。虽然教学过程中受到其他因素的影响,但通过教师的"教"和学生的"学",学生能真正参与到教学活动中,体验数学的乐趣,提升数学素养。从"教"和"学"内在联系中体现教学活动的目的是促进教师的专业发展。

**3. 保证实施课程的有效性**

数学教学活动评价是对数学课程的实施过程、实施效果及结果的价值判断,教学活动评价是课程实施中的重要环节。如果数学课程没有一个比较科学的、系统的评价方法和方案,则数学课程实施和管理将会落空。课程改革和新课标的推出促使教学的各个环节进行调整和优化,在整个课程的实施中需要推进和达到最初的目标,需要系统的教学评价和反馈。从数学教育实施的目的和意义来看,数学教学活动评价的目的是为了保证数学课程实施的有效性。

## 6.1.2 数学课堂教学评价的意义

**1. 对课程的实施起到正确的导向**

按照教育方针,课程计划规定的学校培养目标,各科教学大纲规定的教学目的、任务、内容,是教学评价的基本依据,它们是通过教师的"教"和学生的"学"的具体活动实现的。在评价过程中,把师生的活动分解成若干部分,并制定出评价标准。根据这些标准判定师生的活动是否偏离了正确的教学轨道,偏离了教育方针和教学目标,有无全面完成各科教学大纲规定的目的和任务,从而保证教学始终沿着正确的方向发展。所以,教学评价有利于各级各类学校端正教学指导思想和办学方向。①

---

① 贾玉霞,姬建锋.教育学[M].西安:陕西人民出版社,2017:268.

**2. 诊断教学问题,为改进教学提供依据**

教学评价可以了解教师教学的效果、水平、优点、缺点、矛盾和问题,以便对教师考察和鉴别。这有助于学校和教育行政领导决定教师的聘用和晋升,有助于在了解教师状况的基础上安排教师的进修与提高。教学评价能对学生在知识掌握和能力发展上的程度做出区分,从而分出等级,为升留级、选择课程、指导学生职业定向提供依据,为选拔、分配、使用人才提供参考。同时,也是向家长、社会、有关部门报告和阐释学生学习状况的依据。[①]

**3. 强化教学行为,反馈教学效果**

教学评价可以调动教师教学工作的积极性,激起学生学习的内部动因,维持教学过程中师生适度的紧张状态,可以使师生将注意力集中在教学任务的某些重要部分。实验证明,适时地、客观地对教师教学工作做出评价,可使教师明确教学中取得的成就和需要努力的方向,可促使教师进一步研究教学内容、教学方法,以提高自己的教学水平。对于学生来说,教师的表扬、鼓励、学习成绩测验等可以提高学习的积极性和学习效果。同时,评价能促进学生根据外部获得的经验,学会独立地评价自己的学习结果,即自我评价。自我评价有助于学生成绩的提高。[②]

对教学效果进行评价,可以了解教学各方面的情况,从而判断它的质量、水平、成效和缺陷。评价发出的信息可以使师生知道自己的教和学的情况,教师和学生可以根据反馈信息修订计划,调整教学的行为,从而有效地工作以达到所规定的目标,这就是评价所发挥的调节作用。

# 6.2 数学课堂教学评价的理念与原则

## 6.2.1 数学课堂教学评价的理念

数学教学评价理念在课程标准上突出了发展性、多元化、过程性以及多样化等特点。

---

① 杨凯,宋晓光.学生有效学习与教师专业发展:小学数学[M].长春:东北师范大学出版社,2016:188.

② 田中耕治.教育评价[M].高峡,等译.北京:北京师范大学出版社,2011:182.

### 1. 评价的发展性

数学教学的目标制定、内容安排、方法选择和进度安排既要符合学生的发展水平，又要有一定的难度，也就是数学教学要遵循学生的最近发展区去前后衔接。通过有效教学激发学生学习数学的兴趣，巩固学生的数学知识，加强学生的数学基本技能，培养学生数学情感，发展学生的数学思维。教学评价的发展性需要突出学生的主体地位。教学的主体和中心是学生，即"以学生的发展为本"；但是教师也是教学的另一个主体，不能脱离教师的"教"来谈教学，教师的"教"也要发展，也要受到重视，需要进行评价。教学的过程是教师、学生、教材与教学环境的互动过程。教师在教学中需要考虑学生的兴趣、知识水平、能力、思维等全面发展，学生和教师均需发展，教学评价也要发展性。

### 2. 评价的多元化

多元化的评价可以是评价主体的多元化，可以是评价方法的多元化。学生是学习的主体，在各类的评价活动中，学生都是积极的参与者和合作者，因此应建立开放、宽松的评价氛围，鼓励学生、同伴、教师和家长共同参与评价，实现评价主体的多元化，帮助学生在自我评价、互相评价、师长评价中不断反思、认识自我，从而实现自主学习和发展。多元的教学评价可以多角度、全方面促进学生和教师的发展，使每位学生和教师都能获得数学教学中成功的体验。此外，多元化的教学评价有利于学生的个性化发展和全方面发展，学有用的数学，学有趣的数学。现在的数学教学评价方法较单一，多元化的教学评价方法可以促进全面发展。

### 3. 过程性

数学教学过程的评价需要重视过程性的评价和关注非预期性结果。对学生学习的评价不能单一，只看结果或者成绩，需要关注学生对数学学习的兴趣、态度、自信心和成就感；关注学生提出问题、独立思考的习惯；关注学生合作交流的意识；关注学生应用数学知识的意识；关注学生数学表达能力；等等。过程性评价注重教学过程中的动态评价，有助于教师在教学过程中发现问题并及时调整教学方式方法。对学生学习经历的评价是重要的切入点。教师在课堂教学中要重视学生的知识、能力、思维、情感、素养方面的变化，根据不同的学生和不同问题情境予以不同的评价。多鼓励学生主动学习、积极探索，帮助学生树立学习数学的自信心，培养学生学习数学的兴趣。

### 4. 多样化

多样化评价需要对不同的学生进行不同的评价，学校和教师应当根据学生的不同情况选择进行不同的评价,建立多元的评价形式。在评价的形式上,不是全部学生一概而论,打上一个分数或等级,应该让学生知道好在哪里,不好在哪里,怎么改会更好。可以采用教师评价学生、学生互评、学生评价教师、量表评价、口头评价、档案袋评价等等多种方式,其最终目的则是为了使学生和教师得到更好的发展。

随着数学教学的不断改革与发展,教学评价的意义会更加凸显。如何结合高中数学教学的实际情况和学生的学习现状进行科学的评价以及如何运用教学评价来指导学生学习,是教师在教学评价研究中需要思考的问题。

### 6.2.2 数学课堂教学评价的原则

#### 1. 客观性原则

客观性原则是指在进行教学评价时,从测量的标准和方法到评价者所持有的态度,特别是最终的评价结果,都应该符合客观实际,不能主观臆断或加入个人情感。因为教学评价的目的在于给学生的学和教师的教以客观的价值判断,如果缺乏客观性就失去了意义,因此可能会导致教学决策的错误。[①]

#### 2. 整体性原则

整体性原则注重评价的完整性和综合性,要对数学教学活动的各方面做多角度、全方位的评价,而不是以偏概全、一概而论。教学是复杂的大系统,教学的效果和成就应该从多个方面展示,但同时要把握主次、区分轻重,抓住主要的矛盾和决定教学质量的主导因素。

#### 3. 指导性原则

指导性原则是指在进行教学评价中评价的科学性、系统性成为指导下一次评价的依据和指导导向,评价实施中不能就事论事,而是要把评价和指导结合起来,对评价的结果进行全面的综合的分析,从不同的角度进行分析,分析优缺点及背后的原因,并通过及时和可靠的评价信息的反馈,为日后的评价和教学提供可靠的依据和努力方向。

#### 4. 科学性原则

从教与学相统一的角度来看,学生的"学"和教师的"教"是一个系统,相互影响、相互促进,要以教学目标和课程标准为依据,确保评价指标的可靠性,确定合理的评价标准,再进一步试测、修订评价体系;在此基础上,依据科学的评

---

① 田中耕治.教育评价[M].高峡,等译.北京:北京师范大学出版社,2011:15.

价程序和方法,对评价过程和结果进行科学的分析和解释,而不是依靠经验和直觉进行主观判断。

**5.发展性原则**

教学评价是以促进教学为目的的,教学的最终目的在于实现学生的全面发展和数学素养的达成,因此教学评价应对学生进行动态发展的评价,注重教师的教学改进和能力提高,激发学生学习的主动性和教师教学的积极性,从而提高教学质量。[①]

# 6.3 数学课堂教学评价的设计

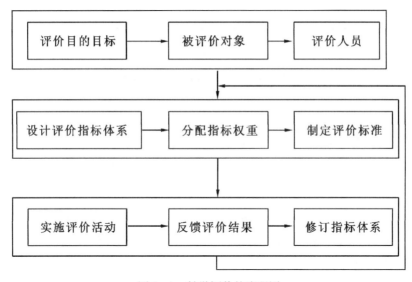

图6-1 教学评价的流程图

## 6.3.1 评价指标体系的设计

### 1.明确评价目的和目标

在设计评价指标体系之前需要明确教学活动评价的目的和目标,也就是为什么要进行数学教学评价,此次评价需要达到哪些目标。评价目的是数学教学活动所要达到的目的和总要求,是制定评价指标体系的依据。而评价目标是评

① 胡中锋.教育评价学[M].2版.北京:中国人民大学出版社,2013:7.

价目的的具体化,也就是通过数学教学活动达到什么目的和程度。目标可以细化,也可以制定短期和长期评价目标。

**2. 确定评价对象和评价人员**

评价活动中参与的主要人员分评价人员和被评价人员,也就是被评价对象,被评价对象是在数学教学活动中需要被评价的主体,可以是指教师的"教"、学生的"学"或者教学环境等。评价人员一般是校领导或者数学领域的专家或资历深的数学教师。评价人员和被评价对象都需要参与整个评价过程,包括指标的制定、权重的分配、评价结果的分析等。评价人员和被评价对象应该对评价指标和标准非常熟悉,在参与评价活动之前需要进行系统的培训。

**3. 设计评价指标体系**

评价指标是评价目标的进一步具体化的结果,将评级目标转化为可执行的、可量化的指标。指标可以分等级,如一级指标、二级指标、三级指标等。下一级指标是上一级指标的细化,指标原则上不能重复,将评价目标全面地细化。指标的筛选需要教师和评价专家共同参与,有利于提高共识度和认可度。课堂教学评价指标体系见附录。

## 6.3.2 数学课堂教学评价指标体系

**1. 教学设计理念**

(1)育人为本,坚持以学生发展为本,以培养创新人才为宗旨。

(2)教学过程设计循序渐进、层次分明、内容完整、教学密度适中,要体现学科特点和课程理念,合理利用课程资源,教材内容把握准确完整,体现教学目标,拓展思维,突出知识主线。

(3)注重对学生学习方法的培养,引导学生主动参与学习。

(4)在学生理解知识本源的过程中,有意识地渗透科学态度和价值观。

(5)关注知识与生活的联系,体现教学的实践性和交际性。

(6)突出重点,分散难点,抓住关键,知识、技能、原理阐述准确。

(7)课堂容量合适、难易适度、进度适中。

(8)通过区分课型进而建构不同的教学模式。

**2. 教学目标与目的**

(1)教学目标正确、完整、清晰,符合课程标准与教学目的。

(2)目的都是通过具体目标来实现的,目标设计具有操作性,有助于到达目的。

(3)注重概念之间的相互关联,并始终体现于教学全过程。

(4)注重方法的获得,思维、能力的培养,创新意识的渗透。

(5)符合阶段性学习和课程持续发展的需要,要符合学生认知规律、认知水平以及心理特征。

**3. 教学策略**

(1)以学科思想为核心,抓住学习内容的学科思想,以培养学科核心素养为主线。

(2)教学策略与方法灵活多样,解决问题多样化,提问有效,促进学生思维发展。

(3)教学原则与策略的选择科学合理,符合学生实际。

(4)教学策略有利于激发参与欲望,使学生动耳倾听、动眼观察、动嘴表述、动手操作、动身参与和动脑思考相结合,引领学生集中注意力、合作交流、动手实践、积极参与课堂活动。

(5)积极向上,热爱教育事业,关爱每一位学生,具有较好的情感感染力。

(6)尊重学生人格,开发学生潜能,发展学生个性差异。

**4. 教材分析**

(1)深入分析教材,恰当、合理地对教学内容进行重构。

(2)把握知识的本质,条理清晰,体现教学目标与目的,重难点处理得当,突出主线。

(3)收集资料与数据,合理地对教材内容进行编辑或变式,丰富教材实例,题例选择具有代表性,以简驭繁。

(4)善于将相关知识融会贯通,联系其他学科和现实生活,内容相互衔接,安排合理。

**5. 教学层次**

(1)事实层面:明确本质与来源问题,讲解知识背景,适度渗透学科文化历史知识。

(2)知识层面:正确讲解"是什么或怎么做",概念与概念之间关系讲述透彻。

(3)方法层面:解答"为什么或由来"顺畅,提出方法和选择方法合理,有利于掌握学科宏观与微观方法。

(4)思维层面:思维清晰,每一个环节或知识详解过程中分析"怎么想到的或思路是什么"很到位,有意识地培养宏观与微观思维能力。

（5）能力层面：有利于提升阅读、表征、记忆、空间想象、推理、抽象、联想、观察、运算、数据处理等学科能力。

（6）理论层面：归纳总结以上层面学习与实践掌握学科教学内容的特点、规律或隶属关系。

（7）思想层面：对教学内容与问题的本质的认识到位，层次清晰，展现学科思想与文化素养。

**6. 课堂结构**

（1）课堂教学过程中蕴含着学科教学思想、目标、内容、过程、方法、技能、态度、组织、媒介以及评价等方面的元素。

（2）课堂教学组织蕴含着内容与问题引入、讲述与讲解内容、思考与分析关系、操作与练习技能、概括与探究规律（或特征，或隶属关系）、总结与评价因果等方面的元素。

（3）课堂内容和课前准备与课后活动有衔接关系，秩序井然，活而不乱。

**7. 教学实施**

（1）教学思路清晰，课堂结构严谨，教学密度合理。

（2）面向全体，体现差异，因材施教，全面提高学生素质。

（3）传授知识的量和训练能力的程度适当，突出重点，抓住关键。

（4）创设情境，创造机会，引导学生自主参与，主动发展，合作学习。

（5）体现知识形成过程，结论注重自悟与发现。

（6）课堂氛围民主、平等，师生、生生关系和谐，认真倾听别人意见，自由表达自己的观点，分享彼此的思考、见解和知识，合作积极愉快。

（7）教学程序安排合理，衔接自然，符合学生认知规律，教学节奏科学协调。

（8）课堂导入恰当、合理、正确。

（9）习题与例题选取恰当、总结简单易记。

（10）技术手段与板书结合恰当，运用自如。

（11）重视学习动机、兴趣、习惯、信心等非智力因素的培养，有意识、恰当地运用生动的实例激发学生积极思考。

**8. 基本技能**

（1）合理组织教学过程，组织教学语言，生动清晰，文明规范。

（2）课堂教学井然有序，善于管理教学中学生的学习行为与纪律，善于处理偶发事件。

（3）教学民主，师生平等，课堂气氛活跃，氛围融洽。

（4）各环节讲、练、演示、板书及主次内容的时间分配合理，做到精讲多练，加强能力培养。

（5）正确处理"数学化""经验化""生活化"的关系。

（6）基础知识扎实，教学能力强，掌握教育学心理学知识，熟悉教材教法。

（7）敏锐捕捉课堂信息，反思能力强，能够体现教学技能和教学智慧。

（8）教学方法灵活多样，因材施教，举一反三，科学引导。

（9）教与学方法选择有助于基本活动经验的积累。

（10）教学设备的应用娴熟，能熟练运用现代化教学手段。

（11）教育技术及传统教学工具使用的合理性、创新性以及与教学内容的整合。

（12）板书设计工整、完美、简明、扼要，书写的规范，条理清楚，具有科学性。

（13）教态自然、亲切、端庄、大方，教学心理素质好，符合教师"行为规范"。

（14）用普通话教学，语言表达准确、通俗、生动、清晰、流畅、规范、简洁、生动形象、逻辑严谨，根据不同内容适当调整语速语调。

（15）恰当地使用肢体语言，使数学语言更加生动，效果良好。

## 9. 教学准备

（1）教学资源储备丰富，能够建立并运用资源库。

（2）课前准备充分，关注"四基"训练。

（3）充分准备好教具、教学技术等教学所需内容，双边活动设计合理、准备充足。

（4）准备过程注重人文精神，体现科学品质教育，关注学科的科学价值、文化价值、教育价值、思想价值、应用价值、艺术价值。

## 10. 学生状况

（1）学生注意力集中，合作交流，动手实践，积极参与课堂活动及教学全过程。

（2）学生思维活跃，能进行深层次的思考与交流，能够实质性的参与，敢于质疑。

（3）学生动耳倾听、动眼观察、动嘴表述、动手操作、动身参与和动脑思考相结合。

### 6.3.3　分配和确定指标权重的方法与技术

权数的形式有两种：绝对权数和相对权数。绝对权数即为分配给测评指标的分数，它常常为绝对数量；相对权数是指某个测评指标作为一个单位在总体中的比重值，它常常表现为相对数量即百分比、小数等。所有测评指标的绝对权数之和为总分,而所有测评指标的相对权数之和为1。一般的加权是根据不同的测评主体、不同的测评目的、不同的测评对象、不同的测评时期和不同的测评角度而指派不同的数值。因此,加权是在相对特定的情况下进行的适用某一场合的权数但并不一定适用于另一场合。一般而言,确定权重的方法有以下几种。

### 1. 专家咨询法

专家咨询法,是请专家,不受其他权威的干扰,独立观察研究,结合多年的教学经验,反复填写对指标筛选和权重分配的意见,通过几次反馈,使多位专家意见趋于一致,得出合理的、认可度高的评价指标和方案。这种方法集中了大多数人的多年教学经验和正确意见。其缺点是由于最后不再考虑少数人的意见,容易失去一部分信息,同时也缺乏科学的检验手段。

### 2. 主观经验法

主观测验方法对提供主观意见的一方要求较高,必须有多年的教学经验并且是领域专家。在对某一测评对象非常熟悉的情况下也可以直接采用主观经验法来加权。权重分配要符合客观实际的需要,但实际上有些测评指标根本无法做到精确全面。

### 3. 多元分析法

多元分析中的因素分析法及多元回归分析可以计算指标的权数。因素分析一般先把同一级的各个指标看作观察变量,进一步计算变量之间的相关系数,然后通过数学软件进行因素分析和主成分分析来确定各个指标的权重。多元回归分析是把同级的单个指标看作与另一个高级的指标有关系的变量,并通过数学运算找出权重系数,这种分析法比较客观。

### 4. 层次分析法

应用层次分析法首先必须把素质测评目标分解为一个多级指标,在同一层次上根据相对重要性计算出每项指标的相对优先权重。层次分析法把专家的经验认识和理性的分析结合起来,并且两两对比分析的直接比较法,使比较过程中的不确定因素得到很大程度的降低。因此,它是确定权重中常用的一种方法。尽管我们主观上尽了很大努力,但实际效果并不一定就理想。因此,在大规模的测评之前,测评指标体系还必须在一定范围内试测一次,并对其进行修改,以便形成一个客观准确、现实可行的测评指标体系。

### 5. 专家排序法

专家排序法是专家根据各指标的重要程度,对各个评价指标给出不同的重要度序号,专家认为最重要的记为 1,认为第二重要的记为 2,……认为最不重要的记为 $n$(设共有 $n$ 指标)。其中每一个指标所排的序号叫作该指标的秩(若认为两个指标同等重要,则两个指标的顺序号平均值当作秩)。把所有评委(设共有 $m$ 位评委)对第 $j$ 个指标给予的秩加起来,记为 $R_j$。若用 $\alpha_j$ 表示第 $j$ 个指标的权重,则计算公式为

$$\alpha_j = \frac{2\left[m(1+n) - R_j\right]}{mn(1+n)}, j = 1,2,3,\cdots,n.$$

# 6.4  数学课堂教学活动评价的实施

## 6.4.1  准备工作

### 1. 建立评价组织

评价指标体系的使用者可以是学校,也可以是其他教育机构或者评比教学技能的临时组织,建立一个评价小组,全面负责、组织、领导学校教学活动评价工作。评价小组一般由教育行政部门的主要负责人、教学单位负责人或者教育专家、学者等担任。他们的主要职责是:明确评价目标;确定评价对象;强调评价重点;选择评价方案;分配权重;制定教学活动评价计划;监督评价实施过程;培训评价相关人员;分析并反馈评价结果;提出改进意见。

### 2. 确定评价方案

由评价组织选择评价指标体系,或者指定评价指标体系;对指标进行权重分配;确定评价标准;制定出详细的实施流程,必要时推出评价手册。

### 3. 培训参加评价人员

评价人员包括评价专家和被评价教师。评价专家作为评价他人的技术人员需要对评价指标及指标说明非常清楚,以便在一节课堂中对教师进行综合判断。评价的主要目的是"以评促教",评价具有导向功能,被评价教师对评价指标体系熟悉便于促进课堂教学质量,被评价教师也可以使用此评价指标体系对自己的日常课堂进行评价。培训的主要内容有:课堂教学评价的概念、实施的现实意义;课堂教学评价的功能、作用;评价参与人员需要认可和理解教学活动评价的评价指标、评价标准;统一思想、认识、行动,从而保证最终的评价结果的客观性及一致性。

### 6.4.2　实施评价工作

数学教学活动主要围绕课前—课中—课后三个环节展开,所以对数学活动进行评价分为课前评价、课堂教学评价和课后评价三大环节。三个环节是相互联系的,每个环节都至关重要,为取得一个较好的教学效果,需要教师和学生在课前、课堂和课后均付出努力。

**1. 备课评价**

备课内容分成两条线:一个是明线,就是课程的内容和形式;另一个是暗线,就是学生的状态和心理变化。

备课应注意以下几点:

(1)了解课程的核心理念:针对数学课程进行分析,要把课程的观点、重点和核心思想想清楚;(2)对课件结构的分析:主要是课件分析,包括教学大纲中的教学目标、教材分析、重点难点、学生分析、课时安排、教学道具准备等;(3)重点:除了必须完成的教学目标外,还包括学生未来一生中能应用到的知识、技能、态度;(4)难点:除了学生不容易理解、掌握的内容外,还包括老师不容易讲解清楚的,沟通中容易出现误区的内容;(5)授课过程拆解:这是课程拆解的重点,教师要熟悉每一个环节,对每一个环节准备怎样教学,上下环节之间如何过渡,为什么要这样安排等都要有合理的设计,其中,要特别注意的是上课不是老师把课程说清楚就行,更多的请学生领悟和自己探索出答案。在课程拆解过程中,每个拓展活动必须请老师从头到尾按步骤实施一次,这样才能保证在实际授课中达到预期的效果;(6)掌握课程中的互动活动。

**2. 课堂教学评价**

课堂教学评价专指对在课堂教学实施过程中出现的客观对象所进行的评价活动,其评价范围包括教与学两个方面,其价值在于课堂教学。课堂教学评价是促进学生成长、教师专业发展和提高课堂教学质量的重要手段。

**3. 课后教学评价**

课堂教学评价专指对在课堂教学实施过程中出现的客观对象所进行的评价活动,其评价范围包括教与学两个方面,其价值在于可以促进学生成长、教师专业发展和提高课堂教学质量。

(1)课后作业。创新作业的形式,优化作业的内容,提高作业的效能。考虑到学生的个体差异可以实行分层作业,促使每一个学生都得到发展,同时促进督促学生对自己的学习进行反思。

（2）教师在课后对学生进行辅导，解答学生在课堂没有理解的内容。

（3）教师和学生的课后教学反思，便于在下一次备课中进一步改进 。

（4）教学方法评价分析。将一节课所用的方法进行分析，反思是否真正实施了有效教学、是否能够真正突破教学重难点。

（5）试卷。课时试卷的设计要突出本节课的重难点，主要能考察本节课的知识点，并且依据课标的要求进行有阶梯性的、难易适度的设计。

（6）课后访谈。对学生进行访谈，了解其对本节课知识的掌握程度、教师教学方法适应程度等。

### 6.4.3　评价结果的分析与反馈

教学评价结果的分析与反馈阶段的主要工作是对评价结果进行诊断分析，同时应该正向的反馈评价的结果，评价结果的呈现和运用应有利于增强学生学习数学的自信心，提高学生学习数学的兴趣，使学生养成良好的学习习惯，促进学生核心素养的发展。

对教学评价信息整理、汇总，对形成的评价意见还要做进一步的处理，通过诊断分析，帮助被评对象发现问题所在，要及时地将评价结果进行反馈和有效利用。

# 附　录

## 数学课堂教学评价标准

| 评价指标 | | 评价内容 | 权重秩 | 标准 | | | | |
|---|---|---|---|---|---|---|---|---|
| 一级 | 二级 | | | 优 | 良 | 中 | 合格 | 不合格 |
| 教学思想 | 设计理念 | 1.育人为本,坚持以学生发展为本,以培养创新人才为宗旨;2.教学过程设计要体现学科特点和课程理念;3.注重对学生学习方法的培养,引导学生主动参与学习;4.在学生理解知识本源的过程中,有意识地渗透科学态度和价值观;5.尊重学生人格,激发学生潜能,发展学生的个性差异 | | | | | | |
| | 问题意识 | 1.重视问题意识,设计具有创造性和有效性的问题;2.面向全体学生,使各类学生都能在原有基础上得到发展;3.要注重问题的合理性、有效性、创新性,明确问题意识、发现问题、提出问题、分析问题、解决问题以及反思问题之间的关系 | | | | | | |
| | 教学策略 | 1.以学科思想为核心,抓住学习内容的学科思想,以培养学科核心素养为主线;2.教学策略与方法灵活多样,解决问题多样化,提问有效,促进学生思维发展;3.教学原则与策略的选择科学合理,符合学生实际 | | | | | | |

| 评价指标 | | 评价内容 | 权重秩 | 标准 | | | | |
|---|---|---|---|---|---|---|---|---|
| 一级 | 二级 | | | 优 | 良 | 中 | 合格 | 不合格 |
| 教学目标 | 目标目的 | 1.教学目标正确、完整、清晰,符合课程标准与教学目的;2.目的都是通过具体目标来实现的,目标设计具有操作性,有助于到达目的,要符合学生认知规律、认知水平和心理特征;3.注重概念之间的相互关联,并始终体现于教学全过程;4.注重方法的获得,思维、能力的培养,创新意识的渗透;5.符合阶段性学习和可持续发展的需要 | | | | | | |
| 教学内容 | 教材分析 | 1.深入分析教材,恰当、合理地对教学内容进行重构;2.把握知识的本质,条理清晰,体现教学目标与目的,重难点处理得当,突出主线;3.收集资料与数据,合理地对教材内容进行编辑或变式,丰富教材实例,题例选择具有代表性,以简驭繁;4.善于将相关知识融会贯通,联系其他学科和现实生活、内容相互衔接,安排合理 | | | | | | |
| | 教学设计 | 1.教学过程设计循序渐进、层次分明、内容完整、教学密度适中,合理利用课程资源,教材内容把握准确完整,体现教学目标,拓展思维,突出知识主线;2.关注知识与生活的联系,体现教学的实践性和交际性;3.突出重点,分散难点,抓住关键,知识、技能、原理阐述准确;4.课堂容量合适、难易适度、进度适中 | | | | | | |
| | 教学层次 | 1.事实层面:明确本质与来源问题,讲解知识的背景,适度渗透学科文化历史知识;2.知识层面:正确讲解"是什么或怎么做",概念与概念之间关系讲述透彻;3.方法层面:解答"为什么或由来"顺畅,提出方法和选择方法合理,有利于掌握学科宏观与微观方法;4.思维层面:思维清晰,每一个环节或知识详解过程中分析"怎么想到的或思路是什么"很到位,有意识地 | | | | | | |

| 评价指标 | | 评价内容 | 权重秩 | 标准 | | | | |
|---|---|---|---|---|---|---|---|---|
| 一级 | 二级 | | | 优 | 良 | 中 | 合格 | 不合格 |
| 教学内容 | 教学层次 | 培养宏观与微观思维能力;5. 能力层面:有利于提升阅读、表征、记忆、空间想象、推理、抽象、联想、观察、运算、数据处理等学科能力;6. 理论层面:归纳总结以上几层面学习与实践掌握学科教学内容的特点、规律或隶属关系;7. 思想层面:对教学内容与问题的本质的认识 | | | | | | |
| 教学过程 | 课堂结构 | 1. 课堂教学过程中蕴含着学科教学思想、目标、内容、过程、方法、技能、态度、组织、媒介以及评价等方面的元素;2. 课堂教学组织蕴含着内容与问题引入、讲述与讲解内容、思考与分析关系、操作与练习技能、概括与探究规律(或特征,或隶属关系)、总结与评价因果等方面的元素;3. 课堂内容和课前准备与课后活动有衔接关系,秩序井然,活而不乱 | | | | | | |
| | 教学实施 | 1. 教学思路清晰,课堂结构严谨,教学密度合理;2. 面向全体,体现差异,因材施教,全面提高学生素质;3. 传授知识的量和训练能力的程度适当,突出重点,抓住关键;4. 创设情境,创造机会,引导学生自主参与,主动发展,合作学习;5. 体现知识形成过程,结论注重自悟与发现;6. 课堂氛围民主、平等,师生、生生关系和谐,认真倾听别人意见,自由表达自己的观点,分享彼此的思考、见解和知识,合作积极愉快;7. 教学程序安排合理,衔接自然,符合学生认知规律,教学节奏科学协调;8. 课堂导入恰当、合理、正确;9. 习题与例题选取恰当、总结简单易记;10. 技术手段与板书结合恰当,运用自如 | | | | | | |

| 评价指标 | | 评价内容 | 权重秩 | 标准 | | | | |
|---|---|---|---|---|---|---|---|---|
| 一级 | 二级 | | | 优 | 良 | 中 | 合格 | 不合格 |
| 教学方法 | 教法学法 | 1.教学方法灵活多样,因材施教,举一反三,科学引导;2.教与学方法的选择有助于带动学生动耳倾听、动眼观察、动嘴表述、动手操作、动身参与和动脑思考相结合;3.关注学生的探究活动,引导学生主动参与探究学习 | | | | | | |
| 教师基本技能 | 操作技能 | 1.基础知识扎实、教学能力强、掌握教育学心理学知识、熟悉教材教法;2.教学设计科学,操作规范,对现象分析全面、结论客观;3.敏锐捕捉课堂信息,反思能力强,能够体现教学技能和教学智慧 | | | | | | |
| | 组织能力 | 1.合理组织教学过程,组织教学语言,生动清晰,文明规范;2.课堂教学井然有序,善于管理教学中学生的学习行为与纪律,善于处理偶发事件;3.教学民主,师生平等,课堂气氛活跃,氛围融洽;4.各环节讲、练、演示、板书及主次内容的时间分配是否合理,能做到精讲多练,加强能力培养;5.正确处理"数学化""经验化""生活化"的关系 | | | | | | |
| | 教学手段 | 1.教学设备的应用娴熟,能熟练运用现代化教学手段;2.教育技术及传统教学工具使用的合理性、创新性以及与教学内容的整合 | | | | | | |
| | 板书设计 | 1.板书设计工整、完美、简明、扼要,条理清楚,具有科学性;2.板书书写规范,编排布置合理,作图标准 | | | | | | |
| | 行为表现 | 1.教态自然、亲切、端庄、大方,教学心理素质好,符合教师"行为规范";2.肢体语言自然端庄,书写规范、整洁 | | | | | | |
| | 语言表达 | 1.用普通话教学,语言表达准确、通俗、生动、清晰、流畅、规范、简洁、生动形象、逻辑严谨,根据不同内容适当调整语速语调;2.恰当地使用肢体语言,使数学语言更加生动,效果良好 | | | | | | |

| 评价指标 | | 评价内容 | 权重秩 | 标准 | | | | |
|---|---|---|---|---|---|---|---|---|
| 一级 | 二级 | | | 优 | 良 | 中 | 合格 | 不合格 |
| 教学态度 | 教学准备 | 1.教学资源储备丰富,能够建立并运用资源库;2.课前准备充分,关注"四基"训练;3.研究好教材、学生学习基础及学生特点,充分准备好教具、教学技术等教学所需内容,双边活动设计合理、准备充足 | | | | | | |
| | 情感 | 1.重视学生学习动机,兴趣,习惯,信心等非智力因素的培养,有意识、恰当地运用生动的实例激发学生的学习心理状态;2.注重人文精神,体现科学品质教育;3.积极向上,热爱教育事业,关爱每一位学生,具有较好的情绪感染力 | | | | | | |
| | 价值观 | 关注学科的科学价值、文化价值、教育价值、思想价值、应用价值、艺术价值 | | | | | | |
| 学生 | 参与程度 | 1.学生注意力集中,合作交流,动手实践,积极参与课堂活动及教学全过程;2.学生思维活跃,能进行深层次的思考与交流,能够实质性的参与,敢于质疑 | | | | | | |